Comics und Computerspiele im Deutschunterricht

Fachwissenschaftliche und fachdidaktische Aspekte

Herausgegeben von

Roland Jost und Axel Krommer

Schneider Verlag Hohengehren GmbH

Titelbild:

Gedruckt auf umweltfreundlichem Papier (chlor- und säurefrei hergestellt).

Bibliografische Information der Deutschen Nationalbibliothek

Die Deutsche Nationalbibliothek verzeichnet diese Publikation in der Deutschen Nationalbibliografie; detaillierte bibliografische Daten sind im Internet über ›http://dnb.d-nb.de‹ abrufbar.

ISBN: 978-3-8340-0938-8
Schneider Verlag Hohengehren, 73666 Baltmannsweiler
Homepage: www.paedagogik.de

Printed in Germany. Druck: Stückle Druck und Verlag, 77955 Ettenheim

Inhaltsverzeichnis

V

Vorwort VII
Roland Jost, Axel Krommer

I. Von Batman zum Bilderbuch: literaturwissenschaftliche Sichtweisen

Jens Meinrenken 2
Batmans Clinch mit dem Joker – Karneval und Groteske im Zeitalter des Digitalen

Bernd Dolle-Weinkauff 25
Grafisches Erzählen im Manga – Close Reading zweier Doppelseiten der deutschsprachigen Ausgabe von Yu Watases Fushigi Yugi

Felix Giesa 46
Im Schatten der Graphic Novel – Der kinderliterarische Comic

Piet Mooren 65
Das Bilderbuch als Schirmgattung – Gattungsmerkmale als Brückenbauer

II. Vom sprachlich-literarischen Lernen zur Leseförderung: fachdidaktische Konzepte

Katrin Dammann-Thedens, Magdalena Michalak 84
Bildnarrationen als Fundament zur Vermittlung von sprachlich-literarischen Kompetenzen in mehrsprachigen Klassen

Andreas Seidler 103
Perspektiven der Computerspielforschung für die Deutschdidaktik

Jan M. Boelmann 120
Narrative Computerspiele im Literaturunterricht – *The book of unwritten tales* als Gegenstand literarischen Lernens

Birgit Meurer 138
Der Comic als intermediäres Vehikel im Deutschunterricht

Stephan Bruelhart 170
Können Computerpsiele einen Beitrag zur Leseförderung bieten? Game Based Learning am Beispiel *Der Fall Fox*

Vorwort

Nichts liegt näher, als einen Band zum Thema *Comics und Computerspiele im Deutschunterricht* mit dem Hinweis auf eine Brandstiftung im Jahre 1913 einzuleiten: Denn am 12. August dieses Jahres zündete der zuvor nie als Flegel in Erscheinung getretene, nur Märchen, aber keine Soldatengeschichten lesende Malerlehrling B. kurz nach der erholsamen Kaffeezeit den Heuboden des Schaffners L. an, nicht ohne den armen Mann anschließend sofort zu warnen, dass sein Haus gleich lichterloh in Flammen stehen werde. Niemand kam zu Schaden und B., der inzwischen bei seinem Vater Zuflucht gesucht hatte, wurde rasch verhaftet. In einem Gutachten wurde ihm attestiert, dass er weder geistesschwach noch geisteskrank sei, und auch die »psychologische Veranlassung zur Tat« (Hellwig 1914: 117) war schnell gefunden, hatte B. doch zwei Tage vor der Brandstiftung in einem Kinematographentheater ein Feuer gesehen. Es bestand daher kein Zweifel, dass »wie bei so vielen Entgleisungen Jugendlicher, das Kinematographentheater auch hier den Anlaß gab« (ebd.), den Pfad der Tugend zu verlassen. Immerhin wirkte sich der psychisch so wirkungs- und verhängnisvolle Kinobesuch strafmildernd aus, denn schließlich war nur allzu bekannt, dass schon »das bloße Anschauen irgendwelcher kinematographischer Vorführungen – also ganz abgesehen von ihrem Inhalt – [...] infolge Vibrierens der Bilder [...] zu schweren Unzuträglichkeiten führen« (ebd.: 125) kann.

Vier Jahrzehnte nach B.s Zündelei taugte der Film nur noch bedingt als wohlfeile Projektionsfläche für konservativ-kulturpessimistischen Skeptizismus. Vor allem die Politiker brauchten daher ein neues Medium, das man der breiten Masse als leicht auszumachende und plausible Ursache für Brandstiftungen, Fremdenhass, Vergewaltigungen, Diebstähle, moralischen Verfall, sexuelle Perversionen, Morde und allerlei anderen zivilisatorischen Unrat präsentieren konnte. In Amerika gerieten in diesem Zusammenhang die kommerziell sehr erfolgreichen Crime Comic Books (z.B. *Crime Suspenstories*, *Crime does not pay*) und die Horror Comic Books (z.B. *Weird Terror*, *The Vault of Horror*) ins Visier der Tugendwächter. An deren Spitze profilierte sich Fredric Wertham, ein aus Deutschland stammender forensischer Psychologe, als besonders besorgter Kämpfer wider die verwerfliche Verführung der Jugend durch Comics als heimliche Erzieher:

> The cultural background of millions of American children comes from teaching of the home, the teaching of the school (and church), the teaching of the street and from crime comic books. For many children the last is the most exciting. (Wertham 1953: 93)

In seinem Bestseller *Seduction of the Innocent* (1953) vertritt Wertham unter anderem die These, dass das noch leicht (ver)formbare moralische Empfinden des Kindes durch Comics nachhaltig negativ beeinflusst wird:

> Into that area of the child's mind where right and wrong is evaluated, children incorporate such false standards that an ethical confusion results for which they are not to blame. They become emotionally handicapped and culturally underprivileged. And this effects their social balance. (ebd.: 94)

In einer Anhörung vor einem Subkomittee des amerikanischen Senats, in der die Auswirkungen von Comics auf die Jugendkriminalität thematisiert wurden, hatte Wertham 1954 die Gelegenheit, seine Theorie der maliziösen Medienwirkung detailliert zu erläutern. Und ähnlich wie Albert Hellwig zu Beginn des 20. Jahrhunderts sah auch Wertham eindeutige Beziehungen zwischen Medienkonsum und Straftaten:

> Attacks by older children on younger ones, inspired or fortified by the race prejudice shown in crime comic books, are getting more frequent. (vgl.: 103)

Comic Books übernehmen im Urteil Werthams skandalöserweise die Rolle von massenhaft verbreiteten Lehrbüchern für angehende Kriminelle. Dem Komitee erläutert er, was Comics die verführbare Jugend in erster Linie lehren könnten:

Abb. 1: Scott McClouds Wertham-Darstellung in *Comics neu erfinden* (2001)

> For instance, I had no idea how one would go about stealing from a locker in Grand Central, but I have comic books which describe that in minute detail and I could go out now and do it. [1]

Auf die Nachfrage eines Senators, ob ein »otherwise healthy, normal child with a good home life, no other factors involved« ebenfalls durch Comics zum Delinquenten werden müsse, verabschiedet sich Wertham zwar von einem all zu simplen ›Monkey-See-Monkey-Do‹-Schema der Medienwirkung, gibt aber zu Protokoll, dass der Junge, der vom Verbrechen bloß träumt, nur durch einen schmalen Grat von dem Jungen getrennt sei, der es tatsächlich begeht, und dass die Lektüre von Comics zwar nur ein Faktor sei, der zur Kriminalität beitrage, dass es jedoch sehr viele Fälle gebe,

[1] Dieses und die folgenden nicht eigens mit Quellenangaben versehenen Zitate stammen aus dem Protokoll der Befragung Werthams vor dem „Senate Subcommittee on Juvenile Delinquency“ vom 21.04.1954, das unter http://www.thecomicbooks.com/wertham.html abgerufen werden kann.

»where such crimes have been committed purely as imitation and would have never been committed«, wenn das Kind zuvor keine Comics gelesen hätte. Wertham besaß gar die Chuzpe, die Verführung der Jugendlichen durch Comics vor dem Senatsausschuss mit einem Hitler-Vergleich zu dramatisieren:

> Well, I hate to say that, Senator, but I think Hitler was a beginner compared to the comic-book industry. They get the children much younger. They teach them race hatred at the age of 4 before they can read.

Nicht zuletzt die Thesen Werthams lösten in Amerika »einen wahren Feuersturm der Anti-Comic-Hysterie« (McCloud 2001: 90) aus, der in einer Selbstverpflichtung der Comic-Verleger gipfelte, auf bestimmte Inhalte künftig zu verzichten: Das Siegel *Approved by the Comics Code Authority* erhielten fortan nur noch solche Druckerzeugnisse, in denen das Gute stets über das Böse siegte, die weder ›Horror‹ noch ›Terror‹ im Titel führten, in denen keine Zombies, Vampire oder Werwölfe vorkamen etc. Kein Wunder, dass Wertham für die Comic-Industrie und die Comic Leser zu einem »perfekten Sündenbock« (ebd.: 91) wurde und dass ihn Scott McCloud als einen dämonischen und düster dreinblickenden Geist darstellt, der bedrohlich über einer öffentlichen Verbrennung von Comics schwebt (vgl. Abb. 1).[2]

Fünf Jahrzehnte nach Werthams ideologischen Brandstiftungen hat sich die moderne Gesellschaft andere Medien gesucht, die man kommod für die Verderbnis der Vorstellungskraft und die Verwahrlosung der Jugend verantwortlich machen kann: elektronische Bildschirm-Medien.[3] »Vorsicht Bildschirm!« heißt beispielsweise ein Bestseller Manfred Spitzers, in dem er die schlagzeilentaugliche These vertritt, dass insbesondere das Fernsehen und die Computerspiele »dumm, dick und gewalttätig« (Spitzer 2005: 245) machen. Waren für Albert Hellwig die vibrierenden Bilder des kriminellen Schundfilms Ursache so mancher Straftat und für Fredric Wertham die Crime Comics eine wohlfeile Blaupause für juvenile Delinquenten, so gelten Videospiele für Manfred Spitzer nach dem Schema »virtuell spielen, real morden« (ebd.: 211) unter anderem als Ursache für Amokläufe. So stellt er etwa im Anschluss an die Beschreibung des Massakers von Littleton apodiktisch fest: »Spätestens seit dieser furchtbaren Bluttat wurde klar, dass Videospiele verheerende Folgen haben.« (ebd.: 211). Auch die Ursache des

---

2 Bart Beaty (2005) hat den Versuch unternommen, nachzuweisen, dass Wertham die Rolle des Sündenbocks zu Unrecht zugesprochen wurde. Trombetta (2010: 75f.) hat diesen Versuch allerdings mit Verve zurückgewiesen.

3 Dass in Wahrheit das Fernsehen und nicht die Comic-Industrie die Jugend gefährdet, wird interessanterweise in den Horror Comics selbst thematisiert: In Tag…you're it, einem Tomb of Terror - Comic aus dem Jahr 1954, erzählt ein verängstigter Junge seinen Eltern, dass er von einem Vampir angegriffen wurde, doch der Vater antwortet ruhig: »You've been seeing too much television, young man! Your imagination is getting out of hand!« (Trombetta 2010: 86).

Amoklaufs von Erfurt – in den Augen Spitzers (vgl. ebd.: 213) deutschlandweit die schrecklichste Tat seit dem Zweiten Weltkrieg – muss nicht lange gesucht werden, denn Robert Steinhäuser, der wenige Wochen vor dem Verbrechen wegen schlechten Betragens der Schule verwiesen wurde, hatte schließlich »sehr viel Zeit mit dem Spielen von Gewalt-Videospielen verbracht« (ebd.: 213).Gemeinsam mit Christian Pfeiffer, der es ebenfalls versteht, sich medial zu inszenieren, prägt Manfred Spitzer mit seinen populistischen Thesen wider die Medienverwahrlosung vor allem das öffentliche Meinungsbild sehr nachhaltig. Und er hat scheinbar auch zumindest Teile der Wissenschaft auf seiner Seite, denn er wird nicht müde, jede seiner Thesen mit einschlägigen Studien oder neurobiologischen Erkenntnissen zu stützen. Und was könnte überzeugender klingen als beispielsweise der Verweis auf Verfahren wie die Positronenemissionstomographie (PET), die bunte Bilder des Gehirns erzeugt, mit denen sich dann die schädliche Suggestivkraft von Computerspielen scheinbar zweifelsfrei beweisen lässt?[4] So nimmt es nicht wunder, dass zumindest ein Teil der nach Erklärungen suchenden Öffentlichkeit nach dem Amoklauf von Winnenden erkannt zu haben glaubte, wie sich das Unfassbare wirksam bekämpfen lässt: Neben einem Verbot sogenannter ›Killerspiele‹ wurde auch dazu aufgerufen, Killerspiele öffentlich in einem eigens bereitgestellten Container zu entsorgen (s. Abb. 2).[5] Solche Aktionen lösen bei einem kritischen Betrachter einerseits Assoziationen aus, die weit über die Comic-Verbrennungen in den USA

Abb. 2: Aufruf zur Entsorgung von »Killerspielen«

4 Dass führende Neurowissenschaftler weniger optimistisch sind, wenn es um die Reichweite materialistischer Erklärungen komplexer Hirnfunktionen geht, fällt für Spitzer offenbar nicht ins Gewicht. Dass – um nur ein Beispiel zu nennen – die Untersuchung des Gehirns mithilfe der PET in etwa so ist, »als versuchte man die Funktionsweise eines Computers zu ergründen, indem man seinen Stromverbrauch misst, während er verschiedene Aufgaben abarbeitet« (Monyer et. al. 2004: 33), verschweigt Spitzer geflissentlich.

5 Vgl. http://bit.ly/3mwO5b. Dass die Aktion kein Erfolg wurde, zeigt ein Video (http://bit.ly/9sr1s), das dokumentiert, wie eigens für das Fernsehen das Entsorgen von Killerspielen inszeniert wurde: Ein Junge muss – instruiert von einem Kameramann - mehrfach ein Spiel in den leeren Container werfen, bis die Einstellung passt.

hinausgehen, und sie sind andererseits ein Indiz dafür, dass versucht wird, rationales Handeln durch gleichsam magische Rituale zu ersetzen, mit denen kein einziges reales Problem gelöst werden kann. An einer vernünftigen Debatte scheint Spitzer aber auch gar nicht interessiert zu sein, wenn er Folgendes über seine Kritiker schreibt:

> Die Autoren von Berichten, die einen Zusammenhang zwischen Bildschirm-Medien und Gewalt ablehnen, werden von der Unterhaltungsindustrie finanziell unterstützt [...]. Und Autoren, die sich immer wieder irreführend und sehr positiv über Computerspiele äußern oder deren Auswirkungen verniedlichen, haben Beraterverträge mit den Herstellerfirmen [...]. (Spitzer 2005: 256)

Es sei vor diesem Hintergrund explizit festgehalten, dass wir, die Herausgeber dieses Bandes, weder von der Unterhaltungsindustrie unterstützt werden noch mit Beraterverträgen für Herstellerfirmen ausgestattet sind. Ja, wir haben nicht einmal Angebote bekommen! Und auch für unsere Autor(inn)en legen wir die Hand ins Feuer!

Die im Rahmen dieses Bandes unterbreiteten Vorschläge zur fachwissenschaftlichen und fachdidaktischen Auseinandersetzung mit Comics und Computerspielen im Deutschunterricht entspringen vielmehr einem aufrichtigen Interesse an der Sache, die durchaus mit Problemen behaftet ist. Denn schließlich gehören Comics immer noch nicht zu den *kanonischen* Beständen des Deutschunterrichts, obwohl sie im Laufe der Jahrzehnte nicht zuletzt durch anspruchsvolle ›graphic novels‹ (wie z.B. *Maus* von Art Spiegelman) das Odium des scheinbar Minderwertigen ablegen und sich als ›sequential art‹ (Will Eisner) oder ›invisible art‹ (Scott McCloud) etablieren konnten. Und Computerspiele fristen als fachliche Gegenstände des Deutschunterrichts allerhöchstens ein Nischendasein, da sie bislang nicht den Status einer eigenständigen Kunstform erreichen konnten und die öffentliche Debatte immer noch zu deutlich von kulturpessimistischen Skeptikern geprägt wird. Tatsache ist jedoch auch, dass sowohl Comics als auch Computerspiele eine bedeutende Rolle im (Welt-)Wissen und in der ästhetischen Erfahrung von Jugendlichen spielen und dass sich hier interessante didaktische Anknüpfungspunkte finden lassen, die die Hoffnung nähren, dass Comics und eben auch Computerspiele in Bälde ebenso selbstverständlich in (literatur-)didaktischen Reflexionen und Konzepten eine (gleichberechtigte) Rolle spielen könnten wie die einst verpönten kinematographischen Vorführungen und vor allem wie die traditionellen Gegenstände des Literaturunterrichts.

Die Beiträge, die zu diesem Zweck im vorliegenden Band versammelt sind, beleuchten das Thema aus fachwissenschaftlicher (**Teil 1**) und fachdidaktischer (**Teil 2**) Perspektive.

Jens Meinrenkens Beitrag beschäftigt sich mit den grotesken und karnevalesken Bildtraditionen populärer Medien, die in den Figuren von *Batman* und *Joker* eine besonders prägnante Gestaltung finden. Den Auftakt der Argumentation bildet der Entwurf einer gemeinsamen Stilistik und Morphologie technischer Bilder. Im Anschluss daran zeigt Meinrenken, dass das künstlerische Werk Francisco de Goyas als motivische Zuspitzung einer älteren Darstellung der Groteske zu begreifen ist, die sich in den digitalen Bildwelten der Comics und Computerspiele fortsetzt. Diese kunsthistorische Dimension populärer Medien konzentriert sich in einzelnen visuellen Formen wie der Fledermaus oder dem clownesken Grinsen. Im Epilog der Überlegungen steht eine Ikonologie des Bildes, die das karnevaleske Gesicht populärer Medien vom Rand her umso schärfer in den Blick nimmt.

Der Beitrag **Bernd Dolle-Weinkauffs** unternimmt den Versuch, anhand einiger Seiten aus der Fantasy- Serie *Fushigi Yugi* der bekannten japanischen Comic-Autorin Yuu Watase exemplarische Formen und Merkmale des verbalen und piktoralen Erzählens im Manga vorzustellen. Dabei wird deutlich, dass der Manga in vielfältiger Weise auf das bekannte darstellungsästhetische Arsenal des europäischen und US-amerikanischen Comic zurückgreift, dessen Elemente jedoch modifiziert, teilweise in veränderter Form einsetzt und mit spezifischen Eigencodierungen anreichert.

Felix Giesa beschreibt in seinem Aufsatz zum kinderliterarischen Comic den Comic als von anderen bildnerischen Erzählungen nur schwer abzugrenzendes Erzählverfahren, das sich gerade deswegen durch Tradition und Innovation auszeichnet. In einer knappen Zusammenschau widmet er sich der aktuellen Forschungslage zu seinem Gegenstand. Dolle-Weinkauffs Überlegung zur Einfachheit (nach Lypp) aufgreifend und weiterdenkend wird eine Einteilungsmöglichkeit für Kindercomics vorgeschlagen. Daran anschließend stellt Giesa, ausgehend von Schüwer, ein narratologisches Analyseraster für den Comic vor. Beide Raster werden gemeinsam anhand einiger aktueller Titel praktisch erprobt. Einen Ausblick stellen dabei Überlegungen zu einer transmedialen Gegenstandserweiterung dar.

Piet Mooren legt dar, wie das Bilderbuch alle klassischen Formen der Erzählkunst (das Zähl-Buch, das Abc-Buch, den Comic, das Märchen, die Fabel, die Parabel, das Liederbuch, die Gespenstergeschichte etc.) repräsentiert und damit auch alle Konventionen und ›Gebrauchsanweisungen‹ der verschiedenen Genres: typologische Hauptpersonen und narrative Strukturen, die Kinder dabei unterstützen mit Genres, aber auch mit pragmatischen Textkennzeichen vertraut zu werden. Diese ›multi-genreorientierte‹ Pragmatik lädt förmlich dazu ein, nach Allianzen zwischen spezifischen Bilderbüchern und den Disziplinen der Grundschule zu suchen, was an Bilderbüchern von Ahlberg, Berner, Briggs,

Burningham, Heidelbach, Hutchins, Misschaert/Coenen und Velthuijs demonstriert wird.

In **Teil 2** sind Aufsätze versammelt, die sich dem Thema aus fachdidaktischer Sicht nähern und teilweise konkrete Unterrichtsprojekte vorstellen und reflektieren.

Katrin Dammann-Thedens und **Magdalena Michalak** legen dar, dass das große Potenzial einer textlosen Bildnarration darin besteht, die gezielte Auseinandersetzung mit den Merkmalen bildnerischen Erzählens ohne das schriftsprachliche Zeichensystem zu ermöglichen. Komplexe Narrationen können so ohne Schriftsprache auch verstanden und sprachlich differenziert entfaltet werden. Der Beitrag fokussiert zudem, welche Lernarrangements mehrsprachige Lerner benötigen, um sich mit einer komplexen Bildnarration angemessen auseinander zu setzen und sich diesbezüglich sprachlich zunehmend adäquater äußern zu können. Am Beispiel von David Wiesners *Strandgut* (2007) werden die Bedeutung bildnerischer Narrationen erläutert, der Inhalt der Geschichte analysiert und Sprach- und Handlungsmuster erklärt. Schließlich formulieren die beiden Autorinnen anhand des didaktischen Modells ›Wahrnehmung-Verständnis-Verständigung‹ Konsequenzen, die literarische Bildung und sprachliche Förderung miteinander verknüpfen.

Andreas Seidlers Beitrag sichtet vorliegende Ergebnisse der kulturwissenschaftlichen Forschung zu Computerspielen im Hinblick auf deren Anschlussfähigkeit in der Deutschdidaktik. Die Verbindung zu den traditionellen Gegenständen des Deutschunterrichts stellt sich dabei bereits auf der methodischen Ebene her. Es werden Ansätze der Computerspielforschung vorgestellt, die ihren Gegenstand unter narratologischer Perspektive analysieren, Spiele als theatralische Inszenierungen betrachten oder sich diesen über filmästhetische Kategorien nähern. Darüber hinaus werden Studien betrachtet, die Computerspiele lerntheoretisch als didaktische Arrangements untersuchen. Abschließend geht Seidler der Frage nach, wie Computerspiele ihre Rezipienten faszinieren und in ihre fiktionalen Welten einbinden und welche Unterschiede sich hierbei zu anderen Medien zeigen.

Computerspiele haben in Deutschland keinen guten Ruf, konstatiert **Jan M. Boelmann** eingangs seines Beitrags. Obwohl Computerspiele im August 2008 durch den Deutschen Kulturrat zum Kulturgut erklärt wurden, führen sie in der Schule immer noch ein Schattendasein. Dennoch, so Boelmann, können Computerspiele einen wichtigen Beitrag für den Deutschunterricht leisten, denn sie haben einen festen Sitz in der Lebenswelt vieler Schüler und könnten so beispielsweise für leseschwache männliche Schüler eine Brücke hin zum kompetenten Umgang mit Literatur schlagen. Der Beitrag legt einen Schwerpunkt auf narrative Computerspiele als Gegenstand des Deutschunterrichts, an denen sich Kompetenzen erwerben lassen, die auf andere Gegenstandsbereiche des Deutschunterrichts übertragbar sind. Narrative Computerspiele können – nicht zuletzt durch ihr hohes motivationales Potenzial – gewinnbringend für die Vermittlung von Untersuchungsstrategien genutzt werden, die ebenfalls bei der Bearbeitung von Literatur Anwendung finden können. Boelmann veranschaulicht diese Position, indem er, den Gegenstandsbereich der narrativen Computerspiele näher bestimmend, deren Einflussmöglichkeiten auf das literarische Lernen an einem Beispiel skizziert.

Wie der Erwerb von Medienkompetenz als Möglichkeit der Strukturierung, Kritik und Reflexion von audiovisuellen Lebenswirklichkeiten auch im Fokus methodisch-didaktischen Handelns stehen kann, untersucht **Birgit Meurer**. Zu diesem Zweck, so Meurer, bildet der interdisziplinäre Umgang in der Auseinandersetzung mit audio-visuellen Medien einen wichtigen Eckpfeiler bei der Ausbildung von Medienkompetenz. Die Kenntnis und vor allem die Anwendung bildnerischer und literarischer Mittel qualifizieren Schüler zu einem einerseits hedonistischen, praxisorientierten, aber andererseits auch kritischen und reflektierten Umgang mit den neuen Medien. Meurer stellt ein unter dieser Zielsetzung realisiertes Unterrichtsprojekt vor, in dem Schüler/innen unter dem Thema ›Miteinander leben‹ auf der bildnerischen Grundlage eines Comics ein Storyboard als abstrahierte Adaption einer literarischen Vorlage herstellten und daraus einen Kurzfilm produzierten; hierfür entwarfen sie Bildsequenzen nach ästhetischen Kriterien, arbeiteten diese aus und erprobten anschließend deren filmische Umsetzung. Bei diesem Unterrichtsprojekt stand der Prozesscharakter – das learning by viewing and doing – im Vordergrund.

Im letzten Beitrag dieses Bandes erörtert **Stephan Bruelhart** die Frage, welche Aufgabenkulturen den Aufbau von ›medialiteracy‹-Kompetenzen unterstützen. Wie hängen didaktische Ausrichtung und Struktur von Lernaufgaben zusammen, wenn Informations- und Kommunikationstechnologien (ICT) integriert werden sollen? Welche Herausforderungen gelten für die Konzeption digitaler Medien? Wie können informelle Lehrmittel optimal genutzt werden? Welche Potentiale besitzen Computerspiele für Lehr- und Lernprozesse im Fach Deutsch ? Ob Neue Medien den Unterricht bereichern können, hängt entscheidend davon ab, wie diese in Lernumgebungen eingebettet werden und ob sie individuelles und entdeckendes Lernen ermöglichen. Am Beispiel *Der Fall Fox* sollen die inhaltlichen Möglichkeiten des Lerntransfers bei Computerspielen gezeigt und Einsichten in deren Entwicklung gegeben werden.

Bleibt am Ende dieses Vorworts noch der Dank an alle Beiträger/innen für die kollegiale und unkomplizierte Zusammenarbeit mit den Herausgebern sowie der besondere Dank an Jan Zechel, ohne dessen unermüdlichen und gewissenhaften Einsatz dieser Band beileibe nicht in der geplanten Zeit fertig geworden wäre, und an Anja Kolbeck, die die Idee für das Cover beisteuerte.

Ludwigsburg/Nürnberg-Erlangen, im Juni 2011

Roland Jost und Axel Krommer

Literaturverzeichnis

Beaty, Bart (2005): Fredric Wertham and the Critique of Mass Culture. Mississippi.

Hellwig, Albert [1914] (2002): Über die schädliche Suggestivkraft kinematographischer Vorführungen. In: Kümmel, Albert / Löffler, Petra (Hrsg.): Medientheorie 1888-1933. Frankfurt am Main (=stw 1604). S. 115-128.

McCloud, Scott (2001): Comics neu erfinden. Wie Vorstellungskraft und Technologie eine Kunstform revolutionieren. Hamburg.

Monyer, Hannah / Rösler, Frank / Roth, Gerhard / Scheich, Henning / Singer, Wolf / Eiger, Christian E. / Friederici, Angela D. / Koch, Christof / Luhmann, Heiko / von der Marlsburg, Christoph / Menzel, Randolph (2004): Das Manifest. Elf führende Neurowissenschaftler über Gegenwart und Zukunft der Hirnforschung. In: Gehirn und Geist 6/04, S. 30-37.

Spitzer, Manfred (2005): Vorsicht Bildschirm! Elektronische Medien, Gehirnentwicklung, Gesundheit und Gesellschaft. München.

Trombetta, Jim (Hrsg.) (2010): The Horror! The Horror! Comic Books the Government didn't want you to read! New York.

Wertham, Frederic (1953): Seduction of the Innocent. New York.

Teil I:

Von *Batman* zum Bilderbuch: literaturwissenschaftliche Sichtweisen

JENS MEINRENKEN

»Batmans Clinch mit dem Joker«

Karneval und Groteske im Zeitalter des Digitalen

1. Plastic Culture - Stil und Morphologie populärer Medien

Es gehört zum paradoxen Erscheinungsbild populärer Medien, dass unter ihrer planen Oberfläche eine tiefliegende Auseinandersetzung mit ästhetischen und künstlerischen Prinzipien verborgen ist. Neben den elementaren gestalterischen Bezügen zwischen Comics und Computerspielen (vgl. Meinrenken 2011), wird hier eine antiklassizistische Kunstauffassung spürbar, die in den Formen und Motiven der Groteske ihre besondere Ausprägung findet. Komik, Gewalt, Nonsens, Heroismus und sexuelle Monstrositäten präsentieren die niederen Stillagen einer Ästhetik, die sich zur etablierten Kunst konträr und zugleich komplementär verhält. Die vermeintlich moderne Physiognomie von Comics und Computerspielen basiert auf einer historischen Entwicklung verschiedener Künste, die sich als Kultur des Digitalen neu strukturiert und definiert.
Bei aller technischen Differenz, die beide Medien in ihrer Handhabbarkeit und interaktiven Steuerung auszeichnet, sind es solche Gemeinsamkeiten, die eine übergreifende Ästhetik der Phänomene Comic, Computerspiel, Film und Animation im Spiegel des Digitalen kreiert. Dieser Spiegel kann zugleich als optische Lupe oder Brennglas verstanden werden, der bei größtmöglicher Streuung seiner Bilder die Wahrnehmung auf einen Punkt konzentriert und dadurch besondere Formen der Attraktion schafft. Comics und Computerspiele faszinieren - sowohl im negativen als auch positiven Sinn des Wortes -, das zeigen die Diskussionen um die Wirkmächtigkeit und Gefahren dieser Medien im Detail. Konzentriert sich die aktuelle gesellschaftliche Kritik gegenüber dem Computerspiel vornehmlich auf dessen gewalttätige Inszenierungen, so erfährt der Begriff des Comics momentan ein Verfahren der Umkehrung: Man spricht lieber von Graphic Novels, um vermeintlich höherwertige Comics eigens zu etikettieren, deren Inhalt mit den angeblich billigen Heftchen vergangener Jahrzehnte kaum noch etwas zu tun hat.[1] Eine historische Relativierung dieser kulturellen Zuschreibungen fehlt fast völlig. Dabei soll nicht verschwiegen werden, dass diese Debatten und sprachlichen Techniken der Stigmatisierung durchaus einen schöpferischen oder intellektuellen Widerspruch provozieren und

[1] Über den negativen Umgang mit Comics in Deutschland siehe den Artikel von Dietrich Grünewald (Grünewald 2010).

damit hoffentlich zu einem komplexeren Verständnis populärer Medien beitragen.

Für die pädagogische, didaktische und medienwissenschaftliche Beschäftigung bedeuten solche Beobachtungen eine enorme Herausforderung: Comics und Computerspiele bedürfen eines immensen historischen Bildwissens, weil sie als kulturelle Vorrats- und Datenspeicher einer Moderne fungieren, deren Bildung analog nicht mehr zu bewältigen ist. Neben einem sprachlichen oder dezidiert narrativen Verständnis beider Medien ist diese Evidenz des Bildlichen unmittelbar an die Produktionsweise gebunden. Wie der Film oder die Animation können Comics und Computerspiele auf Text weitgehend verzichten, weil ihr Szenario auf klassischen Prinzipien der Szenographie basiert. Storyboard, Skribble, Hintergrundsentwürfe, Charakter- und Figurendesign sind nur ein paar Stationen dieser gemeinsamen konzeptionellen Organisation, die auf dem Medium der Zeichnung beruht und deren Entwurfsmöglichkeiten in eine digitale Form überführt.

Längst hat sich im Segment der elektronischen Unterhaltungsindustrie das Kunstbuch eine eigene Nische erobert. In aufwändig gestalteten Reproduktionen werden die Figuren und Lebenswelten der Computerspiele abgebildet – mit oftmals starken malerischen Ambitionen. Der programmierten unsichtbaren Architektur des Spielcodes steht eine greifbare Verkörperung digitaler Bilder gegenüber, die sich unter anderem in handfesten und zum Teil überlebensgroßen Skulpturen der Avatare äußert. Auch hier zeigt sich ein gemeinsames Element mit dem Comic, dessen Helden bereits seit dem Ende des 19. Jahrhunderts als Spielzeug und mögliches Sammelobjekt vermarktet werden. Aus dieser Perspektive können die limitierten Sondereditionen aktueller Spiele wie *God of War* oder *Assassin's Creed* als ökonomische Ausgaben einer Zeitkapsel begriffen werden, die ihre Momente der Herstellung und Jahre der Entwicklung in wenigen Objekten konzentriert zur Schau stellt.[2] Aufgrund ihres ephemeren Zustands als digitales Medium, dessen Handlung sich erst im Ablauf des Spielens konkretisiert, besitzen Computerspiele in der analogen Darbietung einzelner Elemente ihres Universums ein wichtiges kommunikatives Gegenüber. An der Nahtstelle von Software und Hardware vermitteln sie zwischen der lokalen Umgebung des Spielers und der virtuellen Realität des Spiels.

Mit diesen wenigen allgemeinen Bemerkungen soll die Topographie und künstlerische Praxis populärer Medien beschrieben werden, die in der Verzahnung von Comic, animierten Bildern und Computerspielen einen eigenen Stil des technischen Bildes erzeugt.[3] Hierbei muss daran erinnert

---

[2] Zur Funktion und Verwendung der Zeitkapsel in der modernen Kunst vgl. den Ausstellungskatalog *Deep Storage* (Schaffner 1997).

[3] Zur Problematik des Stils in Bezug auf technische Bilder aus dem Bereich der Naturwissenschaften siehe das Interview mit Horst Bredekamp (Bredekamp 2008: 36-47).

werden, dass ihrerseits die moderne Kunst eine umfangreiche Materialästhetik entwickelt hat, die vom Abfall bis zu chemisch hochkomplexen Werkstoffen alle Bereiche des Alltags in ihren Herstellungs- und Ausstellungsprozess integriert – und damit die bürgerlichen Wertvorstellungen der Künste relativiert.[4] Dieses dynamische Wechselverhältnis von Kunst, Wissenschaft und Technik betrifft die serielle Produktion von Comics und Computerspielen nicht nur in ihren marginalen Erscheinungsformen. Plastik als preisgünstiges Material für die Verpackung und deren Inhalt spielt dabei ebenso eine Rolle wie billige Druckverfahren zur Anfertigung von Spielanleitungen oder Comicheften. Neben den chaotischen Auswüchsen einer grellen Popästhetik erfährt die Abfallkultur unserer modernen Zivilisation in den apokalyptischen Szenarien von Computerspielen eine zeitgemäße Zuspitzung. Comics und Computerspiele besitzen eine materielle Substanz, die auf eigentümliche Weise die globalen Zerfallserscheinungen der Gesellschaft konserviert und konterkariert. Diese Expandierung grotesker und karnevalesker Zustände auf der Folie des Bildes darf nicht ausschließlich als eine technische Raffinesse maschineller Apparaturen missverstanden werden. Vielmehr verweist sie auf eine grundsätzliche Form- und Wandelbarkeit stofflicher Eigenschaften, die in der Ausweitung der künstlerischen Tätigkeit auf die Materialien des Alltagslebens ihr ästhetisches Äquivalent findet.

Folgt man den seit der frühen Neuzeit sich entwickelnden Kriterien zur Groteske und zum Karneval, so begegnen dort Zerfall, Tod und Vergänglichkeit den Prinzipien der Inversion und Mutation.[5] Deren morphologisches Formenspiel erfährt nicht erst in der digitalen Sphäre des Computers eine neue Renaissance. Inversion und Mutation lassen sich als Merkmale einer Moderne beschreiben, in denen die Verwandlungen und Verkleidungen des Körpers eine zentrale Rolle spielen. Bereits zu Beginn des 20. Jahrhunderts definiert der französische Philosoph Henri Bergson die körperliche Form als Momentaufnahme eines Übergangs, bei der sich die flüssige Kontinuität des Wirklichen durch die Wahrnehmung zu diskontinuierlichen Bildern verdichtet (vgl. Bergson 1912: 306). Bergson extrahiert damit ein filmisches Denken in physikalische und zugleich bildliche Entitäten. Die sich hier andeutende Dynamik von Form und Figur greift auf die Gestalt einzelner Medien über. Ausgehend von Erich Auerbachs berühmter Studie *Figura* aus dem Jahr 1938 lässt sich ein kreatives Verständnis des Comics entwerfen, das in der wandelbaren Figur des Plastic Man seine personale Entsprechung findet (vgl. Meinrenken 2011:

[4] Einen umfassenden Überblick über die Werkstoffe der modernen Kunst liefert das *Lexikon des künstlerischen Materials* (Wagner 2010).

[5] Eine grundlegende Einführung in den Begriff der Groteske bietet Elisheva Rosen (Rosen 2001). Zu dessen Bedeutung in der Moderne siehe den Ausstellungskatalog *Grotesk! 130 Jahre Kunst der Frechheit* (Kort 2003).

242f.).[6] Zum ersten Mal in der Originalausgabe von *Police Comics Nr. 1* August 1941 erschienen, zeigt sich hier ein Heldentypus, der seinen Körper beliebig weit dehnen und in alle vorstellbaren Objekte transformieren kann.[7] Der Name ›Plastic Man‹ verweist damit auf ein plastisches Denken, das direkt mit dieser Figur und den industriellen Erfindungen unserer Moderne verknüpft ist. Selbst in der imaginären Welt des Comics wird der Kunststoff zu einer fassbaren Kategorie des Fantastischen, dessen elastische Erscheinung zwischen den Polen der Abstraktion und Figuration hin und her pendelt. Wenn hier also am Beispiel des Plastic Man von einer Morphologie der Formen und Figuren gesprochen werden kann, die bei aller Virtualität der menschlichen Vorstellungskraft dennoch auf eine konkrete Gegenständlichkeit und Materialästhetik verweist, dann haben wir es mit einem Phänomen der Darstellung zu tun, das in den populären Medien besonders deutlich zur Anschauung kommt. Comics und Computerspiele können als mediale Phänomene des Bildes begriffen werden, in denen die Zerstückelungen und Mutationen des Körpers eine umfassende Historie des Grotesken und Karnevalesken rezitieren. Der vielfältigen Tradition des Karnevals und der Groteske steht die Präzision eines bildlichen Denkens gegenüber, dessen Gestik, Mimik und Symbole sich zu einer epochenübergreifenden Bildgeschichte des Monströsen zusammenfügt. Die hier skizzierte Morphologie populärer Medien ist der Versuch, Karneval und Groteske als Merkmale einer gemeinsamen Stilistik von Comics und Computerspielen zu beschreiben, die in den Figuren von Batman und Joker ihre vielleicht prominentesten Vertreter findet.[8]

---

[6] Auerbach untersucht in seinem Aufsatz die Begriffsentwicklung des lateinischen Wortes ›figura‹ und betont dessen bildhafte Bedeutung als bewegte Form und Motiv des Gestaltwandelns durch den Bezug auf einige Textstellen aus Ovids *Metamorphosen*. An dieses Verständnis von Ovid knüpfen die Wachowski-Brüder mit ihrer Version des Morpheus in der Filmtrilogie *The Matrix* an. Antikes und digitales Formendenken verbindet sich in der Gestalt des Morpheus zu einer Figur. In diesen Zusammenhang passen auch Gerüchte, dass die Wachowski-Brüder seit längerer Zeit an einer filmischen Adaption des *Plastic Man* arbeiten.

[7] Vergleichbare Eigenschaften besitzen die Comicfiguren *The Elongated Man* und *Mr. Fantastic*. Im Medium des Zeichentrickfilms findet man ähnliche Phänomene der körperlichen Verformung und Ausdehnung bereits in den frühen Versionen der *Micky Mouse* und später als digitale Animation bei *The Incredibles*.

[8] Zur grotesken Dimension des Batman-Universums vgl. Arno Meteling (Meteling 2004).

2. Comics und Computerspiele – Eine gemeinsame Mediengeschichte des Digitalen

Comics und Computerspiele pflegen seit rund dreißig Jahren einen innigen Austausch ihrer ästhetischen und medialen Formen. Was Ende der siebziger Jahre als simple Adaptionen für die Videospiel-Konsole Atari 2600 begann, hat sich mittlerweile zu einer gewinnbringenden Strategie des Crossmarketings entwickelt, bei der sich das mediale Angebot von Comic, Film und Computerspiel gegenseitig ergänzt. So liegt der mögliche Wiedererkennungswert der ersten Software-Adaptionen von Comics vornehmlich auf der narrativen und ästhetischen Ebene der Verpackungen als auf dem Bildschirm selbst, wie man am Beispiel eines *Spider-Man*-Spiels der Firma Parker Brothers aus dem Jahr 1982 gut erkennen kann. Nur ein paar Jahre später haben sich das Aussehen und die Ästhetik der Spiele grundlegend verändert. In einem *Superman*-Spiel von 1988 findet sich nicht nur die typische politische Symbolik amerikanischer Superhelden-Comics wieder – mit der Freiheitsstatue als Insignie für Demokratie und Gerechtigkeit –, sondern auch die für Clark Kent obligatorische Telefonzelle als Ort der Verwandlung.

Trotz einiger Ungenauigkeiten werden hier auch schon Flugszenen dargestellt, die mit einer komplexen dreidimensionalen Perspektive auf das urbane Geschehen operieren. Die rasante technische und grafische Weiterentwicklung von Prozessoren und Computern führt dazu, dass der spezifische Erzählstil von Comics und deren Bildsprache in die Handlung der Computerspiele integriert werden.[9] 1989 lässt das Spiel *Batman. The Movie* keinen Zweifel daran, vor welchem kommerziellen und technischen Hintergrund es entstanden ist. Sowohl das Gesicht von Jack Nicholson in der Maske des Jokers als auch der Soundtrack von Prince für Tim Burtons Kinofilm ist mit seinen Liedzeilen gut sichtbar im Spiel platziert.[10]

Nun gelten die hier genannten Beispiele nicht unbedingt als Meilensteine der Computer- und Videospiel-Historie. Dennoch veranschaulichen sie den Beginn einer grundsätzlichen Synthese populärer Medien, die über die audiovisuelle Schnittstelle des digitalen Bildes vollzogen wird. Der Comic ist neben dem Bilderbuch nur eine von mehreren Formen der Bildgeschichte, die in die Handlung und in die Physik des Spiels übersetzt werden. Besonders das unüberschaubare Figurenarsenal des Comics mit seinen Heldenfiguren und grotesken Fantasien von Mensch und Tier (Mickey Maus, Donald Duck, Batman usw.) scheinen dabei eine enorme Wirkung auf das digitale Medium auszuüben. Umgekehrt verwenden Comics heutzutage

---

[9] Ein zeitgleiches Beispiel für diese Entwicklung ist das Spiel *Batman. The Caped Crusader* (1988).

[10] Dieses Bestreben nach einer integrativen Ästhetik der verschiedenen medialen Bildformen zeigt sich auch in der offiziellen Comicadaption. So sind die Panels auf der ersten Seite in Form eines Filmstreifens gezeichnet, der sich vor der Kulisse eines mit Publikum gefüllten Kinosaals entrollt (vgl. O'Neil 1989).

Computer, Konsolen und Mobiltelefone als Experimentierfeld für interaktive Formen der Bilderzählung. Das belegen unter anderem zahlreiche Web-Comics und der ständige Zuwachs von sogenannten ›Motion-Comics‹, die Panel für Panel der gedruckten Vorlage in animierte Sequenzen verwandeln – unterstützt durch Soundeffekte und Sprachausgaben des in den Sprechblasen geschriebenen Textes. Doch auch das Spielen selbst und dessen virtuelle Realitäten sind Gegenstand des Mediums und werden sowohl inhaltlich als auch ästhetisch auf der dargestellten Bildebene thematisiert. So zeichnet Scott McCloud, der später mit dem Buch *Reinventing Comics* zum Apologeten für die digitale Expandierung der sequentiellen Kunst werden sollte, von 1984-1990 mit *Zot!* eine der ersten Comicserien, die sich explizit mit dem Thema Computerspielen beschäftigt. 1990 nutzt der Gamedesigner Pepe Moreno den Macintosh-Computer, um die kühle Ästhetik des damaligen Cyberspace in Panelform zu bannen: *Digital Justice* entsteht zum Höhepunkt einer medialen Revitalisierung des Batman-Universums, deren Etappen durch Frank Millers *The Dark Knight Returns* (1986), Alan Moores *The Killing Joke* (1988) und Grant Morrisons *Arkham Asylum* (1989) im Bereich des Comics markiert werden. Pepe Morenos Version ist deshalb für vorliegende Argumentation aufschlussreich, weil sie dem Leser nicht nur typische Einblicke in die psychische Disposition der Jokerfigur liefert, sondern auch dessen monströses Erscheinungsbild mit allen seinen clownesken und grotesken Verzerrungen digital veranschaulicht. So präsentiert sich der Joker in dieser utopischen Bildgeschichte als ein omnipotenter Weltenherrscher, der alle Kunstrichtungen beherrscht und sich selbst als das erste digitale Genie der Welt bezeichnet, als einen Picasso der Pixel und ultimativem Künstler schlechthin. (vgl. Abb. 1) Gewalt und Größenwahn werden hier als ein diabolisches Kunstwerk vorgeführt, dessen apokalyptische Auswirkungen in dem Bildzitat von Pieter Bruegels Gemälde *Triumph des Todes* (um 1562) unmissverständlich zum Ausdruck kommen.[11] Der Joker zelebriert damit ein Kunstwissen, das sich am Schauerlichen, Bösen und Grausamen mit großer Wonne delektiert. Zugleich demaskiert er sein eigenes künstlerisches Handeln als eine bewusste Eulenspiegelei – von James Joyce stammt das Bekenntnis: »Ich bin weiter nichts als ein irischer Clown, a great joker at the universe« (Starobinski 1970: 10). Nicht erst aus der Rückschau der Terroranschläge vom 11. September erhalten solche Inszenierungen einen bitteren Beigeschmack. Erinnert sei an die schockierende Äußerung von Karlheinz Stockhausen: »Also was da geschehen ist, ist natürlich – jetzt müssen Sie alle Ihr Gehirn umstellen - das größte Kunstwerk, was es je gegeben hat …« (Stockhausen 2001: 76f.). Mit aller Radikalität äußert sich hier ein Kunstverständnis, das jenseits sozialer und ethischer Normen nach

[11] Die Datierung des Bildes ist nicht eindeutig gesichert. Neben Goyas *Schrecken des Krieges* und Picassos *Guernica* gehört es zu den eindringlichsten Visionen einer Schlachtenmalerei, in der das Schicksal der gesamten Menschheit auf dem Spiel zu stehen scheint (vgl. Roberts-Jones 1997: 99).

dem Totalen trachtet und die eigene Ernsthaftigkeit negiert – eine totale Narrenfreiheit der ästhetischen Artikulation.

Abb. 1: Auszug aus *Batman. Digital Justice* (Moreno 1990, ohne Paginierung).

Jokers diktatorischer Versuch über das Netz des Computers die ganze Welt zu unterjochen, ist direkt mit der ›unendlichen Leinwand‹ einer universellen Rechenmaschine verknüpft, auf der jegliche Einbildung digital dargestellt werden kann. Der Joker begreift die ihn umgebende Realität als eine plastische Materie, deren Aussehen er nach seiner Vorstellung gestalten und verändern kann. Wie zur Behauptung seines Selbst multiplizieren und projizieren die Monitore der Großstadtmetropolen sein höhnisches Lachen in alle vier Himmelsrichtungen der Welt und lassen sein Grinsen als ewige Maske auf der Oberfläche des Bildschirms gefrieren. In dieser fiktiven Zukunftsvision sind die Grenzen zwischen der virtuellen Realität des Computers und der realen Wirklichkeit längst verwischt. Sie bilden ein synthetisches Konglomerat aus Farben, Formen und Figuren. Alles gerät zum Spiel oder wie der Joker es selbst ausdrückt: »Reality shudders, bends, cracks and again, the material and the symbolic melt into one« (Moreno 1990).

Diese Verschmelzung von Material und Symbol beruht auf einer tiefreichenden Verzahnung mit dem Grotesken und deren karnevalesker Tendenzen. Bereits in der Schwankliteratur des späten Mittelalters feiert das Komische und Böse ein fröhliches Miteinander: »Die komische Ästhetisierung des Teufels und der Bedrohung durch das Böse bedeutet nicht dessen Negation, sondern seine Integration« (Röcke 1987: 154). Der Joker kann als eine geradezu paradigmatische Modernisierung des alten Dualismus von Narr und Teufel in der Maske des Clowns verstanden werden. Mit der digitalen Überformung des Gemäldes von Bruegel offenbart Pepe Moreno ein präzises Verständnis der textuellen und visuellen Traditionen der Groteske, bei der die Sittlichkeit der bildlichen Darstellung nicht erst seit dem Zeitalter der Aufklärung eine breite intellektuelle Diskussion angestoßen hat. So schreibt Christoph Martin Wieland in seinen *Unterredungen mit dem Pfarrer von **** (1775):

> Der Pfarrer: Wenn ich Sie recht verstanden habe, so unterscheiden Sie die Karikaturen in wahre, wo der Mahler die verunstaltete Natur bloß abbildet, wie er sie findet; übertriebene, wo er aus irgend einer besondern Absicht die Ungestalt seines Gegenstandes zwar vermehrt, aber doch auf eine der Natur so analoge Art dabei zu Werke geht, dass das Original noch immer kenntlich bleibt; und in bloß fantastische, oder eigentlich so genannte Grotesken, wo der Mahler, unbekümmert um Wahrheit und Aehnlichkeit, sich (wie etwa der so genannte Höllenbreugel) einer wilden Einbildungskraft überlässt, und durch das Uebernatürliche und Widersinnige seiner Hirngeburten bloß Gelächter, Ekel und Erstaunen über die Kühnheit seiner ungeheuern Schöpfungen erwecken will. Sie billigen die erste Art von Karikaturen, weil sie zwar verunstaltete Natur aber doch immer Natur abbilden; und verwerfen die zweite und dritte, (die im Grunde nur weniger oder mehr verschieden sind) als Werke, die weder zum Nutzen noch zum Vergnügen dienen (Wieland 1816: 417).

Nur wenige Jahre später übt Goethe in Anlehnung an Wieland eine ähnliche Kritik an der Groteske und moniert die verwirrende Wirkung des Höllen-Bruegels auf das menschliche Gehirn:

> So verwirret mit seltnen willkürlich verwebten Gestalten,
> Höllisch und dunkel gesinnt, Breughel den schwankenden Blick;
> So zerrüttet auch Dürer mit apokalyptischen Bildern,
> Menschen und Grillen zugleich unser gesundes Gehirn (Goethe 1796: 230f.).[12]

Es wäre sicherlich ein lohnendes Unterfangen, die pädagogische Kritik an Computerspielen und Comics in den Kontext bürgerlicher Kunsturteile zu stellen, wie sie uns in diesen Zeilen entgegentritt. Während Wieland mit seiner dreifachen Unterteilung der Karikatur (vgl. Wieland 1816: 418) bereits wesentliche Bausteine für eine Bild- und Comictheorie des Fantastischen formuliert, betont Goethe die Geburt der Groteske aus der Kunstform des Capriccio – jene Grillen der menschlichen Einbildungskraft, in der sich die Darstellung über die Nachahmung der Natur erhebt.[13]

Diese Befreiung des Künstlerischen ist auch ein zentrales Programm von Pepe Morenos Ästhetik in *Digital Justice*. Das Digitale wird hier nicht als eine Differenz zum Analogen verstanden, sondern als eine technische Erweiterung und Entgrenzung seiner schöpferischen Möglichkeiten. Direkt neben dem Gemälde Bruegels hat Moreno das Detail eines Freskos von Giorgio Vasari platziert, das sich im Ratssaal des Palazzo Vecchio von Florenz befindet (vgl. Muccini 1997: 116) Das Schlachtenbild *Die Niederlage der Pisaner am Turm von San Vincenzo* (1569) ist zwar nicht so bekannt wie das Gegenüber seines nordischen Kollegen, stammt aber aus derselben Zeit und Kunstperiode. Beide Bilder führen dem Betrachter mit

[12] Eine leicht veränderte Fassung des Epigramms analysiert Horst Bredekamp in seinem Aufsatz *Grillenfänge von Michelangelo bis Goethe* (Bredekamp 1989: 177).

[13] Zur Kunstform des Capriccio und dessen Verbindung mit dem Grotesken siehe den Sammelband von Ekkehard Mai (Mai 1997) und den von ihm herausgegebenen Ausstellungskatalog (Mai 1996).

den Stilmitteln des Manierismus die Gewalttätigkeit und Verherrlichung eines Krieges schonungslos vor Augen. Wie bereits die apokalyptischen Darstellungen Dürers, die Goethe in seinen *Venezianischen Epigrammen* erwähnt, sind sie Ausdruck einer Kunstfertigkeit, die entweder durch die Wirkungsmacht des Kolossalen (Vasari) oder des Dämonischen (Bruegel) eine besondere Faszination ausübt. Die Selbstbezeichnung des Jokers als ›Picasso der Pixel‹ steht im direkten Dialog mit Tim Burtons Film *Batman* von 1989. In einer Szene verunstalten der Joker und seine Kumpanen mit dicker Farbe berühmte Meisterwerke im Museum von Gotham City – neben Bildern von Degas oder Vermeer auch ein Selbstporträt Rembrandts. Im anschließenden Gespräch mit der Reporterin Vicki Vale vom *Time Magazine* (gespielt von Kim Basinger), verneint er zwar, ein Picasso zu sein, offenbart dafür aber seine wahren künstlerischen Absichten: »I am the world's first fully functioning homicidal artist. I make art until somebody dies«. In dieser mörderischen und absoluten Logik des Ästhetischen verwundert es auch nicht, dass der Joker ausgerechnet ein Gemälde von Francis Bacon bei seiner Attacke auf die Kunst verschont: *Figure with Meat* von 1954 – eine Adaption des Porträts *Papst Innozenz X.* (1649/50) von Diego Velázquez, dessen Kopf in der Darstellung Bacons von zwei riesigen Tierkadavern umkränzt wird.[14] Krieg, Avantgarde und Moderne werden vom Joker in eine Relation gesetzt. Voller Bewunderung lobt er Vicki Vale für eine Fotoreportage, in der sie die toten Körper der Soldaten ungeschönt präsentiert. Groteske und kreatürlicher Realismus verdichten sich durch die hier genannten Bildbezüge zu einer eigenwilligen Physiognomie populärer Medien, deren Imaginationen des Fantastischen ohne die Darstellungsformen der bildenden Kunst nicht zu denken sind.

Die digitale Überformung eines italienischen Freskos aus der Kunstepoche des Manierismus im Medium des Comics ist zugleich ein Hinweis auf die Modernität der im 16. Jahrhundert entwickelten Bildformen und Kunsttheorien. So beschreibt Vasari in seinen Künstlerviten nicht nur die Herkunft der Groteske aus den Ornamenten antiker Grottenmalerei (vgl. Rosen 2001: 880f.), sondern benennt bereits die wesentlichen Grundzüge ihrer bis heute gültigen Ästhetik:

> Das Transgressive, Respektlose den Regeln gegenüber, das Antimimetische, das Monströse, das Heitere, das Kapriziöse und Grillenhafte, der Aspekt des Lächerlichen und die komische Wirkung, die Verletzung von Naturgesetzen und das Außerkraftsetzen des Selbstverständlichen; das Überraschende, die Metamorphose, das Mischwesen und

[14] Man kann hier von einer regelrechten »Anatomie des Grauens« sprechen, wie es Sam Hunter 1952 in einem gleichnamigen Artikel für das *Magazine of Art* getan hat (Hunter 1996). So zeigt die Fotografie aus Bacons Atelier verschiedene Zeitungsausschnitte und Reproduktionen: Neben dem Bild von Velázquez, Fotos von Charles Baudelaire, Heinrich Himmler, Joseph Goebbels und der Oktober-Revolution (vgl. ebd.: 247). Besonders aufschlussreich für die Kennzeichnung des Jokers als Todeskünstler ist ein vierteiliger Bildstreifen mit der Darstellung eines Clowns, dessen Mimik in die agitatorische Artikulation eines propagandistischen Mundes überführt wird – in deutlicher Nähe zu den abgebildeten Hetzrednern des Nationalsozialismus.

> die Mischkomposition, das Seltsame, die Phantasie, der Geschmack am Verrückten, Abwegigen und Extravaganten, die Entwicklungsfähigkeit, die Mischtechnik in Material und der Verbindung von Inhalten (Scholl 2004: 218)..

Jokers Vision eines Picassos der Pixel, der alle Kunstrichtungen beherrscht, zentriert sich in einem ästhetischen Weltbild, dessen gegensätzliche Pole in der Geschichte des Comics durch Art Spiegelmann und Scott McCloud definiert werden können. Während Scott McCloud in *Reinventing Comics* vor allem die unermesslichen Darstellungsmöglichkeiten des Computers für den digitalen Comic predigt und dabei einen Monitor imaginiert, der auf seinem Display Comics von der Größe Europas oder den Ausmaßen eines Berges Schritt für Schritt abbilden kann (vgl. McCloud 2000: 222), übt Art Spiegelmann eine fundamentale Medienkritik an der Realitätsflucht des Menschen durch den Fernseher (vgl. Spiegelman 2008).[15] Die ironischen Brüche und Dopplungen der Bildergeschichten in seiner Anthologie *Breakdowns* operieren dabei mit einer strikten, avantgardistischen Auffassung der Groteske. Pornografie und Gewaltfantasien sind neben der permanenten Beschäftigung mit der Figur und Kunst Pablo Picassos eines der wiederkehrenden Themen. Das zeigen die chimärenartigen Katzen- und Vogelwesen mit dem Kopf des spanischen Künstlers im Detail (vgl. Abb. 2). Art Spiegelmans Introspektionen in seine künstlerische Identität bringen durch die Metapher des Fernsehens die grundsätzliche Ausweglosigkeit der

Abb. 2: Auszug aus *Breakdowns* (Spiegelman 2008, ohne Paginierung).

[15] Zur kunsthistorischen Bedeutung der Motive und Bildformen in Scott McClouds Comictheorie vergleiche die Aufsätze von Jens Meinrenken (Meinrenken 2010a und 2010b).

Realität als eines Ortes schrecklicher Katastrophen auf den Punkt: »Reality wasn't a very nice place to visit, but there was nowhere else to go!« (vgl. ebd.).

Dass Spiegelman den Comic als eine seelische Projektionsfläche des Grotesken und Karnevalesken kennzeichnet, ließe sich durch eine Vielzahl von Beispielen aus *Breakdowns* belegen.[16] Über die Chimären Picassos wird die Groteske als eine Grundkonstante der modernen Kunst greifbar und findet im Medium des Comics und Computerspiels ein besonders breites Echo. Die ikonischen Vorbilder dieses Vexierspiels von Traum und Wirklichkeit mitsamt den gewalttätigen Schattenseiten hat Art Spiegelman selbst ins Bild gesetzt: Francisco de Goyas *Capricho Nr. 43* (1797-98) mit dem berühmten Sinnspruch »Der Schlaf der Vernunft gebiert Ungeheuer«.[17] Was bei Spiegelman als homoerotische und sexuelle Humoreske kunterbunt leuchtet (vgl. Abb. 3), hat bei Goya eine tiefer liegende Bedeutung, die von dem Kunsthistoriker Victor Stoichita als »*mise-en-scène* einer Mondscheinträumerei« gedeutet wird (Stoichita 2006: 183). Wie man auf einer zweiten Vorzeichnung der Grafik sehen kann, ist das Dämonische der

Abb. 3: Auszug aus *Breakdowns* (Spiegelman 2008, ohne Paginierung).

[16] Dies gilt insbesondere für den Comicstrip *Cracking Jokes. A Brief Inquiry Into Various Aspects of Humor*, dessen Auseinandersetzung mit Freuds Theorie des Witzes nicht nur das Verhältnis von Komik und Aggression thematisiert, sondern den Psychologen selbst in der Kostümierung eines mittelalterlichen Narren mit eindeutiger sexueller Symbolik zeigt.

[17] Die immense kunsthistorische Forschungsliteratur zu dieser Radierung und der Kunst Goyas kann hier nur anhand weniger, ausgewählter Standardwerke angerissen werden: Hofmann 1980, Schuster 2005, Stoichita 2006. Eine detaillierte Einzelanalyse des *Capricho* inklusive einer umfassenden, intermedialen Rezeptionsgeschichte hat Helmut C. Jacobs vorgelegt (Jacobs 2006). Der Verweis auf Art Spiegelman fehlt hier allerdings.

vampirischen Fledermauswesen dort kaum noch zu überbieten (vgl. ebd.: 145), während in der endgültigen Fassung des Blattes diese Dominanz als »Ergebnis einer radikalen Umkehrung« wieder gelöscht worden ist: »Das Haupt des Träumers liegt nun in den Armen vergraben, der Mondschein ist der schwärzesten Finsternis gewichen«, so die Beschreibung Stoichitas (ebd.: 183). In zahlreichen Gemälden, Radierungen und Zeichnungen spielt Goya mit der unausdeutbaren Maskerade des menschlichen Lachens. Die wohl bekannteste Wiedergabe dieses Motivs ist Goyas Gemälde *Begräbnis der Sardine* (datiert 1812-14), das einen grotesken Totentanz während des Madrider Karnevalfestes zum Gegenstand hat. Das Grinsen, welches sich in seiner dunklen Tonalität auf dem Banner festgesetzt hat, wurde ursprünglich durch die lateinischen Großbuchstaben MORTU<U>S dargestellt (vgl. ebd.: 38). Sie markieren jene Abgründigkeit des Todes, die uns nun in der erstarrten Physiognomie eines entkörperlichten Gesichtes so triumphal gegenüber tritt. Goya selbst hat das Bild als »borrón de tabla« bezeichnet, als Kladde, Schmiererei auf Holz (ebd.: 41), und damit dessen neuartige malerische Qualitäten kontrapunktisch bestätigt.

Goya überträgt das Prinzip der Inversion auf die Technik und Form seines Bildes und begründet damit eine Ästhetik der Malerei, die ihre Nachlässigkeit in eine positive Kunstauffassung umkehrt. Von Bergson stammt die Formulierung: »Wir lachen eigentlich über alles, was in die Rubrik ›Verkehrte Welt‹ gehört.« (Bergson 1988: 66). Das Komische aber auch das Tragische hat in dieser Poetik der Umkehrung ihre wohl prägnanteste Bedeutung gefunden. Noch aus einem anderen Grund kann Goya als Wegbereiter einer modernen Tradition der Groteske gelten, wie sie uns in den Figuren von Batman und Joker wiederbegegnet. So ist die Finsternis seiner Werke an zahlreiche Darstellungen der Fledermaus geknüpft, in denen die späteren medialen Verkörperungen des Vampirs bereits anklingen. Die Ölskizze zu einem Altargemälde in der Kathedrale von Valencia (1787-88) präsentiert sich aus dieser Sicht als frühes Vorbild für die szenische Ausleuchtung des Dracula-Mythos (vgl. Schuster 2005: 116).[18] Hier ist es der Hl. Franz von Borgia, der mit dem Kruzifix in der Hand den Sterbenden von seinen Todesqualen erlöst. Die Dramatik dieses blutigen Exorzismus wird durch den Einbruch der flammenden Hölle in die Bettkammer noch gesteigert. Äußerst dicht sind die teuflischen Dämonen mit ihren fledermausartigen Körpern an den Sterbenden herangerückt. Es spricht einiges dafür, die Bildwelten der ›Dunklen Romantik‹ in den Kontext einer solchen barocken Visionsmalerei zu stellen. Nicht erst bei Edgar Allan Poe (vgl. Meteling 2004) oder später bei Dracula und Batman erhält der Flug eines Nachtwesens in den Wohnraum des Menschen eine ikonische

[18] Das fertige Gemälde betont stärker die Mund- und Augenpartien der Dämonen und negiert damit die Fledermausflügel zugunsten eines teuflischen Grinsens und diabolischen Blicks.

Dimension. [19] Goyas Fledermäuse können ganz im Sinne Ovids als morphologische Zwitterwesen begriffen werden (vgl. Jacobs 2006: 98ff.), deren dämonisches Wirken sich wie der Virus eines Vampirs auf die Gestalt populärer Medien überträgt.[20]

3. Zentrale Motive des Grotesken – Batman und Joker

Das erste Erscheinen Batmans in der 27. Ausgabe von *Detective Comics* im Mai 1939 bündelt eine Menge zentraler Ideen- und Bildmotive des Grotesken. Die weitgespannten Fledermausflügel sind inspiriert von Leonardos Entwürfen eines Flugobjekts und verdichten die Illustrationen der damaligen Pulphefte zu einer eigenständigen Heldenfigur (vgl. Daniels 1995: 32ff.). Dabei bleibt das Abgründige, die dunkle Seite der Persönlichkeit Bruce Waynes, in seiner doppelten Identität als Batman ständig präsent. Nicht der Tag ist sein Reich, wie bei Superman, sondern die Nacht, deren Finsternis – so ließe sich behaupten – er mit den teuflischen Wesen auf Goyas Bildern teilt. Im fahlen Scheinwerferlicht des Notsignals reißt die Silhouette einer übergroßen Fledermaus ein schwarzes Loch in den Mond – ikonische Szenen der Batman-Figur, wie sie durch Comic, Film und Computerspiel visuell verbreitet werden.

Die Fledermaus ist »das groteske Tier schlechthin« (Kayser 1957: 197). Zugleich zeugt die Verbindung von tierischen und menschlichen Zügen in der Gestalt Batmans von »den ältesten Formen der Groteske« (Bachtin 1969: 15) und gilt als generelles Wesensmerkmal zahlreicher Comichelden. Bereits in den Werken Albrecht Dürers paart sich die dämonische Ausdeutung der Fledermaus (vgl. Baltrušaitis 1994: 192ff.) mit ihrer empirischen Beobachtung. Die wohl auf Dürer zurückgehenden, naturalistischen Zeichnungen des Tieres im Pariser Louvre und Musée des Beaux-Arts d'Archéologie von Besançon stehen im direkten Kontrast zu dem Flugwesen auf Dürers Kupferstich *Melencolia I.*[21] Ein gemeinsames Motiv dieser Darstellungen aus dem ersten Viertel des 16. Jahrhunderts sind die gespreizten Flügel. Seien es die ornamentalen Grotesken von Heinrich Aldegrever aus dem Jahr 1540 (vgl. Chastel 1997: 41) oder die späteren anatomischen Studien von Lazarus Röthing (vgl. Moritz 2010: 100f.), hier kündigt sich die präparative Fixierung einer visuellen Form an, deren symbolische Wirkung bis in die technische Apparate des ›Dunklen Ritters‹ hineinreicht. So kann die metallische Härte der fledermausähnlichen Waffen

---

[19] Zur historischen Figur des Grafen Vlad und seiner mythologischen Überformung als Vampir siehe den Ausstellungskatalog *Dracula. Woiwode und Vampir* (Seipel 2008). Wie Jacobs in seiner Studie zu Goyas *Capricho* ausführt, war der vampirische Aberglauben im Spanien des 18. Jahrhunderts ein verbreitetes Motiv (vgl. Jaocobs 2006: 100f.).

[20] Die Vorstellung, dass ein Vampir-Biss wie ein Virus oder die Immunschwäche Aids das Blutbild des Menschen verändert, hat Francis Ford Coppola im dem Film *Bram Stoker's Dracula* (1992) anhand mikroskopischer Detailaufnahmen deutlich ins Bild gesetzt.

[21] Zur Deutung des Stiches vgl. Böhme (1989) und Schuster (1991).

und Fahrzeuge als deutlicher Hinweis auf den stilprägenden Status dieser Bildform gedeutet werden.[22] Im grotesken Leib der Fledermaus findet das Phantasma moderner Wissenschaft und Technik ebenso sein Zuhause wie die utopischen Jenseitsvorstellungen populärer Medien (vgl. Butler 2007: 178ff.). Die eingangs beschriebenen Prinzipien der Inversion und Mutation als zentrale Elemente des Grotesken greifen dabei auf den Körper und dem Namen Batmans über. Im Juni 1970 erscheint in der 400. Jubiläumsausgabe von *Detective Comics* zum ersten Mal die Figur des Man-Bat als Resultat eines missglückten Experiments, das der Fledermaus-Spezialist Dr. Langstrom an sich selbst vorgenommen hat. Die antipodische und doch wesensähnliche Haltung von Batman und Man-Bat wird besonders im Schlusspanel des Comics deutlich, wo sich beide Figuren auf der Balustrade eines Häuserdaches gegenüberstehen. Selbst die formale Gestaltung der Geschichte wird von der hier erzählten Verwandlung infiziert. So ergänzen sich auf Seite 9 die oberen Panels zur Silhouette einer fliegenden Fledermaus, die sich mit aller Anstrengung aus dem Käfig ihres Daseins befreien möchte.

Es sind aber nicht allein das Somnambule und die Motivik einer verkehrten Welt, die von Goya künstlerisch vorbereitet werden und auf Batman überspringen. Karneval und Groteske haben auch hier eine thematische Vorlage. Denn mit dem Gesicht des Jokers taucht jenes Grinsen wieder auf, das sich bereits auf dem Banner des Bildes *Begräbnis der Sardine* materialisiert hat. Seit dem Debüt in der ersten Ausgabe von *Batman Comics* im Frühling 1940 gehört der Joker zum engeren Repertoire der Feindesriege um den ›Dunklen Ritter‹ und wird in der Folge zu einem der beliebtesten Superschurken des Comicuniversums. Das diabolische Lachen scheint ihm dabei fest ins Gesicht montiert und gerät zusammen mit der clownesken Schminke zum psychologischen Porträt.[23] Der violette Anzug und das grüne Haar sind genauso ein Teil der Grimasse wie das lautmalerische ›Ha-Ha-Ha‹. Weitere Attribute wie die Spielkarten mit dem Joker-Motiv oder die Kulisse eines verlassenen Vergnügungsparks mit den alten Geisterbahnen und Leuchtreklamen bereichern diese karnevaleske Ausdeutung einer psychisch gestörten Persönlichkeit.[24] Der Ausnahmezustand, das Ver-rückte und die Gewalt ist der Normalzustand des Jokers. Sein ganzes Bestreben zielt dahin, die Welt dem eigenen Ich anzupassen. Zirkusambiente und Jahrmarktsattitüde verweisen nicht nur auf ein bestimmtes dialektisches

---

[22] Das Spiel mit den Verhärtungen und Aggregatzuständen der Fledermausform gehört zum festen Bestandteil der Batman-Figur und dessen Logo (siehe zum Beispiel die Trailer zu den beiden ersten Batman-Filmen von Christopher Nolan).

[23] In Tim Burtons Film *Batman* und Christopher Nolans *The Dark Knight* kann man dagegen sehr gut beobachten, wie der farbige Auftrag und die opake Struktur der Schminke sich im Verlauf der Handlung immer wieder verändert, sich abreibt, trocknet und Risse bekommt. Die Schminke wird so zur zweiten Haut, eine Maske, die gleichsam als psychischer Spiegel für den inneren Gemütszustand des Jokers dient und gleichzeitig diesen zugunsten einer schillernden Persönlichkeit verdeckt.

[24] Zum Beispiel in dem Comic *Batman. The Killing Joke*, das 2008 in einer neukolorierten Fassung erschienen ist (Moore 1988/2008).

Denken surrealer Bildformen (vgl. Didi-Huberman 2006), sondern betonen auch die Rolle des Clowns als malerisches Selbstbildnis der Kunst in den Bildern von Watteau, James Ensor oder Pablo Picasso (vgl. Müller 2006, Beil 2009, Ferino-Pagden 2009). Die ethnologische und anthropologische Dimension der Maske wird von der Andersartigkeit des Jokers in zahlreichen Batman-Geschichten thematisiert und konterkariert – in ihnen bekommt die groteske Tradition des Comics eine spezifische Anschauung und präsente Erscheinung. Trotz aller stilistischen Unterschiede der Zeichnung ist die Monstrosität dieses Grinsens über die letzten Jahrzehnte beständig gewachsen. So akzentuieren Grant Morrison und Dave McKean in *Arkham Asylum* den diabolischen Größenwahn dieser Gesichtszüge, während zum Beispiel Brian Azzarello und Lee Bermejo deren Mimik in *The Joker* im Stil einer plastischen Chirurgie entstellen. Lasziv von der Figur der Harley Quinn hinterfangen, offenbart sich hier der doppelbödige Charakter einer solchen Darstellung zwischen Irrenhaus und Karnevalskultur.[25]

Der Joker, Harley Quinn und die Nervenheilanstalt Arkham Asylum sind auch zentraler Bestandteil des Computerspiels *Batman. Arkham Asylum*, das 2009 vom Publisher Eidos Interactive für die Playstation3, XBOX-360 und dem PC auf den Markt gebracht wurde. Das gesamte Areal des Actionspiels konzentriert sich auf den unmittelbaren Bereich dieser Klinik, deren Gebäude sich wenige Kilometer entfernt von Gotham City auf einer Insel befinden. Besonders im finalen Bosskampf des Spiels kulminiert die hier skizzierte Groteske populärer Medien in einer geradezu emblematischen Darstellung. Der Spieler in der Figur Batmans steht einem Feind gegenüber, dessen Aussehen sich gewaltig verändert hat. Der Joker ist ins Riesenhafte gewachsen und ähnelt mehr dem Hulk oder dessen Feind Abomination. Grund für diese Verwandlung ist ein Toxin namens Titan, das sich der Joker gespritzt hat. Das kleine Areal auf dem Dach von Arkham Asylum dient als Schauplatz und erinnert in der ovalen Form an eine antike Kampfarena. Durch Lautsprecher und Scheinwerfer wird die Stadion-Atmosphäre noch gesteigert. Zugleich ist das grinsende Konterfei des Jokers auf den Holzplanken des Bodens deutlich zu erkennen. Im Verlauf des Kampfes muss der Spieler nicht nur gegen den Joker selbst antreten, sondern wird auch von dessen Handlangern attackiert, während der Joker aus sicherer Entfernung explosive Geschenke auf Batman wirft. Das siegreiche Ende des Kampfes wird durch eine animierte Sequenz gezeigt, in der Batman mithilfe von Explosiv-Gel auf seiner Faust Joker ins Reich der Träume schickt. Doch damit findet das Grinsen des Clowns nicht sein Ende.

[25] Die Freundin des Jokers Harley Quinn war zum ersten Mal 1992 in der Zeichentrickserie *Batman Animated* (Dini 1998) zu sehen, bevor sie vom Comic als eigenständige Figur übernommen worden ist. Nicht zuletzt ihr Name und die Kostümierung verdeutlichen, mit welchen vielfältigen Formen des Karnevals und des Zirkus die Figur des Jokers verknüpft ist.

Nach dem Sieg Batmans wird das Porträt des Jokers innerhalb dcr Arena noch einmal kurz in Szene gesetzt, bevor es als Verkleidung des Eingangsportals von Arkham Asylum übergroß im Bild erscheint (vgl. Abb. 4).[26] Abseits der Nervenheilanstalt ruft sie dem Betrachter jenes steinerne Höllentor aus dem Garten von Bomarzo (vgl. Abb. 5) ins Gedächtnis, dessen Gestalt unter anderem durch Rabelais' Roman *Gargantua et Pantagruel* angeregt worden ist. »Die Hölle ist bei Rabelais kein schauriger Feuerpfuhl, sondern eine fidele, auf den Kopf gestellte Welt« heißt es in Horst Bredekamps Interpretation des Gartens (Bredekamp 1991: 143). Die Tatsache, dass das Grinsen des Jokers am Ende des Spiels selbst ein paar Zähne verloren hat, stimmt nachdenklich. Sie zeigt uns auf dem Bildschirm die wahren Intentionen des Schurken, eine Hölle der Welt, die sich vorgeblich nur im Spiel bewältigen lässt oder gerade ihre mediale Auferstehung findet – das bleibt hier die Frage.

Abb. 4: Screenshot aus *Batman. Arkham Asylum* (2009).

4. Epilog – *Funny Man* und *Ninja Clowns*

Nun ließe sich mit einer Zeichnung des Wiener Aktionisten Günter Brus von 1982 aus dem Zyklus *Selig sind, die Erfolge leiden...* das grundsätzliche Verhältnis von Text und Bild im Comic als eine Groteske beschreiben: »Herr Doktor, immer wenn ich Wasser lasse, höre ich Texte!«. Lapidare Antwort: »Sie haben eine Sprechblase« (Kort 2003: 211). In eine ähnliche

[26] Auf ein Detail dieser Darstellung des Jokers sei hingewiesen: die spiralförmig verdrehten Augen. Das Motiv der Spirale findet sich nicht nur in bekannten Filmen wie Alfred Hitchcocks *Vertigo* (1958) oder in den Werken Tim Burtons (vgl. Frey 2009). Eine Inspirationsquelle für diese optischen Spielereien zur Erzeugung von Schwindeleffekten sind die Rotoreliefs von Marcel Duchamp.

Richtung zielen die Überlegungen von Ole Frahm, Comics als Sprache einer parodistischen Ästhetik zu lesen (vgl. Frahm 2010: 11f.). Hingegen möchte die vorliegende Analyse stärker die bildlichen und motivischen Aspekte des Comics unterstreichen, die er mit anderen populären Medien des 20. Jahrhunderts teilt. Ohne die Avantgarden und Traditionen der bildenden Kunst ist deren Ästhetik und stilistische Differenz nicht im Ansatz zu begreifen - zugleich verarbeitet die moderne Kunst das visuelle Vokabular von Film, Animation, Comic und Computerspiel vielfach in ihren Werken.

Günter Brus verweist mit der maskierten Person in der unteren rechten Bildecke seiner Zeichnung auf ein typisches Kleidungsstück kostümierter Helden und Schurken. Ähnliche Masken sind aus dem Karneval bekannt und von der Clownsfigur des Harlekin, dem extrovertierten Gegenspieler des Pierrot. Schon in den frühen amerikanischen Zeitungstrips von *The Yellow Kid* bedient sich der Comic dieser Figuren- und Bildsprache, um die bürgerlichen Maßstäbe der Kunst buchstäblich auf den Kopf zu stellen (vgl. Meinrenken 2009b). Diese Poetik der Umkehrung findet sich in den Comics des Berliner Künstlers Atak wieder. Sein Bilderbuch *Verrückte Welt* steht ganz in der Tradition der Groteske und dem Prinzip der Inversion (vgl. Meinrenken 2009a). So springt auf einer Darstellung ein Clown durch einen Feuerreif, der von einem Löwen gehalten wird, während in einer anderen Szene eine blauhaarige Version von Hergés Comicfigur Tim mit einer Räubermaske durch das Bild läuft und Batman höchstpersönlich mit dem Kopf der Mickey Maus erscheint. Ataks Verständnis der Kunst beruht auf einem freien Umgang mit dem Repertoire der Spielzeug- und Popkultur, ohne jedoch den kritischen Blick auf die populären Medien zu verlieren.

2009 legt er zusammen mit seinem Kollegen Fil eine Neufassung von Heinrich Hoffmanns *Struwwelpeter* vor, die sich durch eine bedeutsame Erweiterung auszeichnet. Nämlich die Geschichte des kleinen Justins, der sich nichts sehnlicher als eine Spielkonsole zu Weihnachten wünscht. Die Zinnfiguren der Soldaten verweisen auf die militärischen Dimensionen dieser Begierde. Doch geht es Atak und Fil nicht einfach um den pädagogischen Zeigefinger. In ihrer Darstellung spielen sie auf die historische und mediale Bandbreite von Gewalt und Krieg im Kinderzimmer an, ohne diese moralisch zu verurteilen. So läuft auf dem TV-Bildschirm mit *Itchy & Skratchy*, jene Zeichentrickserie aus den *Simpsons*,

Abb. 5: Steinernes Höllentor aus dem Garten von Bomarzo.

die für ihre humorvollen Gewaltexzesse bekannt ist und die jedes Mal Lisa und Bart die Lachtränen ins Gesicht treibt. Am Ende der Geschichte erhält Justin sein heißbegehrtes Geschenk. Ein Happy End mit offenem Ausgang. Vor allem die Klassiker der Kinder- und Bilderbuchkultur scheinen besonders geeignet, nicht nur das gängige Verständnis von Comics zu demaskieren, sondern auch um die künstlerische Bandbreite dieses Mediums zu erweitern. Das zeigt zum Beispiel in aller Deutlichkeit Winshluss' Comicadaption von *Pinocchio* (Winshluss 2009), die neben ihrem derben Stil auch ein düsteres Bild des Clowns zeichnet. Längst ist der Clown zu einer Figur des Schreckens geworden, der seine diabolischen Züge nicht mehr verbergen kann.[27] So liest sich Richard Salas Comic *The Grave Robbert's Daughter* als nostalgische Referenz an die alte Tradition des Clowns als Schießbudenfigur und Jahrmarktsattraktion und ist doch von einer dämonischen Magie gekennzeichnet, in der sich das Tor zur Hölle bereits weit geöffnet hat (vgl. Sala 2006: 46). Mit dem Blick auf die hier versammelten Beispiele kann der Clown neben der Fledermaus als figürliche Konstante einer gemeinsamen Geschichte von Comics und Computerspielen gelten, in denen das Groteske genauso dargestellt wird wie das Karnevaleske. Die Irritationen, Proteste und Kritiken, die beide Medien hervorrufen, sind an eine Politik der Kunst gebunden, die das Lachen nur als ein heiteres Prinzip der Aufklärung akzeptiert. Goya gilt deshalb als Schlüsselfigur einer komplexeren Form der Moderne, weil sein *Capricho Nr. 43* neben Dürers *Melencolia I* zu den am meisten rezipierten Grafiken der Kunstgeschichte gehört, die immer wieder neue Interpretationen und künstlerische Aneignungen provozieren. Man denke beispielsweise an die Auseinandersetzung der *Young British Artists* Jake und Dino Chapman mit Goyas Radierungen, bei der sie die originalen Drucke zum Teil radikal überarbeiten. So zeigt ihre Version der *Desastres de la guerra Nr. 73* einen farbigen Clownskopf, den sie zwischen die Fledermausohren dieses halb menschlichen Fabelwesens gemalt haben - Karneval und Groteske sind hier zu einer einzigartigen Chimäre verschmolzen. Die clownesken Ausprägungen populärer Medien erzeugen dabei mitunter recht seltsame Stilblüten. Mit *Funnyman* konzipieren die beiden Superman-Erfinder Jerry Siegel und Joe Shuster 1948 eine höchst absurde Comicfigur, die als Ausdruck eines spezifischen, jüdischen Humors verstanden werden soll (vgl. Andrae 2000). Einen noch größeren Schabernack mit den Bildmotiven des Grotesken treibt das Arcade-Spiel *Ninja Clown* (1991), ein vom Ablauf und der Steuerung her typisches Beat-Em-Up, dessen krude Zirkuslandschaft deutlich von der Welt der Batman-Comics inspiriert ist. So operiert das Spiel

[27] Zu dieser Neucharakterisierung der Figur siehe auch die zahlreichen Zeichnungen, Malereien und Entwürfe von Tim Burton (vgl. Frey 2009). Weitere Beispiele für diese Entwicklung im Bereich des Comics sind *A Cotton Candy Autopsy* (Louapre 1990) und *The Nightmare Factory* (MacDonald / Lieb 2007).

nicht nur mit einer im Comicstil erzählten Geschichte, sondern stellt seinen Helden gewissermaßen an die Stelle des Dunklen Ritters.

Auf einem Flyer zum Spiel posiert dessen Avatar auf dem Schädel eines steinernen Wasserspeiers, während sein Profil im Kegel des Scheinwerferlichts einen schwarzen Schatten wirft (vgl. Abb. 6). Mit den *Gargoyles* der Kathedralen und Großstadtgebäude wird ein Architekturelement des Grotesken aufgegriffen, das neben Batman auch in eigenen Comic- und Zeichentrickserien zu finden ist.[28] In solchen motivischen Bezügen und Verwandlungen formuliert sich eine Ikonologie des Abseitigen, die den Stil und die Morphologie digitaler Bilder aus dem Blickwinkel der Kunst umso schärfer fassen kann. Gerade im scheinbar Nebensächlichen und Belanglosen tritt diese symbolische Disposition populärer Medien umso deutlicher in Erscheinung.

Abb. 6: Flyer zum Spiel *Ninja Clowns* (1991)

[28] So prangt am Ulmer Münster ein typischer Wasserspeier in der Gestalt einer Fledermaus. Inwieweit sich Batmans Schöpfer Bob Kane bei der Konzeption seiner Figuren zum Beispiel an der realen Architektur New Yorks orientiert hat, wäre noch eingehender zu prüfen. Hier finden sich neben anderen dämonischen Nachtwesen ebenfalls Wasserspeier in Fledermaus-Form.

Literaturverzeichnis:

Andrae, Thomas / Gordon, Mel (2010): Siegel and Schuster's Funnyman. The First Jewish Superhero. Port Townsend

Bachtin, Michail (1969): Literatur und Karneval. Zur Romantheorie und Lachkultur. München

Baltrušaitis, Jurgis (1994²): Das phantastische Mittelalter. Antike und exotische Elemente der Kunst der Gotik. Berlin (1. Aufl. Frankfurt a.M. 1985)

Beil, Ralf (Hg.) (2009): Masken. Metamorphosen des Gesichts von Rodin bis Picasso. Ostfildern

Bergson, Henri (1912): Schöpferische Entwicklung. Jena

Bergson, Henri (1988): Das Lachen. Ein Essay über die Bedeutung des Komischen. Darmstadt (1. Aufl. Zürich 1972)

Böhme, Hartmut (1989): Albrecht Dürer. Melencolia I. Im Labyrinth der Deutung. Frankfurt a.M.

Bredekamp, Horst (1989): Grillenfänge von Michelangelo bis Goethe. In: Marburger Jahrbuch für Kunstwissenschaft, Bd..22, S. 169-180

Bredekamp, Horst (1991²): Vicino Orsini und der Heilige Wald von Bomarzo. Ein Fürst als Künstler und Anarchist. Worms (1. Aufl. Worms 1985)

Bredekamp, Horst / Schneider, Birgit / Dünkel, Vera (Hg.) (2008): Das technische Bild. Kompendium zu einer Stilgeschichte wissenschaftlicher Bilder. Berlin

Butler, Mark (2007): Would you like to play a game? Die Kultur des Computerspielens. Berlin

Chastel, André (1997): Die Groteske. Streifzug durch eine zügellose Malerei. Berlin

Daniels, Les (1995): DC Comics. Sixty Years of the World's Favorite Comic Book Heroes. London

Didi-Huberman, Georges (2006): Bildliches Denken, dialektisches Denken, verändertes Denken. Die Kindheit der Kunst nach Georges Bataille. In: Piktogramme. Die Einsamkeit der Zeichen. Stuttgart, S. 281-303

Dini, Paul / Kidd, Chip (1998): Batman Animated. New York

Ferino-Pagden, Sylvia (Hg.) (2009): Wir sind Maske. Wien

Frahm, Ole (2010): Die Sprache des Comics. Hamburg

Frey, Derek / Gallo, Leah / Kempf, Holly (2009): The Art of Tim Burton. Los Angeles

Goethe, Johann Wolfgang (1796): Epigramme. Venedig 1790. In: Schiller, Friedrich (Hg.): Musen-Almanach für das Jahr 1796. Neustrelitz, S. 205-260

Grünewald, Dietrich (2010): Zwischen Schund und Kunst. Comics in den 70er Jahren. In: Deutsche Comicforschung, Bd. 6, S. 132–143

Hofmann, Werner (Hg.) (1980): Goya. Das Zeitalter der Revolutionen 1789-

1830. München

Hunter, Sam (1996): Francis Bacon. Die Anatomie des Grauens. In: Francis Bacon. Ostfildern-Ruit, S. 245-248

Jacobs, Helmut C.: Der Schlaf der Vernunft. Goyas Capricho 43 in Bildkunst, Literatur und Musik, Basel 2006

Kayser, Wolfgang (1957): Das Groteske. Seine Gestaltung im Malerei und Dichtung. Oldenburg / Hamburg

Kort, Pamela (Hg.) (2003): Grotesk! 130 Jahre Kunst der Frechheit. München / Berlin/ London / New York

Knöll, Stefanie (Hg.) (2009): Narren-Masken-Karneval. Meisterwerke von Dürer bis Kubin aus der Düsseldorfer Graphiksammlung >Mensch und Tod<. Regensburg

Mai, Ekkehard (Hg.) (1996): Das Capriccio als Kunstprinzip. Zur Vorgeschichte der Moderne von Arcimboldo und Callot bis Tiepolo und Goya. Malerei. Zeichnung. Graphik. Mailand

Mai, Ekkehard / Rees, Joachim (Hg.) (1997): Kunstform Capriccio. Von der Groteske zur Spieltheorie der Moderne. Köln

McCloud, Scott (2000): Reinventing Comics. How Imagination and Technology Are Revolutionizing an Art Form. New York

Meinrenken, Jens (2009a): Kampf den Konventionen. In: http/www.tagesspiegel.de/kultur/comics/kampf-den-konventionen/1605078.html (Abfrage: 01.03.2011)

Meinrenken, Jens (2009b): Ver-rückte Bilder! Wenn Kunst- und Bildgeschichte sich im Comic begegnen. In: kjl&m, 61. Jg., H. 3, S. 46-52

Meinrenken, Jens (2010a): Digitale Visionen des Comics. Die Macht der Bilder in der amerikanischen TV-Serie Heroes. In: Jahrbuch Medien im Deutschunterricht 2009. München, S. 80-93

Meinrenken, Jens (2010b): Figurenkonzepte im Comic. In: Leschke, Rainer / Heidbrink, Henriette (Hg.): Formen der Figur. Figurenkonzepte in Künsten und Medien. Konstanz, S. 229-246

Meinrenken, Jens (2011): Dimensionssprünge auf virtuellem Papier - Comic und Computerspiel. In: Sorg, Jürgen / Venus, Jochen (Hg.) Erzählformen im Computerspiel. Zur Medienmorphologie digitaler Spiele (erscheint beim Transcript Verlag)

Meteling, Arno (2004): Batman. Pop-Ikone und Mediensuperheld. In: Kiefer, Bernd / Stiglegger, Marcus (Hg.): Pop & Kino. Von Elvis zu Eminem. Mainz, S. 161-174

Moritz, Ulrich / Pufalska, Agniszka / Zischler, Hans (Hg.) (2010): Vorstoß ins Innere. Streifzüge durch das Museum für Naturkunde. Berlin

Muccini, Ugo (1997): Painting, Sculpture and Architecture in Palazzo Vecchio of Florence. Florence

Müller, Markus (2006): Der Künstler als Gaukler. München / Berlin

Roberts-Jones, Philippe / Roberts-Jones, Françoise: Pieter Bruegel der

Ältere, München 1997

Röcke, Werner (1987): Die Freude am Bösen. Studien zu einer Poetik des deutschen Schwankromans im Spätmittelalter. München

Rosen, Elisheva (2001): Grotesk. In: Barck, Karlheinz (Hg): Ästhetische Grundbegriffe. Historisches Wörterbuch in sieben Bänden. Bd. 2 Dekadent – Grotesk. Stuttgart, S 876-900

Schaffner, Ingrid / Winzen, Matthias (Hg.) (1997): Deep Storage. Arsenale der Erinnerung. Sammeln, Speichern, Archivieren in der Kunst. München

Scholl, Dorothea (2004): Von den >Grottesken< zum Grotesken. Die Konstituierung einer Poetik des Grotesken in der italienischen Renaissance. Münster

Schuster, Peter-Klaus (1991): Melencolia I. Dürers Denkbild. 2 Bde. Berlin

Schuster, Peter-Klaus / Seipel, Wilfried (Hg.) (2005): Goya - Prophet der Moderne. Köln

Seipel, Wilfried (Hg.) (2008): Dracula. Woiwode und Vampir. Wien

Starobinski, Jean (1985): Porträt des Künstlers als Gaukler. Frankfurt a.M.

Stockhausen, Karlheinz (2001): Huuuh!. Das Pressegespräch am 16. September 2001 im Senatszimmer des Hotel Atlantic in Hamburg mit Karlheinz Stockhausen. In: Musik-Texte. Zeitschrift für neue Musik, Nr. 91, S. 69-77

Stoichita, Victor I. / Coderch, Anna Maria (2006): Goya. Der letzte Karneval. München

Wagner, Monika / Rübel, Dietmar / Hackenschmidt, Sebastian (Hg.) (2010^{2}): Lexikon des künstlerischen Materials. Werkstoffe der modernen Kunst von Abfall bis Zinn. München (1. Aufl. München 2002)

Walsh, Doug (2009): Batman. Arkham Asylum. Bradygames Signature Series Guide. Indianapolis

Wieland, Christoph Martin (1816): Unterredungen mit dem Pfarrer von *** (1775). In: Wielands sämmtliche Werke, Bd. 30. Karlsruhe, S. 346-427

Comicverzeichnis:

Atak (2009): Verrückte Welt. Berlin

Atak / Fil (2009): Der Struwwelpeter. Zürich

Azzarello, Brian / Bermejo, Lee (2008): The Joker. New York

Batman Comics (1940-present) New York

Cole, Jack (1998-2006): The Plastic Man Archives. Vol. 1-8. New York

Detective Comics (1939-present) New York

Kane, Bob (1940): Batman Comics. New York

Louapre, Dave / Sweetman, Dan (1990): A Cotton Candy Autopsy. New York

MacDonald, Heidi / Lieb, R. Eric (Hg.) (2007): The Nightmare Factory. New

York
McCloud, Scott (1984-1990): Zot! New York
McKeans, Dave / Morrison, Grant (1989): Batman. Arkham Asylum. New York
Miller, Frank (1986): The Dark Night Returns. New York
Moore, Alan / Bolland, Brian / Higgins, John (1988): Batman. The Killing Joke. New York
Moore, Alan / Bolland, Brian (2008): Batman. The Killing Joke. The Deluxe Edition. New York
Moreno, Pepe (1990): Batman. Digital Justice. New York
Morrison, Grant / McKean, Dave (1989): Arkham Asylum. New York
O'Neil, Dennis / Ordway, Jerry / Oliff, Steve (1989): Batman. The Official Comic Adaptation of The Warner Bros. Motion Picture. New York
Pratt, George (2000): Batman. Harvest Breed. New York
Sala, Richard (2006): The Grave Robbert's Daughter. Seattle
Spiegelman, Art (2008): Breakdowns. Portrait of the Artist as a Young %@&*! New York
Winshluss (2009): Pinocchio. Berlin

Computerspieleverzeichnis:

Assassin's Creed (Ubisoft 2007)
Assassin's Creed 2 Black Edition (Ubisoft 2010)
Batman: Arkham Asylum (Eidos Interactive 2009)
Batman: The Caped Crusader (Ocean Software / Data East 1988)
Batman: The Movie (Ocean Software 1989)
God of War III - Ultimate Pandora Box (Sony Computer Entertainment 2010)
Ninja Clowns (Strata 1991)
Spider-Man (Parker Brothers 1982)
Superman (Kemco 1988)

Filmverzeichnis:

Batman (GB / USA 1989; Regie: Tim Burton)
Batman Animated (USA 1992-95; 1997-99)
Batman Begins (USA 2005; Regie: Christopher Nolan)
Bram Stoker's Dracula (USA 1992; Regie: Francis Ford Coppola)
The Incredibles (USA 2004; Regie: Brad Bird)
The Matrix / The Matrix Reloaded / The Matrix Revolutions
(USA 1999 / 2003 / 2003; Regie: Andy & Larry Wachowski)
The Dark Knight (USA 2008; Regie: Christopher Nolan)

BERND DOLLE-WEINKAUFF

Grafisches Erzählen im Manga

Close Reading zweier Doppelseiten der deutschsprachigen Ausgabe von Yu Watases *Fushigi Yugi*

Comics japanischer Herkunft, im Ursprungsland und mittlerweile längst auch in der westlichen Welt unter der Bezeichnung *Manga* firmierend, sind im Laufe des vergangenen Jahrzehnts so populär geworden, dass sie die Medienerfahrung einer ganzen Generation Jugendlicher weltweit geprägt haben (vgl. Bouissou u.a. 2010; Pellitteri 2010). Voraussetzung dieser Entwicklung war die Teilhabe der japanischen Comics am Prozess der populärkulturellen Globalisierung unter Bewahrung bzw. Ausbildung von Alleinstellungsmerkmalen, die in den Jugendkulturen offenbar ebenso rasch wie nachhaltig rezipiert wurden. Wie Jaqueline Berndt feststellt, sind es »die Breite und Vielfalt, vor allem aber die andersartige Bildsprache« des Manga, welche dieses Interesse über das Ursprungsland hinaus begründet haben (Berndt 1995: 7). Der vorliegende Beitrag unternimmt den Versuch, anhand einiger Seiten aus einer in Millionenauflagen auch in der westlichen Welt weit verbreiteten Manga-Serie typische Merkmale der Erzählweise von Manga herauszuarbeiten und deren Differenzen zur Bildsprache herkömmlicher Comics zu bestimmen. Der Verfasser ist sich dessen bewusst, dass es sich dabei nur um eine exemplarische Analyse handeln kann, denn – wie Stephan Köhn (2009) mit Recht betont hat – Manga ist nicht gleich Manga und die gesamte Vielfalt des japanischen Comic nicht durch die Analyse eines einzigen Beispiels zu erfassen. Gleichwohl dürfte der Versuch eines *close reading* auch nur einiger ausgewählter Seiten durchaus geeignet sein, zum Verständnis der Andersartigkeit wie auch der Attraktivität dieser Variante des Erzählens im Comic beizutragen.

Fushigi Yugi von Yuu Watase (*1970) ist eine Fantasy-Erzählung, deren auch für die deutschsprachige Ausgabe beibehaltener japanischer Titel mit »wundersames Spiel« zu übersetzen ist (Rohowski 2003) und deren Anderswelt viele Züge des mittelalterlichen China aufweist. In dieses »Reich der vier Götter« verschlägt es die Schülerinnen Miaka und Yui, die einer dem modernen Tokio des 21. Jahrhunderts nachgebildeten fiktionalen Wirklichkeit entstammen. Als Medium des Übergangs fungiert hier ein magisches Buch, dessen Prophezeiungen überdies den Gang der Handlung zu bestimmen scheinen. Bei der von 2001 bis 2004 in 18 Bänden auf Deutsch erschienenen Serie handelt es sich daher um eine Erzählung des Typs *contemporary* bzw. *domestic fantasy*, deren Geschehen sich auf zwei durch magische Pforten verbundenen Ebenen abspielt, wobei sich eine davon in der Regel nach den Gesetzen der empirischen Realität der Rezipienten richtet (vgl. Smith 2004).

Abb. 1a: Cover von Fushigi Yugi, Bd. 7

Abb. 1b: Beginn von Episode 39

Der hier für eine nähere Betrachtung ausgewählten Episode 39 im siebten Band der Serie geht ein Konflikt voraus, der die beiden Freundinnen zu Repräsentantinnen unterschiedlicher Lager macht. Während Miaka vom Kaiser des Reiches Kounan zur Priesterin des *Suzaku*, des roten Himmelsvogels ernannt wird, lässt sich Yui vom konkurrierenden Herrscher des Reiches Kutou zur Priesterin des *Seiryuu* (d. h. des blauen Drachens) erheben. Die sich hier andeutende Konstellation geht auf die traditionelle chinesische Astronomie zurück, in deren Mittelpunkt vier Sternzeichen - darunter der *Suzaku* und der *Seiryuu* - stehen, denen jeweils sieben (Sternen-)Häuser zugeordnet sind. In *Fushigi Yugi* tragen die sieben Kampfgefährten, die *Seishi* der jeweiligen Priesterin, die Sternennamen dieser Embleme und rüsten sich zum Kampf gegeneinander.

Es sei hier angemerkt, dass diese Konstellation einerseits das Gegeneinander bestimmter Kräfte in der phantastischen Welt des »Reichs der vier Götter« widerspiegelt, andererseits aber deren prinzipielle Zusammengehörigkeit als unverzichtbare Teile eines solchermaßen strukturierten Universums unterstreicht - ein Denkmodell, das für den Verlauf der Erzählung von grundlegender Bedeutung ist und als das denkbar schlimmste Sakrileg beinhaltet, nach Aufhebung des vorgegebenen Gleichgewichts der Kräfte zu streben. Eben dieser Relation entspricht in der fiktiven Wirklichkeit die Beziehung der Protagonistinnen zueinander, die anfangs trotz ganz unterschiedlichen Wesens unzertrennliche Freundinnen sind. Die Symmetrie der Handlung führt so über höchst konflikthaltige Auseinandersetzungen in beiden Welten zur Harmonie auf höherem Niveau.

Ein großes Schiff und schöne junge Männer

Die Episode 39 setzt ein mit Vorbereitungen für den Aufbruch der *Suzaku Seishi* zu einer Expedition, deren Ziel die Beschwörung des »Roten Himmelvogels« im fernen Land Hokkan ist, um Unheil vom Reich Kounan abzuwenden. Die Doppelseite 66f. (s. Abb. 2) zeigt eine Hafenszene, da beschlossen wurde, den ersten Teil der Reise per Schiff zurückzulegen. Während die erste der beiden gegenüberliegenden Seiten als eine großformatige Montage, bestehend aus drei piktoralen Einheiten[29], angelegt ist, folgt die zweite mit einer Sequenz aus fünf Panels von unterschiedlicher Größe einem eher konventionellen Layout; allerdings fallen hier schon bei der Gesamtansicht der Seite die differierenden Blasenformen, ein an Onomatopöien im westlichen Comic erinnernder, effektvoll ins dritte Panel gesetzter Schriftzug und die markant voneinander abweichenden Bildhintergründe auf. Trotz dieser großen Unterschiede in der Gestaltung bildet die Doppelseite - wie zu zeigen sein wird - eine szenische Erzähleinheit, die mit dem letzten Panel auf Seite 67 abschließt.

[29] Als piktorale Einheit wird hier und im Folgenden ein in narrativer Hinsicht relativ abgeschlossener Komplex von Raum- bzw. Handlungszeichen verstanden, dem als ganzer eine bestimmte, nicht austauschbare Position innerhalb der Bildfolge zugewiesen ist und der damit einen abgrenzbaren Teil der sequentiellen Erzählhandlung bildet. Bei diesen piktoralen Einheiten handelt es sich im Comic überwiegend um gerahmte oder ungerahmte Panels, es können aber auch, wie im vorliegenden Fall, Figurengruppen oder Hintergrundbilder sein. Zu den Begriffen des Raum- und des Handlungszeichens s. Krafft (1978: 40ff.)

Abb 2.: Fushigi Yugi, Bd. 7, Doppelseite 66f.

Nahezu zwei Drittel des Bildraums der Montage werden von der Abbildung einer Dschunke eingenommen, deren gigantische Maße nicht nur durch die großformatige Platzierung des Objekts, sondern auch durch die gleichsam in kontrastiver Funktion beigegebenen Abbildungen winziger Menschen an Bord und auf der Hafenmole unterstrichen wird. Die zweite piktorale Einheit, eine in amerikanischer Einstellung groß ins Bild gesetzte Gruppe zweier Figuren, ragt in das erste Bildelement hinein, wobei diese Applikation auf das große Objekt den Zusammenhalt der auf dieser Seite entworfenen Szenerie mit graphischen Mitteln konstituiert. Es wird damit zum einen festgelegt, dass sich das Schiff und die Figuren im gleichen Handlungsraum befinden, und zum anderen, dass der bewundernde Ausruf des jungen Mannes (»Wahnsinn! Seht euch das an!«) diesem Schiff und nichts anderem gilt - eine durchaus nicht überflüssige Markierung, denn die Figuren sind mit dem Rücken zur Dschunke abgebildet und richten ihren Blick geradewegs auf den Leser. Gleiches gilt für die als dritte piktorale Einheit hinzutretende Figurengruppe, deren Sprecher mitteilt, dass das Schiff nun an die Reisenden übergeben wird. Missversteht man diese Montage als einheitliche, realistisch gestaltete Szenerie, so ergibt sie keinen Sinn, weil die Sprecher über etwas reden, das sie gar nicht sehen können.

Bei den hier auftretenden Figuren handelt es sich um die *Seishi* Tamahome und Nuriko, die Reisebegleiter und künftigen Kampfgefährten des Mädchens Miaka, sowie um Hotohori, den Herrscher von Kounan mit Gefolge. Die graphische Präsentation der jungen Männer weist diese als ausgesprochene *Bishonen*-Charaktere aus, d.h., sie folgt einer Konvention der Darstellung männlicher Helden – und Schurken - im japanischen Mädchen-Comic, die auf eine Feminisierung dieser Figuren in unterschiedlichen Graden hinausläuft. Es handelt sich dabei um idealisierende Bilder des schönen Jünglings bzw. des ersehnten Liebhabers ebenso wie um ein Spiel mit erotischen Phantasien und Gendermerkmalen, dessen wohl eigenwilligste Ausprägung das Genre des Boys' Love-Manga als ganzes darstellt[30]. In *Fushigi Yugi* steht insbesondere Tamahome, der - zunächst unerreichbare - Geliebte Miakas für diesen Typus. Nicht ohne Grund, doch ohne erkennbare erzählerische Motivierung, findet sich daher ein Bild des androgynen Jungen mit nacktem Oberkörper und aufgelöstem Haarband auf der Eröffnungsseite der Episode (s. Abb. 1b) als eine Art Pin up für die geneigte Leserin.

Nuriko hinwiederum, auf Seite 66 halb verdeckt von dem im Vordergrund stehenden Tamahome zu sehen, erscheint äußerlich auch in dieser unvollständigen Abbildung nicht als feminin angehauchter Junge, sondern ganz und gar als Mädchen (s. a. die Panels 1 und 5: S. 67). Tatsächlich liebt es der trotz seiner feingliedrigen Gestalt mit herkulischen Kräften ausgestattete Krieger in Frauenkleidung und weiblicher Haartracht

[30] Zur Entwicklung und zu den Spielarten dieses Genres, das die homosexuelle Liebe zwischen Jungen bzw. Männern thematisiert und an ein weibliches Publikum adressiert ist, s. Berndt (1995: 111ff.) und Gravett (2006: 80f.)

aufzutreten und führt, bis über beide Ohren verliebt in Hotohori, ein Transvestitendasein an dessen Hof (vgl. Rohowski 2003). Schön und feminin ist allerdings auch der Kaiser selbst und so stolz darauf, dass es ihn keineswegs in seiner Männlichkeit verletzt, sondern geradezu entzückt, als Miaka ihn bei ihrer ersten Begegnung für eine »hübsche Frau« und Hofdame hält (vgl. Bd. 1: S. 90). Es sind dies alles Elemente, die *Fushigi Yuugi* als eine im Fantasygewand daherkommende, abenteuerliche Liebesgeschichte ausweisen und bezeichnenderweise ist der siebte Band der Serie, in dem diese Episode 39 enthalten ist, in Anspielung auf Komplikationen zwischen Tamahome und Miaka aufgrund deren Bestimmung als Priesterin mit »Verbotene Liebe« überschrieben.

Die kleinen Schwächen der Helden

Der auf der Einstiegsseite von Kapitel 39 begonnene Handlungsstrang wird auf der folgenden Seite fortgesetzt, wobei erst ein genauer Blick auf das Ende der Bildfolge Gewissheit darüber herbeiführt, dass kein Wechsel des Raumzeichens stattgefunden hat. Lediglich der im fünften und letzten Panel auf Seite 67 angedeutete Bildhintergrund bietet unmissverständliche Anhaltspunkte dafür, dass der Schauplatz der Handlung, die Mole im Hafen der Hauptstadt von Kounan, der gleiche geblieben ist. Trotz der klaren Panelgliederung der Seite ist im übrigen zunächst kaum erkennbar, um was es eigentlich geht, denn die Einzelbilder bieten überwiegend Bildausschnitte in Detailaufnahmen und ständig wechselnde, auf den ersten Blick mehr oder minder rätselhaft erscheinende Hintergründe. Im Gegensatz zur Montage der vorangegangenen Seite erweist sich hier die Befolgung der an der japanischen Schriftsprache orientierten Leserichtung als zwingend erforderlich für die Erschließung der Bedeutung der Erzählhandlung.
Im ersten Panel der Seite 67 (vgl. Abb. 3) erfolgt eine Wiederaufnahme von zweien der drei Handlungszeichen der vorangehenden Seite. Den Auftakt liefert hier Nurikos in froher Erwartung mit geschlossenen Augen getroffene Feststellung: »Morgen ist es endlich so weit!«, während der in der Detailaufnahme mit abgewandtem Kopf fast unkenntliche Tamahome seine Aufmerksamkeit einer kleinen, hinter einem Baum versteckten Figur im Hintergrund zuwendet: »Hm? Was machst du da, Tasuki?« Um das offenbar intendierte Versteckspiel um das Verhalten des Angesprochenen auf den Höhepunkt zu treiben, wird im folgenden Panel nicht nur der Hintergrund buchstäblich zur weißen Folie, sondern auch die figürlichen Darstellungen der Handlungsträger entfallen vollständig, so dass die Dialogpartner ausschließlich durch die von Ihnen geäußerten Sprechblasen repräsentiert werden. Diese enthalten allerdings nicht bloß verbale Zeichen, sondern jeweils eine sehr einfache Strichzeichnung, die einen typischen Gesichtsausdruck etwa in der Art der in der Cell Phone- bzw. E-Mail-Kommunikation gebräuchlichen Icons darstellen. Auf diese Weise verlagert

Abb. 3: Fushigi Yugi, Bd. 7, S. 67, P1 und P2

sich gleichsam vor dem Höhepunkt einer von großer innerer Erregung der Figuren gekennzeichneten Handlung die physiognomische Darstellung der Sprecher vom Bildraum in das Innere der Sprechblase. Dabei kommt es nicht mehr auf Übereinstimmung des Anzeichens mit dem äußeren Erscheinungsbild des Handlungszeichens[31] an, sondern lediglich auf die markante Andeutung eines bestimmten Gemütszustands: Dem verkniffen herumdrucksenden Tasuki steht ein mit ahnungsvoll geweiteter Augenpartie ausgestatteter Tamahome gegenüber.

Die im länglich gezogenen Panel drei erfolgende Erkenntnis und Eskalation ist durch einen höchst unruhigen, weil mit dünnen Längsstrichen in unregelmäßigen Abständen versehenen Hintergrund, einen scharf gezackten Blasenrand als akustisches Symbol der Lautstärke und eine aus verbalen und piktoralen Elementen kombinierte, in den Bildvordergrund gerückte Metapher für die tiefe Getroffenheit des *Seishi* Tasuki gekennzeichnet. Fast scheint es, als habe Tamahome bei Tasuki einen heftigen Kopftreffer gelandet und bei diesem eine monströse körperliche Verformung hervorgerufen.

Man kann das hier Gemeinte jedoch im Deutschen wohl am besten mit der Redensart des ›einem anderen auf den Nerven Herumtrampelns‹ beschreiben, denn die äußerst aggressive Bildlichkeit dieser Szene repräsentiert – noch – eine rein psychische Gewalttätigkeit. Wie sich in Panel vier zeigt, welches – mit Ausnahme des Hintergrunds – den

[31] Unter Anzeichen sind nach Ulrich Krafft (1978: 30ff.) piktorale Teilrepräsentationen eines gegebenen Handlungszeichens zu verstehen, die unmissverständlich auf dieses verweisen; mithin können u. U. kleinste Details eines Figurenkörpers oder einer bestimmten Figur zugeschriebener Requisiten deren Teilhabe an der vorgeführten Erzählhandlung signalisieren; in der Rhetorik wird für eine solche Relation der Begriff des *pars pro toto* verwendet

realistischen Darstellungsmodus wieder aufnimmt, sind die Kontrahenten keineswegs in eine physische Auseinandersetzung eingetreten. Hier wiederum werden die Ausflüchte und Rechtfertigungszwänge Tasukis durch eine mit zahlreichen flüchtigen Tupfern versehene Hintergrundfolie sowie einige den Kopf Tasukis umgebende Tropfen repräsentiert, die im Manga dem Rezipienten häufig als abstraktes Bildsymbol für Verlegenheit entgegentreten: Ebensowenig wie im Fall etwa der auch aus dem westlichen Comic bekannten Speed Lines handelt es sich hier um gegenständlich-symbolische Darstellungen (gemeint sind also nicht z. B. ›Schweißtropfen‹), sondern um mehr oder weniger arbiträre Codes, die einen hohen Konventionalisierungsgrad aufweisen.

Mit dem die Seite abschließenden fünften Panel (vgl. Abb. 4) erweist sich Yuu Watase als eine routinierte Comic-Erzählerin, indem sie einerseits bestimmte Elemente der Einstiegsseite gleichsam zur Rahmung der Handlung wieder aufnimmt und andererseits sowohl einen das Intermezzo mit Tamahome und Tasuki beendenden Schlussakkord wie auch einen weiterführenden Verweis der Erzählung setzt. In der rechten Bildhälfte – der japanischen Leserichtung gemäß zuerst zu decodieren – , ist zu sehen, wie Tamahome im Begriff ist, seinen wasserscheuen, heftig Widerstand leistenden Kameraden ins Hafenbecken zu werfen – eine winzige Teilhandlung, die sich im Bildhintergrund, der wieder das Hafenpanorama andeutet, allmählich zu verlieren scheint und diese damit abschließt. Im Vordergrund der linken Bildhälfte tritt Hotohori neben Nuriko, fragt nach der bislang nicht in Erscheinung getretenen Protagonistin: »Wo ist eigentlich Miaka?« und kündigt damit über den Seitenumbruch hinweg deren zu erwartenden Auftritt an.

Abb. 4: Fushigi Yugi, Bd. 7, S. 67, Panel 3-5

Miakas Sorgen

Die Doppelseite 68/69 bietet wiederum als Einstieg eine mit einem großformatigen Raumzeichen einsetzende Montage aus ungerahmten piktoralen Einheiten und Panels unterschiedlichen Formats, die am Schluss jedoch in eine Passage mit verbalen Zeichen ausläuft, die in auffällige Strahlenkränze gesetzt sind. Die Figuren, deren Identität ausschließlich aufgrund der Bildansichten nicht auszumachen ist, präsentieren sich ganz überwiegend im Porträt während die Bildhintergründe auch hier stark variieren.

Abb. 5: Fushigi Yugi, Bd. 7, Doppelseite 68f.

Um wen es sich bei dem mit einer großen Reisetasche beschäftigen Mädchen handelt, geht zwangsläufig aus dem Dialogtext des letzten Panels der vorangegangenen Seite hervor. Auf die Frage, was die zur Suzaku-Priesterin berufene Miaka wohl grade mache, antwortete Nuriko: »Sie packt wohl noch ein paar Sachen«. So kann es sich bei der wie ein japanisches Schulmädchen gekleideten Figur nur um die Protagonistin handeln, deren Äußeres dem Leser, der das Geschehen bis dahin verfolgt hat, ohnehin bekannt ist. Auch bei den Figuren innerhalb der beiden übereinandergesetzten Insert-Panels handelt es sich offenbar um Miaka, denn die Blasentexte verraten, dass die Überlegungen, was für die Reise einzupacken sei, fortgesetzt werden. Dass diese Figuren rein äußerlich kaum noch mit der Miaka der zweiten piktoralen Einheit übereinstimmen, hängt mit einer Konvention der Manga-Erzählung zusammen, deren Auftreten bereits auf der vorherigen Seite festzustellen war: An die Stelle realistisch gezeichneter Handlungszeichen können in der Bildfolge ausgesprochen verzerrte, karikaturistische Anzeichen einer Figur auftreten, um bestimmte dramaturgische und komisierende Effekte zu erzielen; so etwa jene an Smileys, Cell Phone Icons o. ä. erinnernde Physiognomien, wie sie in der Szene mit Tamahome und Tasuki innerhalb der Sprechblasen auftraten. Hier allerdings handelt es sich, wie auch bei der Abbildung von Tasuki in Panel drei auf Seite 67, um die temporäre, rein graphische Mutation einer Person zum sogenannten *super deformed-character* (auch abgekürzt *sd-character*), die Zustände heftiger emotionaler Bewegung anzeigt und häufig, wie auch in den beiden vorliegenden Insert-Panels, von entsprechend gestalteten Hintergrundfolien begleitet wird.

Um wen es sich bei der in der unteren Bildhälfte im großformatigen Profil gezeigten weiblichen Figur mit blonden Haaren handelt, ist damit allerdings noch nicht befriedigend geklärt. Doch auch hier hängt die Identifizierung mit einer speziellen graphischen Konvention des Manga zusammen und zwar mit der verbreiteten Praxis der Zeichner, je nach den situativen Erfordernissen die Haarfarbe der Charaktere zu modifizieren. Es handelt sich dabei jedoch nicht, wie im Fall der Wandlung zum *sd-character*, um eine metaphorisch in irgendeiner Weise bedeutsame Veränderung, sondern um rein formal-gestalterische Aspekte, wie Herstellung bestimmter Licht- oder Kontrastverhältnisse, bildliche Rhythmisierung und dergl.[32] So hat sich die Autorin, ähnlich wie bei diesem Profil Miakas auch im Fall der Abbildung Tamahomes (s.o., Abb. 1b) auf dem Episodendeckblatt für eine helle Abtönung der tief dunklen Haarfarbe dieser Figuren entschieden. Allerdings hat im vorliegenden Fall das letzte Porträt Miakas ganz offensichtlich eine Funktion für die temporale bzw. lokale Strukturierung der Erzählung.

Wo sich Miaka befindet, während sie ihre Reisetasche packt, wird durch die Setzung des Raumzeichens in der ersten piktoralen Einheit der Seite

[32] Im Gegensatz dazu ist im Anime, dem farbigen japanischen Zeichentrickfilm, die Kolorierung der Haare Teil einer ausgesprochen symbolisch zu verstehenden Farbenlehre (vgl. Erbstößer / Holzer 2000)

festgelegt. Dem mit dem Gang der Erzählung vertrauten Leser ist das historische Gebäude im chinesischen Stil bereits als der kaiserliche Palast von Kounan und der zeitweilige Wohnsitz der *Szuaku*-Priesterin und ihrer *Seishi* bekannt. Mit dem Auftauchen eines im modernen Plattenbau-Stil gestalteten Gebäudes in der unteren Bildhälfte scheint sich ein Raumzeichenwechsel anzudeuten, was jedoch nur bedingt zutrifft. Vielmehr leitet die mit sorgenvollem Blick auf das Hochhaus gerichtete Profilansicht Miakas eine Binnensequenz ein, bei der es sich um einen Rückblick auf ein offenbar nicht sehr glückliches Ereignis in der fiktionalen Alltagswelt handelt, der die Protagonistin entstammt. Es sei hier lediglich angemerkt, dass im Manga neben einer solchen, ohne einheitliche Markierungselemente operierenden Blendentechnik, zeitlich Zäsuren und Rückblenden nicht selten mit ähnlichen grafischen Mitteln organisiert werden, wie sie teilweise auch in westlichen Comics bekannt sind, wie etwa einer abweichenden Form oder Farbe des Habitus.[33]

Die atmosphärische Vorbereitung der Rückblende, wiederum ein Beleg für die Versiertheit Yuu Watases in den Techniken des grafischen Erzählens, ist in der Stimmungsveränderung Miakas in den einzelnen Elementen der Montage von Seite 68 zu beobachten, ebenso wie der Verweis auf zwei im Lauf der Geschichte immer wieder hervortretende Schwächen, nämlich Miakas Leidenschaft für Essen und Süßigkeiten sowie ihre schwachen schulischen Leistungen. Von den anfangs fröhlich-blümchensymbolgesäumten Gefühlen, die sich beim Einpacken von »Knabberzeug« zu unverhohlener Begeisterung aufschwingen, fallen diese bei der Erinnerung an die schulischen Pflichten in depressive Tiefen. In diesem Kontext erweist sich auch die Montage der beiden Miaka-Figuren in der rechten Bildhälfte als von höchst absichtvoller und reflektierter Symbolik aufgeladen: Als buchstäblich schwere Last ruht die große Tasche, deren Inhalt die gegenständlich geronnenen Erinnerungen Miakas bilden, auf dem Kopf des offenbar bekümmert nach Hause zurückblickenden Mädchens.

---

[33] Eine ganze Reihe von Markierungstechniken zeitlicher Zäsuren und Rückblenden im Manga beschreibt Brunner (2009: 104ff.)

Alltagskonflikte im Fantasygewand

Mit dem in großen Lettern in die Bildfläche neben der elterlichen Wohnung gesetzten Satz »Hallo Mama! Ich bin zu Hause!« beginnt die Erinnerung an ein Gespräch mit der Mutter, dessen Fortsetzung die ersten vier Panels der folgenden Seite 69 bilden. Dass es sich dabei tatsächlich um eine kürzere oder längere Zeit zurückliegende Situation handeln muss und nicht um eine – im Genre der Zwei-Welten-Fantasy durchaus denkbare – Blitzreise mit magischen Mitteln zur Klärung wichtiger Fragen mit der Mutter, ist auch an der veränderten Kleidung und Frisur Miakas zu erkennen. Nicht zuletzt aber wird der Zusammenhang der Szene und deren Blenden-Charakter durch eine optische Klammer gesichert, die noch auffälliger als diejenige auf der vorangegangenen Seite ausfällt: So führt eine unsichtbare Diagonale von der ersten Darstellung der Protagonistin bei ihren Reisevorbereitungen zu deren letzter Darstellung quer über die Doppelseite an den linken Rand der Seite 69 zum abschließenden fünften Panel; dort bildet diese Diagonale einen figürlichen, durch das Handlungszeichen Miaka bestimmten Rahmen der erinnerten Handlung (vgl. Abb. 6).

Das Gespräch mit der Mutter gibt Einblicke in einige zentrale, als höchst schmerzlich erfahrene Konflikte, welche dem Leser, der die Geschichte verfolgt, hinreichend bekannt sind, deren erneute Akzentuierung bei diesem

Abb. 6 : Fushigi Yugi, Bd. 7, S. 69. Panel 5

Stand der Ereignisse jedoch einmal mehr den engen Zusammenhang der Probleme der Handlungsträger in der fiktionalen Wirklichkeit mit denjenigen verdeutlicht, die in der Fantasywelt des »Reichs der vier Götter« entgegentreten. Es geht dabei nicht nur darum, dass Miakas schulische Leistungen zu wünschen übrig lassen und sie sich deshalb von der sehr viel begabteren Freundin Yui helfen lassen muss. Das eigentliche Problem stellt vielmehr der Umstand dar, dass ihre schulische und familiäre Umgebung diese freundschaftliche Kooperation nicht akzeptieren will und die Mädchen gegen deren Willen in ein Verhältnis der schärfsten Konkurrenz zwingen möchte. Dass Miaka in diesem Dilemma ausgerechnet nicht mit der menschlichen Unterstützung der Mutter rechnen kann, der hier die Rolle einer kalt berechnenden, karriereorientierten Person zufällt, stellt angesichts der ohnehin gestörten Familienbeziehungen – die Eltern leben in Scheidung – eine weitere Steigerung der Probleme des Mädchens dar.

Die mit absichtsvoll eng gezogenen Bildrahmen umgebene, von den Vorhaltungen und Leistungsappellen der Mutter bestimmte Unterhaltung endet unter gänzlicher Aufgabe des Habitus im fünften Panel im Eklat: Es ist der trotzige Widerspruch Miakas, der in der Rückblende durch die strahlenförmige Einfassung ihrer Worte bei gleichzeitigem, das Ende der Szene signalisierendem Verblassen und Verkleinern der Figuren unmissverständlich hervorgehoben wird. Die ambivalente Haltung des Mädchens wird allerdings darin deutlich, dass sie ihr Lehrbuch mit dem programmatischen Schriftzug »Sei der Beste« ängstlich umklammert hält und schließlich, wenn auch sichtlich von Zweifeln bewegt, mit ins Reisegepäck für die Expedition zur Beschwörung des *Suzaku* steckt (S. 70).

Dass hier mit den Problemen eines auf höchste Leistungsanforderungen setzenden Schulsystems und der selbstverständlichen Befürwortung des Drills von Seiten des Elternteils japanische Bildungs- und Ausbildungsverhältnisse wie auch bestimmte Mentalitäten des Ursprungslands dieser Erzählung in stark typisierter Form zu Tage treten, darf nicht darüber hinwegtäuschen, dass sich Kinder und Jugendliche in den westlichen Ländern ganz ähnlichen Situationen ausgesetzt sehen mögen. Letztlich handelt es sich dabei um generalisierbare Konflikte moderner Gesellschaften, in denen Aufstiegsorientierung, konkurrentes Verhalten und Priorisierung des Eigennutzes gegenüber humanen Regungen als Schlüssel für den gesellschaftlichen Erfolg angesehen und propagiert werden. Es dürfte kaum ein Zweifel daran bestehen, dass sich, trotz mancher exotisch anmutender Details, auch westliche Jugendliche prinzipiell in diesen Konflikten wieder finden und den aufbegehrenden Charakteren größte Sympathien entgegenbringen können.

Das Besondere an Fantasy-Manga wie *Fushigi Yugi* ist dabei, dass die in ihnen aufscheinenden Konflikte der fiktionalen Wirklichkeit in eine phantastische Welt transponiert und dort in den Formen und nach den Regeln der Anderswelt verhandelt werden, die sich aber lediglich durch spektakuläre Äußerlichkeiten, nicht aber in ihrer Substanz, von denjenigen unterscheiden, die in der empirischen Wirklichkeit Gültigkeit besitzen. So stellt der – durch die jeweiligen Machthaber fremdbestimmte – Kampf der Mädchen als Priesterinnen konkurrierender Kulte nichts weiter als die Fortschreibung des Kampfs um soziale Positionen in Gestalt magischer Rituale dar. Gleiches gilt für die Behandlung einer Reihe typischer

Adoleszenzprobleme, Liebesgeschichten, Bewährungssituationen, die im Zuge der Erzählung thematisiert werden.

Vorläufiges Fazit zur Erzählweise des Manga

Die vorliegende Passage aus Yuu Watases *Fushigi Yugi* ist, wie zahlreiche andere gängige Manga auch, geprägt durch einen souveränen auktorialen Erzählstil, dessen verbale und piktorale Umsetzung jedoch unterschiedlichen Figurenperspektiven breiten Raum gewährt. Ein wesentliches Mittel dieser Präsentationsweise im Bereich des Layouts ist die Konstruktion panel- und seitenübergreifender Montagen, die nicht nur die Kohärenz der einzelnen Teile einer Sequenz sichern, sondern über die gegenständliche Bedeutung der versammelten Figuren und Requisiten hinaus metaphorische Verweisungen von hoher Aussagekraft herstellen. Bestandteile dieser Montagen können mehr oder minder großflächige Hintergrundansichten, gerahmte und ungerahmte Panels sein ebenso wie einzelne Figuren, Figurengruppen, Piktogramme, Objekte jeglicher Art und nicht zuletzt Schrifttexte in unterschiedlichster Gestaltung.
Erwartet wird dabei vom Leser u. a. die Fähigkeit zur sicheren Unterscheidung zwischen ikonischen und symbolischen Zeichen bzw. deren dem Kontext entsprechende, adäquate Deutung. Nicht selten formieren sich diese Montagen – wie in Abb. 2 und Abb. 3 zu sehen – aus rein gegenständlich-realistischen Komponenten und bilden erst in ihrer spezifischen Zusammenstellung symbolische Sinnzusammenhänge aus. Seitenlayout und Umbruch fungieren dabei als nicht unwesentliche Fixpunkte und Flächenbegrenzungen der grafischen Erzählung, doch ohne dass dafür immer strikte Regularien gelten. So können etwa Szenenwechsel, räumliche und zeitliche Zäsuren mit dem Ende einer Seite oder Doppelseite zusammenfallen oder aber innerhalb eines Seitenlayouts angelegt sein. Ein Beispiel dafür findet sich in der vorliegenden Episode 39 auf Seite 70, wo Miakas innerer Monolog während des Packens übergeht in einen auf der Seitenmitte angelegten Raumzeichenwechsel, der die Handlung mit den Akteuren der Gegenseite im Reich des Blauen Drachen weiterführt (vgl. Abb. 7).

Abb. 7 : Fushigi Yugi, Bd. 7, S. 70

Die vielleicht auffälligste Eigenart der Erzählweise des Manga besteht im überreichen Einsatz piktoraler Abstraktionen und nonverbaler grafischer Zeichen, die in einem Prozess permanenter Semiotisierung entstehen und weiterentwickelt werden. Sie gehen teilweise, wie etwa die zahlreichen für Bildhintergründe verwendeten Folien mit Wolken am Himmel – im vorliegenden Beispiel S. 66 und S. 68 - , Linien (S. 67), Blümchen (S. 68), Stempel (S. 67 u. S. 68) u. dergl. auf vorgefertigte grafische Hilfsmittel zurück, die die Zeichner nach Bedarf einzusetzen wissen; oder sie stellen durchaus ein Ergebnis individueller Einfälle und Experimente dar. Erst als konventionalisierte Elemente jedoch gehen sie in den allgemeinen grafischen Code ein, der von einem breiten Publikum akzeptiert und verstanden wird. Verglichen mit dem überschaubaren Ensemble an Bewegungslinien, Piktogrammen, Wölkchen, Sternchen und abstrakt-grafischen Akzentuierungen, die der westliche Comic im Laufe seiner über hundertjährigen Geschichte entwickelt hat, verfügt der Manga über ein geradezu gigantisches Arsenal einschlägiger Zeichen, deren jeweils spezifische Ausformung und Verwendung ebenso wie Strichführung, Bilddramaturgie und spezifische Figurengestaltung zu den Eigenarten der Handschrift eines japanischen Mangaka zählen. Für eine Klassifizierung der unterschiedlichen Zeichenformen, die sich teilweise bereits in historischen japanischen Bildgeschichten seit dem Mittelalter finden, erweisen sich die Ausführungen Stephan Köhns zu den Unterschieden zwischen Visuosymbolen und Energielinien als sehr hilfreich (vgl. Köhn 2005: 85ff.). Hier soll unter Verweis auf das Beispiel *Fushigi Yugi* die Feststellung genügen, dass lediglich ein Teil dieser Zeichen in so eindeutiger Weise kodifiziert ist, dass sich damit zwingend eindeutige Sinngehalte verbinden, wie etwa die mimischen Repräsentationen von Gefühlslagen im Fall der Strichzeichen-Icons (S. 67) oder die Verlegenheit indizierenden Tröpfchen (S. 67). Die meisten hingegen besitzen nur eine sehr vage Ausdrucksqualität, die es erlaubt, sie zur Garnierung durchaus unterschiedlicher piktoraler Aussageintentionen zu verwenden. Im vorliegenden Auszug aus *Fushigi Yugi* betrifft dies etwa die Verwendung identischer Hintergrundfolien für völlig unterschiedliche psychische Befindlichkeiten: so in Panel 4 auf Seite 67, in der die Auseinandersetzung zwischen den *Seishi* Tamahome und Tasuki ihrem Höhepunkt entgegenstrebt und im ersten Insert-Panel auf Seite 68, das die übergroße Freude Miakas beim Gedanken an den Genuss von Knabbereien sinnfällig zum Ausdruck zu bringen sucht (s. Abb. 8). Ganz richtig betont daher Susanne Phillipps bei der Untersuchung der Erzählweise des außerordentlich einflussreichen Klassikers des Story-Manga, Osamu Tezuka, dass erst die Kontextualisierung und die Koordination aller verwendeten Gestaltungselemente eine sinnvolle Interpretation erlaube und verweist hier auf das Zusammenspiel von

> Gestaltung des Sprechinhalts, [...] Umrandung der Sprechblase, [...] Ausarbeitung von Gestik und Mimik der Figur, [...] in das Panel montierte *gijôgo* (Wörter, die den

emotionalen Zustand einer Person charakterisieren) und die Gestaltung des Panelgrundes (Phillipps 1996: 79, Anm. 20).

Obgleich rein quantitativ gesehen die Anteile des verbalen Codes an der Konstitution der Erzählung eher gering scheinen, besitzt dieser ein großes Gewicht und ist unverzichtbar für die Herstellung des Sinnzusammenhangs der Handlung. Über diese generelle, hier wiederkehrende Funktion der sprachlichen Zeichen in der Comic-Erzählung (vgl. Dolle-Weinkauff 2002) hinaus offeriert der Manga in seiner vielfältigen Inszenierung des verbalen

Abb. 8a: Fushigi Yugi, Bd. 7, S. 67, Panel 4

Abb. 8b : Fushigi Yugi, Bd. 7, S. 68, Insertpanel 1

Codes ein schier unerschöpfliches Potenzial an Darstellungsvarianten der Schrift und der mit ihr verknüpften kommunikativen Steuerungselemente. Zu nennen ist hier nicht nur das Spiel mit unterschiedlichen Schrifttypen und -größen, mit einer Vielzahl von Blasenformen, welche die Ausdrucksmöglichkeiten herkömmlicher standardisierter Denk- und Sprechblasen weit übersteigt, sondern auch die Technik der Platzierung im Bildraum und das damit einhergehende Mit- und Nebeneinander von Onomatopöien, Dialogtexten, Gedankenströmen, Erzählerkommentaren und »paraverbalen Signalen« (Brunner, 2009: 128). Die hier notwendigen Differenzierungen zur Unterscheidung der einzelnen Komponenten voneinander funktionieren weitgehend ohne einheitliche Regularien durch eine jeweils reflektierte Setzung im Kontext der Bildfolge bzw. des Einzelbilds.

Der dynamische Fluss der Erzählung verzichtet vielfach auf simple Kontinuität und Ausdeutung im Übergang von Bild zu Bild wie von einer Sequenz zur nächsten. Im »Wechsel von Gezeigtem und nicht Gezeigtem« (Phillipps 1996: 79) finden sich oftmals geradezu verrätselnde Elemente und gezielt eingesetzte Leerstellen zwischen den einzelnen Partien der Handlung. Höchst selten werden Totaleinstellungen verwendet und wenn doch, werden sie in den Seitenmontagen meist von anderen Bildeinheiten partiell überlagert, wie etwa in der Hafenszene in *Fushigi Yugi* auf Seitc 66 (s. Abb. 2).

Die bevorzugte Form der piktoralen Präsentation von Handlungsträgern ist das Porträt und es besteht eine überaus große Neigung, Figuren und Requisiten durch speziell inszenierte Anzeichen zu repräsentieren. Hier zeigt sich auch eine gewisse Ökonomie in den Darstellungsmitteln des Manga, die letztlich mit dem Umstand zusammenhängt, dass japanische Comics eine deutlich höhere Anzahl von Panels bzw. narrativen Bildeinheiten zur Wiedergabe einer bestimmten Handlung aufwenden, als herkömmliche Bildgeschichten europäischer oder amerikanischer Herkunft es tun. Wie Jens Nielsen meint, führt dies im Manga sogar nicht selten zu »offensichtlich *organisierter* Leere«, da »einige der Panels so gut wie nichts zu zeigen« scheinen (Nielsen 2009: 346). Der weniger große grafische Aufwand für das Einzelbild geht im Manga gewöhnlich einher mit einer aufwändigeren Gestaltung der Sequenz, was sich u. a. in der höheren Bilderfrequenz einer gegebenen Erzählhandlung niederschlägt. Dieses Verfahren ist durchaus auch im westlichen Comic nicht unbekannt, wie etwa die Reflexionen Will Eisners über »Zeit« und »Timing« belegen (Eisner 1995: 27f, 30ff.), doch findet es weitaus seltener und weniger konsequent Anwendung. Wie in diesem Fall bestehen überhaupt viele der Unterschiede in den grafischen Erzählformen des japanischen und des westlichen Comic-Stils nicht darin, dass eine bestimmte Technik oder Darstellungsform völlig singulär bzw. eine exklusive Erfindung der jeweiligen Kultur wäre. Vielmehr ist es in der Regel die Häufigkeit der Anwendung und der Grad der Konventionalisierung bestimmter Mittel und Verfahren, welche einen typischen Zug des jeweiligen Stils ausmachen.

Darüber hinaus sind bisweilen gerade da Parallelen zwischen östlichen und westlichen darstellungsästhetischen Konzepten zu entdecken, wo sie zunächst nicht vermutet werden. So ist etwa bei Yuu Watase in der Wiedergabe von Architektur, Technik und urbanen oder ländlichen Milieus bisweilen eine grafische Detailfreudigkeit zu entdecken, wie sie im westlichen Comic in der *Ligne Claire* Hergés auftritt; hier wie dort kontrastiert die höchst präzise zeichnerische Ausformung historischer Bauwerke, Stadtansichten oder Verkehrsmittel - wie etwa die Dschunke in *Fushigi Yugi* - mit den weitaus unaufwändigeren, oft mit wenigen Umrissen bzw. Strichen ausgeführten Figurenzeichnungen.

Literaturverzeichnis:

Berndt, Jaqueline (1995): Phänomen Manga. Comic-Kultur in Japan. Berlin

Bouissou; Jean-Marie/ Dolle-Weinkauff, Bernd/ Pellitteri, Marco, zus. mit Ariane Beldi (2010): Manga in Europe. A Short Study of Market and Fandom. In: Toni Johnson-Woods (Hg.): Manga: An Anthology of Global and Cultural Perspectives. London/ New York, S. 253-265

Brunner, Miriam (2009): Manga - Die Faszination der Bilder. Darstellungsmittel und Motive. München

Dolle-Weinkauff, Bernd (2002): Schrift und Bild als Lesevorgabe im Comic. In: Deutschunterricht, Jg. 55, H. 2, S. 17-20

Dolle-Weinkauff, Bernd (2005): Manga - eine Literatur der Globalisierung?. In: Bernd Dolle-Weinkauff / Hans-Heino Ewers / Carola Pohlmann (Hgg.): Kinder- und Jugendliteraturforschung 2004/2005. Frankfurt u.a., S. 99-109

Dolle-Weinkauff, Bernd (2010): Aktuelle Erscheinungsformen des Comic: Manga und Graphic Novel. In: Klaus Maiwald / Petra Josting (Hgg.) Jahrbuch Medien im Deutschunterricht 2009 - Schwerpunkt Comics und Animationsfilme. München, S. 19-32

Eisner, Will (1995): Mit Bildern erzählen. Comics & Sequential Art. Aus dem Amerikanischen von René Granacher. Wimmelbach

Erbstößer, Lars / Holzer, Stefanie (2000): Eine Haarige Sache. Frisuren und Farben in Manga und Anime. In: AnimaniA, 7. Jg., H. 35, S. 84-87

Gravett, Paul (2006): Manga. Sechzig Jahre japanische Comics. Köln

Köhn, Stephan (2005): Traditionen visuellen Erzählens in Japan. Eine paradigmatische Untersuchung der Entwicklungslinien vom Faltschirmbild zum narrativen Manga. Wiesbaden

Köhn, Stephan (2009): Deutsche Klassik einmal anders Oder: Wie Goethes Faust interessante Einblicke in den japanischen Comic gewähren kann. In: Klaus Maiwald / Petra Josting (Hgg.) Jahrbuch Medien im Deutschunterricht - Schwerpunkt Comics und Animationsfilme. München, S. 33-49

Krafft, Ulrich (1978): Comics lesen. Untersuchungen zur Textualität von Comics. Stuttgart

Nielsen, Jens (2009): Manga – Comics aus einer anderen Welt? In: Stefan Ditschke / Katerina Kroucheva / Daniel Stein (Hgg.): Comics. Zur Geschichte und Theorie eines populärkulturellen Mediums. Bielefeld, S. 335-358

Pellitteri, Marco (2010): The Dragon and the Dazzle. Models, Strategies and Identities of Japanese Imagination. A European Perspective. Latina

Phillipps, Susanne (1996): Erzählform Manga. Eine Analyse der Zeitstrukturen in Tezuka Osamus „Hi no tori“. („Phönix“). Wiesbaden

Phillipps, Susanne (1996): Manga für ein deutschsprachiges Publikum.

Möglichkeiten der Übertragung von Text-Bild-Verbindungen“. In: Japanstudien. Jahrbuch des Deutschen Instituts für Japanstudien der Philipp-Franz-von-Siebold-Stiftung. 8. Jg., S. 193-210

Rohowski, Maren: Fushigi Yugi. http://web.uni-frankfurt.de/fb10/jubufo/mangainfo/ [letzter Zugriff 16.04.2011]

Smith, Louisa (20042): Domestic Fantasy: Real Gardens with imaginary toads. In: Peter Hunt (Hg.): International Companion Encyclopedia of Children's Literature. Bd. 1. London, S. 447-453

FELIX GIESA

Im Schatten der Graphic Novel – Der kinderliterarische Comic

Möglichkeiten einer narratologischen Betrachtung von (Kinder)comics

Abb. 1

Ein gängiges Vorurteil lautet nach wie vor, Comics seien nur etwas für Kinder. Und tatsächlich scheinen kindliche Leser dem Gegenstand auch sehr zugetan. So findet sich bei Scott McCloud, dem zeichnenden Comictheoretiker, der Hinweis, dass er Comics gerade als Kind nicht nur gelesen, sondern vollständig durchdrungen habe (vgl. McCloud 2001a: 10; Abb. 1). Auch die Omnipräsenz von Comicfiguren im kindlichen und kinderliterarischen Alltag scheint damit übereinzustimmen, wie etwa das Auftauchen eines ›Supermanns‹ auf Isabel Pins Bilderbuchseite belegt (vgl. Pin / Schubiger 2009: [o. Pag.]; Abb. 2). Wenn Kinder so viele Comics läsen und es sich bei Comics tatsächlich um einen Lektürestoff ausnahmslos für Kinder handelte, verwundert doch sehr die geringe Aufmerksamkeit, die Kindercomics zuteil wird. Derzeit scheint alle Aufmerksamkeit der Graphic Novel und dem Manga zu gelten. Graphic Novel ist das neue Gewand, in dem Comics nun im großen literarischen Ballett mittanzen dürfen und sich vermeintlich reiferen, will heißen: ›erwachseneren‹ Themen zuwenden.[34]

Comic-Helden sprechen Blasen,

Abb. 2

Unter einem anderen Namen

[34] Allerdings soll nicht unerwähnt bleiben, dass einige vermeintliche Graphic Novels es auf die Auswahllisten des Deutschen Jugendliteraturpreises geschafft haben und im Jahr 2010 auch zahlreich ausgezeichnet wurden. Von diesen ist jedoch nur *Meine Mutter ist in Amerika und hat Buffalo Bill getroffen* (2009) als genuiner Kindercomic zu bezeichnen.

erreichte der Comic bereits Mitte der 1990er Jahre gesteigerte Aufmerksamkeit: Der Manga etablierte sich hierzulande als Comic für Kinder bereits bei seinem erfolgreichen Durchbruch Mitte der 1990er Jahre mit zwei Titeln, die sich genuin an Jungen bzw. Mädchen richten: *Dragonball* (1997) und *Sailor Moon* (1996) legten den Grundstein für den Erfolg des Manga[35]. Jedoch richten sich nur wenige Manga-Serien auch tatsächlich an ein kindliches Lesepublikum, das Gros der Titel ist als Übergangs- bzw. Jugendtitel einzuordnen (vgl. Schikowski 2010a: 14).

Ausgangs- und Publikationslage

In diesem Beitrag sollen nun einige Comics für Kinder der letzten Jahre vorgestellt werden, von denen keiner ein Manga ist, mancher allerdings als Graphic Novel vermarktet wird. Um keinen falschen Eindruck zu erwecken, sei darauf hingewiesen, dass solche Comics nicht das Hauptangebot der Comicproduktion im deutschsprachigen Raum darstellen; dies sind nach wie vor, trotz massiver Umsatzeinbußen, neben dem klassischen Comicheft (z. B. *Micky Maus* oder *Mosaik*) Magazine mit Comicinhalten (z. B. *Power Rangers* oder *Wendy*). Eine ansatzweise vollständige Bestandsaufnahme der aktuellen bzw. neueren Publikationslage bietet Schikowski in seinem Bericht über die *Königsdisziplin Kindercomic* (2010a; vgl. auch 2010b). Treffend erkennt er den Kindercomic als von Verlegerseite übergangenen Bereich. Die Ursache vermutet er darin, dass Comics, aufgrund ihres schlechten Image, als Produkt für Kinder große Schwierigkeiten auf dem Markt hätten (vgl. Schikowski 2010a: 12). Allerdings scheint dies kein lokales Problem zu sein, auch wenn sich derzeit etwa in Frankreich und den USA Reihen und Verlage speziell für eine kindliche Leserschaft herausbildeten (vgl. ebd.). Jedoch fällt auf, dass hier mit einem veralteten KJL-Begriff gearbeitet wird, der weder dem zeitgenössischen Kinderbuch noch dem zeitgenössischen Kindercomic gerecht wird. Eine Beschreibung des Kindercomics mit Begriffen der KJL bleibt somit weiterhin ein Desiderat.

Im Folgenden sollen einige theoretische und terminologische Begrifflichkeiten für die Analyse von Comics veranschaulicht und Überlegungen zum kinderliterarischen Comic angestellt werden. Als Comics für Kinder sollen hierbei – äquivalent zur KJL – Titel bis zu einem Lesealter von zehn Jahren verstanden werden. Insbesondere seit der Jahrtausendwende gilt auch für den Kindercomic als Teil der Kinder- und Jugendliteratur, was Ann-Katrin Ostermann ihrer narratologischen Analyse aktueller Kinder- und Jugendromane vorausschickt: Die KJL sei keiner Regelpoetik verpflichtet. Gerade durch ihren prozessualen Charakter eröffne sie »literar-ästhetische Neuerungen und Veränderungen konventioneller Erzählmuster « (Ostermann 2009: 40) Erkennt Ostermann besonders im diegetischen Kinderroman eine

[35] Vgl. hierzu auch den Beitrag von Bernd Dolle-Weinkauff in diesem Band.

neue Erzählart in der KJL (vgl. ebd.: 50), so werden gerade bild-ästhetische und sowohl erzählerische als auch inhaltliche Neuerungen im Kindercomic als Überforderung für die Zielgruppe gesehen (so etwa Schikowski 2010a: 20). Dabei ist es gerade diese Vielzahl an neuen Impulsen, welche die Qualität des derzeitigen Kindercomics ausmacht.

Die Unmöglichkeit einer Abgrenzung zwischen Bild(erbuch)erzählung und Comic

Eine eindeutige Abgrenzung zwischen Bilderbuch und Comic ist bislang nicht möglich gewesen, in den letzten Jahren ist sie nicht einfacher geworden. So wird etwa Patrick Lenz' *Tom und der Vogel* (2007) als Bilderbuch vermarktet und auch als solches vertrieben, ist allerdings in seiner Bildsprache eindeutig ein (textloser) Comic. Und ein Titel wie *Zu Hilfe!!!* (2010) knüpft in seiner Form als Leporello an die Tradition des Rotulus an, der mit einem Nebeneinander von Bild und Text ebenfalls als Vorläufer moderner Bildgeschichten und Comics gesehen werden kann (vgl. Clausberg 1984: 62ff.). Kombiniert mit Sprechblasen entsteht so ein bildästhetischer Hybrid, der sich kaum mehr kategorisieren lässt.

Gleichermaßen findet sich mittlerweile auch der umgekehrte Fall: Bilderzählungen werden als Comics oder Comic-Romane vermarktet, obwohl ihre Bildprogramme eher an Illustrationen oder Storyboards erinnern. Als prominente Beispiele seien hier *Gregs Tagebuch* (2008) von Jeff Kinney und *Die Entdeckung des Hugo Cabret* (2008) von Brian Selznick genannt. Beide Künstler arbeiten mit ungewöhnlichen bildnarrativen Strategien, ihre Werke lassen sich jedoch nicht mehr eindeutig als Comics beschreiben.

Diese Verwischung einer klaren Abgrenzung lässt sich auch aus den Ausführungen von Dolle-Weinkauff (2000) und Grünewald (2010a) ablesen. Umgeht Dolle-Weinkauff das Problem einer Abgrenzung, indem er Titel als Kindercomics bezeichnet, die als Bilderbücher publiziert werden, nimmt Grünewald hingegen eine Einteilung in Bildgeschichte und Comic vor. Er verweist so auf eine gemeinsame Tradition des Bilderbuches und des Comics, indem er für beide den Gattungsbegriff der ›Bildgeschichte‹ prägt.[36] Scheint für den akademischen Diskurs begrifflich damit eine Namensalternative aufgezeigt zu sein, hat diese für das Publikationswesen allerdings keinerlei Bedeutung.

Vielfach wird dort eine Zuordnung zu dem einen oder anderen Label nur mehr als Marketingentscheidung getroffen. Viele Künstler verweigern sich eher eindeutig einer solchen Zuordnung oder argumentieren, sie machten Bilderbücher; obwohl ihre Arbeiten als Comics wahrgenommen werden, wie

[36] Vgl. zur gemeinsamen Geschichte von Bilderbuch und Comic auch Dolle-Weinkauff / Weinkauff (2009) und Dolle-Weinkauff (2010).

etwa das Beispiel des australischen Künstlers Shaun Tan zeigt (vgl. Tan / Swabey 2008: 110). Auch im deutschsprachigen Raum finden sich Künstler, die Bilderbücher und Comics zeichnen. Ulf K. oder Martin Baltscheit waren beide bereits als Comiczeichner erfolgreich, bevor sie nun als arrivierte Kinderbuchkünstler gelten. Beide schufen in diesem Jahr mit der Figur *Akkuratus*[2] Geschichten für Kinder ab zwei Jahren, welche als Bilderbücher vermarktet werden. Ästhetisch und bildsprachlich handelt es sich jedoch eindeutig um Comics, was die angesprochenen Abgrenzungsschwierigkeiten treffend unterstreicht. Diese Entwicklung war auch der Anlass für eine Tagung im Bilderbuchmuseum in Troisdorf im Jahr 2009, als unter dem Titel *comic meets bilderbuch* den reziproken Beziehungen beider Formen der Bilderzählung nachgegangen wurde. Dort zeigte sich, dass eine solche Einteilung der Entwicklung der Bildgeschichten auch gar nicht zuträglich sei, da sie den prozesshaften Charakter der gegenseitigen Befruchtung nur unterbände.

Angesichts dieser Differenzierungen soll für den vorliegenden Text als (Kinder-)comic gelten – unabhängig von künstlerischer und verlegerischer Einteilung –, was sich der Bildgeschichte mit enger Bildfolge zuordnen lässt: Nach Grünewald (zuletzt 2010b: 26) entspricht der Comictradition ein zumeist geringer zeitlicher Abstand zwischen zwei Panels.

Forschungslage

Für die sich momentan etablierende Comicforschung – national wie international – muss angemerkt werden, dass Kindercomics für sie fast keine Rolle spielen. Das dürfte zum einen den Grund haben, dass man dringend von dem Image, Comics seien ›Kinderkram‹, wegkommen möchte, zum anderen ist dieses Problem der Ausblendung aber auch aus der Kinder- und Jugendliteratur-Forschung bekannt. Zusätzlich erschwert wird die häufig nicht klare Grenzziehung zwischen Comics für Kinder und Comics für Erwachsene.[37] So wird heute eine Serie wie *Spirou und Fantasio*, die sich in ihrer Anlage an ältere Kinder richtet, vornehmlich von Erwachsenen gelesen und gesammelt; was sicherlich auch einem gewissen Nostalgieempfinden geschuldet ist. Hinzu kommt jedoch, dass viele Alben-Serien, gerade aus dem franko-belgischen Raum, auf eine Leserschaft von »7-77« abzielen, wie dies auf dem berühmten *Tin Tin*-Magazin als Motto zu lesen war.

Untersucht man die Sekundärliteratur zum Thema, so fällt auf, dass es neben Einzelanalysen zwei Bereiche sind, in denen Kindercomics – wenn auch sehr eingeschränkt – Aufmerksamkeit widerfährt. Dies ist erstens eine historisierende Darstellung, wie etwa bei Bernd Dolle-Weinkauff (1990) oder ganz aktuell bei Dietrich Grünewald (2010a), und zweitens handelt es

[37] Vergleichbar den Problemen mit der momentan so erfolgreiche All-Ages-Literatur.

sich dabei um den für meine weiteren Ausführungen relevanten Versuch einer Einteilung, wie sie Dolle-Weinkauff in zwei Aufsätzen (1994 u. 2000) vorschlägt: In Anlehnung an Maria Lypps Überlegungen zur ›Einfachheit‹[38] als Merkmal der Kinderliteratur (1984) führt Dolle-Weinkauff aus, dass im Kindercomic diese ›Einfachheit‹ stets im Zusammenhang mit dem »Komischen und dessen epischer Verschränkung in visueller und verbaler Ausprägung« stehe (ebd.: 520). Im Abgleich mit den traditionellen Zeichenstilen *funny* und *realistisch* und Lypps Konzept entsteht so eine Vierteilung: Auf einer Skala, deren Enden einerseits die Komik und andererseits die Epik markieren, ließen sich weiterhin zwei Zwischenbereiche ausmachen: die »episierte Komik« und die »komisierte Epik« (ebd.). Diese Abstufungen seien die »semi«-Stile.

Obwohl diese Art der Einteilung plausibel und auch praktikabel erscheint, besonders in ihrer Verknüpfung mit der kinderliterarischen Kategorie Lypps, wurde sie nicht weiter aufgegriffen. Was teilweise an der nicht stattfinden Auseinandersetzung mit Kindercomics liegen mag, aber teilweise auch daran, dass versucht wurde, bestehenden Begrifflichkeiten – hier den Zeichenstilen – andere Bezeichnungen aufzuprägen, was die Aufnahme neuer Konzepte immer erschwert. Hinzukommt, dass die Bindung besonders dessen, was Dolle-Weinkauff als episches Genre bezeichnet, an einen realistischen Zeichenstil heute nicht mehr haltbar ist. Avancierte Zeichner bedienen sich eines avantgardistischeren Strichs, der sich dieser Zuordnung vollkommen entzieht. Weiterhin hat das Auftauchen des Manga auf dem kinderliterarischen Markt diese Einteilung in weiten Teilen obsolet gemacht. Ich möchte daher vorschlagen, für eine weitere Beschäftigung mit dem Kindercomic zwar die Richtungsmarken der Epik und Komik beizubehalten, sie jedoch von den etablierten Begriffen der Zeichenstile abzukoppeln. Beide würde ich nur als untergeordnetes Einteilungskonzept auffassen, relevanter wäre eine Untergliederung nach thematischen Gesichtspunkten: Neben dem Thema werden Kindercomics also nach der Einfachheit (Epik vs. Komik) und Zeichenstil (realistisch vs. *funny*) unterteilt.

[38] Einfachheit meint hier nicht ›plump‹ oder ›schlicht‹, sondern eine gewisse Komplexität nicht überschreitend. Einfachheit hat in diesem Kontext allerdings nicht nur eine Relevanz für die KJL, sondern auch für die allgemeine Literatur.

Themen und Analyseraster

Ich werde nun im Folgenden Titel aus den beiden thematischen Bereichen Freundschaft und Kindheit sowie zusätzlich Literaturadaptionen und unter dem Aspekt der Transmedialität einige aktuelle Comics analysieren. Unter narratologischen bzw. medialen Gesichtspunkten soll dabei jeweils ein besonderes Merkmal herausgestellt werden. Hierbei werde ich mich auf den von Martin Schüwer vorgeschlagenen *Grundriss einer intermedialen Erzähltheorie der grafischen Literatur* beziehen. Schüwer bietet ein handhabbares und zeitgemäßes Werkzeug zur narratologischen Untersuchung von Comics. Es muss allerdings angemerkt werden, dass dieses nicht frei ist von vielen Einseitigkeiten, die in der Ausgangslage der Studie begründet liegen, und an vielen Stellen auch schlichtweg fehlerhaft ist.[39] Ich werde mich lediglich seines Rasters bedienen und anhand dessen meine Besprechungen durchführen:

Analyseraster (nach Schüwer 2008)

- Bewegungsdarstellung
- Raumdarstellung
- Zeitdarstellung
- Interaktion von Bild und Text

1. Freundschaft

1.1 Bewegungsdarstellung

Lustig ist das Vampirleben

In Joann Sfars Comicreihe *Desmodus* (2006; bisher vier Bände) begegnen wir dem kleinen Vampir Desmodus, der gemeinsam mit seinen Eltern, dem Fliegenden Holländer und dessen Braut, der Dame Pandora, und einer ganzen Horde absonderlicher Monster in einem verlassenen alten Haus lebt. Nun ist er unter den ganzen grummeligen, wenn auch freundlichen Monstern das ›einzige‹ Kind und hat als Spielgefährten lediglich den sprechenden und fliegenden Hund Fantomat zur Seite. In seinem ersten Comicabenteuer möchte Desmodus zur Schule gehen. Um ihm eine Freude zu machen,

[39] Wie häufig in der theoretischen Auseinandersetzung mit Comics bezieht sich Schüwer in seinen Annahmen auf eine vermeintliche Ähnlichkeit zwischen Film und Comic, was dazu führt, dass grundlegende Behauptungen zum Film ungeprüft für den Comic übernommen werden. Auf eine Auseinandersetzung mit der kunsthistorischen Erzählforschung wird beispielsweise vollständig verzichtet, ebenso problematisch ist die alleinige Verankerung des erzähltheoretischen Diskurses in der Nünning-Schule. So werden bildnarratologische Forschungen von Literaturwissenschaftlern wie z. B. Mieke Bal (1991) und Boris A. Uspenskij (1975) vollständig ignoriert. Vgl. hierzu ausführlich auch Dammann (2010) und Frahm (2009).

spielen alle Monster für ihn in der öffentlichen Schule des Ortes ›Nachtschule‹ (vgl. ebd.: 12). Dabei ergibt es sich, dass Desmodus in das Schulheft von Michael schreibt und dessen Hausaufgaben löst. Dieser könnte darüber nicht erfreuter sein und so entspannt sich ein Schriftverkehr zwischen den beiden, man könnte sagen, über die Grenzen des Lebens hinaus.

Interessant ist nun, wie es dem Zeichner gelingt, mit statischen Bildern Bewegung zu vermitteln, die doch ganz offensichtlich für eine Handlung notwendig ist. Beinahe alle Figuren in *Desmodus* sind Vampire bzw. Geistwesen. Als solche verursachen sie gemäß den Genrekonventionen keinerlei Bewegung in ihrer Umgebung, obwohl sie selber sich bewegen. Diesem teilweise immateriellen Status der Figuren trägt Sfar Rechnung, indem er sie ruhig und streckenweise statisch erscheinen lässt (vgl. ebd.: 13; Abb. 3). Stattdessen macht er für den Leser die, wie ich es nennen möchte, ›Geistaura‹ sichtbar (vgl. ebd.: 5; Abb. 4). Im Unterschied zu ›klassischen‹ Bewegungslinien im Comic, die eine vergangene Bewegung markieren und die in *Desmodus* natürlich auch vereinzelt vorkommen, und den Fließlinien des Manga, die eine Gegenwart des Betrachters mit der Bewegung versinnbildlichen, wirkt die ›Geistaura‹ bei Sfar seltsam aus der Zeit gefallen. Und für die untoten Protagonisten trifft das ja auch zu.

Legt man Dolle-Weinkauffs Kategorien des Epischen und Komischen zugrunde, fällt die Geschichte um Desmodus eindeutig in die der episierten Komik, deren Merkmal der karikaturistischen Handlungsträger des *semi-funny* sich ganz klar in den überzeichneten Monstern und ihren mehr als abstrusen Ideen offenbart (vgl. etwa S. 5). Die liebevolle Zeichnung des kleinen Vampirs Desmodus und seiner Freunde bildet einen erfreulichen Gegenpol zu den zahlreichen Vampirschmonzetten des aktuellen Buchmarkts und Sfar reiht seine Figur ein in die lange Tradition kindlicher Monsterfiguren in der KJL wie Angela Sommer-Bodenburgs *Kleiner Vampir* (1979) oder *Das kleine Gespenst* (1966) von Ottfried Preußler.

Abb. 3

Abb. 4

1.2 Raumdarstellung

Paul, der Puppenspieler

In einer ganz anderen Tradition, nämlich in der des psychologischen Kinderromans, steht hingegen Nicolas Robels *Der blaue Tiger* (2007). Robel wendet sich in seinen Comics sehr häufig den Verunsicherungen durch das moderne Leben zu: Einsamkeit, Verlorenheit und eine gewisse Melancholie zeichnen seine Figuren aus. In *Der blaue Tiger* ist es Paul, der sich von seiner Umgebung abkapselt, indem er mit dieser nur über seine geliebten Handpuppen in Kontakt tritt. Selbst seiner Mutter offenbart er sich häufig nur mit der Stimme des blauen Tigers, seiner Lieblingspuppe.

Abb. 5

Ich werde hier nun nicht daran gehen, den Comic psychologisch auszudeuten, wozu allerdings bereits das anscheinende Fehlen eines Vaters geradezu einlädt. Vielmehr soll es darum gehen, wie es Robel gelingt, Pauls Charakter mit psychologischem Gespür und den Mitteln des Comics zu entfalten. Auffällig sind bei der Wahl der darstellerischen Mittel besonders Robels expressiver Strich und die pastellene, flächige Kolorierung, welche für einen Kindercomic doch eher die Ausnahme darstellen und auch in klarem Gegensatz zu den ziselierten und ornamentösen Schraffuren Joann Sfars stehen (vgl. ebd.: 8; Abb. 5). Gemeinsam mit dem Holzboden der Wohnung entsteht so der Eindruck einer Theaterbühne, auf der Paul mit seinen Figuren ein Schauspiel aufführt.[40] Tatsächlich hat in *Der blaue Tiger* ›Raum‹ vor allem als Raum in Gebäuden große Relevanz. Paul bewegt sich fast ausnahmslos in der Wohnung der Familie, das ›Draußen‹ gibt es nur als den Verbindungsweg zu anderem ›Drinnen‹, welches aber nie gezeigt wird. Korrespondiert diese Betonung des Raums auf der psychologischen Ebene mit Pauls Alleinsein, trägt bei Robel aber auch die Positionierung des Körpers im Raum zur Profilschärfung bei. So sehen wir in Abbildung 5 Paul inmitten seiner Puppen (vgl. ebd.: 8). Dass Paul und die Puppen gleich groß sind, offenbart die subjektive Nähe Pauls in dieser Szene. Umringt von seinen ›Freunden‹ und in der Sicherheit der familiären Wohnung fühlt er sich stark und ›groß‹.[41] Wie sehr Paul bei der Selbstwahrnehmung auf diese räumliche Sicherheit angewiesen ist, zeigt sich zum Ende der Handlung. Paul hat sich mit dem Nachbarsmädchen Katia gestritten. Die Mutter hat ihm geraten, sich bei Katia zu entschuldigen, er werde dadurch nur »größer« (ebd.: 24). Beim erneuten Aufeinandertreffen der beiden versucht sich Paul, der als Winzling alleine ›draußen‹ vor der Tür der Nachbarn steht, Katias bohrendem Blick zu entwinden (vgl. ebd.: 27; Abb. 6). Am Ende wird Paul seine Ängste überwinden und als ›gleichgroßer‹

[40] Wie konsequent Robel diesen Gedanken verfolgt, zeigt sich in einer kurzen Traumsequenz, die innerhalb eines Panels abgebildet wird. Dieses Panel ist in vier kleinere unterteilt und gibt den Traum als farblich abgesetzten Minicomic wieder. Dieser ist stark vereinfacht und zeigt Paul ebenfalls als Puppe.

[41] Erkennbar auch daran, dass die Box mit den Puppen im dritten Panel kleiner wirkt als etwa im zweiten.

Freund neben Katia stehen. Sinnbildlich verwendet Robel hierfür erneut den Raum, diesmal den offenen Raum, wenn er Paul auf der vorletzten Seite befreit von seinen einengenden Ängsten auf dem Weg nach Hause zeigt (vgl. ebd.: 31). Die entrückte Perspektive unterstreicht dies noch und es entsteht der Eindruck, als lichte sich mit den Wolken auch Pauls Gemüt.

Hier liegt nun eindeutig eine rein epische Handlung vor, zwar lassen einen manche Szenen schmunzeln, jedoch zielt die Geschichte in ihrer Anlage nicht konkret auf komische Momente. Der Zeichenstil ist allerdings keineswegs realistisch, sondern, wie bereits angedeutet, expressiv und teilweise übersteigert; so sind etwa die Köpfe und die Augen der Figuren im Verhältnis zum restlichen Körper vergrößert. Sie betonen so zum einen ein Kindchenschema, zum anderen verleiht dieser Ausdruck den Figuren aber auch etwas Puppenhaftes, was natürlich das Thema der Geschichte besonders hervorhebt, aber auch als gutes Beispiel dafür dient, was Dietrich Grünewald meinte, als er den Comic mit dem Papiertheater verglich (2000: 18ff.).

Abb. 6

2. Kindheit

2.1 Zeit

Cowboy und Indianer

Meine Mutter ist in Amerika und hat Buffalo Bill getroffen (2009) schildert die Erlebnisse des kleinen Jean, der nichts davon weiß, dass seine Mutter gestorben ist. Die Nachbarstochter liest ihm immer wieder vermeintliche Postkarten seiner Mutter vor, in der sie ihm unter anderem von einem Besuch in Buffalo Bills Rodeo berichtet.

Die großteils synthetische Struktur von Bravos Comic ist charakterisiert durch eine zeitraffende Darstellung, unterbrochen nur durch einige Anachronismen unterschiedlicher Dauer. Dennoch kann eine genaue Berechnung der erzählten Zeit sehr einfach erfolgen: Die Handlung beginnt mit Jeans Schuleintritt am 14. September 1970 und endet mit seinem ersten Schultag nach den Weihnachtsferien, insgesamt also genau vier Monate.

Meine Mutter ist in Amerika ist eines der wenigen Beispiele gleichzeitig-präsentischen Erzählens im Comic. Ein Ich-Erzähler in den Blocktexten, der offensichtlich identisch mit dem jungen Jean ist, berichtet protokollartig von verschiedenen Situationen seines Alltags im ersten Schuljahr. Für die Zeitstruktur ist dieser Umstand relevant, da sich neben wenigen Analepsen auch immer wieder zukunftsgewisse Andeutungen in der Erzählerrede offenbaren, die den gesamten Text als einen nachträglichen Bericht entlarven. Dies zeigt sich zum einen immer wieder in iterativ markierten Handlungen, zum anderen beendet der Erzähler eine Analepse an einer Stelle mit dem kurzem Hinweis, dass das Kindermädchen einige Jahre später ihren Freund geheiratet haben und dann Jeans Familie verlassen haben wird (vgl. ebd.: 44).

Wie nun Bravo diesen Charakter des nachträglichen Berichts, etwa eines Aufsatzes zum Thema ›Mein erstes Schulhalbjahr‹, in der Sprache des Comics erzählt, ist durchaus überraschend. Bravo verwendet nicht ein starres Panel-Schema, sondern bedient sich streckenweise eines Layouts, das einer Bildreportage gleicht. Auf der Seite in Abbildung 7 erfährt man von den stinkenden Füßen von Pauls Großvater (vgl. ebd.: 58). Durch diese Herausstellung kann die konkrete Situation dem Erzähler als generelles Beispiel dienen: die Füße des Großvaters stinken immer, bei jedem Besuch.

Abb. 7

Dient in *Meine Mutter ist in Amerika* das Einzelbild, um immer wiederkehrende (quasi zeitlose) Motive darzustellen, und die Sequenz, um Handlung und also einen Zeitverlauf abzubilden, darf die Gesamtseite in ihrer Wirkung auf die Zeitdarstellung nicht übersehen werden.[42] Durch die flache Seite ist es möglich, die Zeit in ihrer Gesamtheit abzubilden: Vergangenheit, Gegenwart und Zukunft werden gleichzeitig erfassbar. In Abbildung 8 erkennt man, dass der Zeichner diese Seite vollständig um das Schlüsselloch der Wohnzimmertür arrangiert hat (vgl. ebd.: 84). Ähnlich einem Zeitstrahl, der sich im gegenwärtigen Augenblick maximal verengt – jede mögliche Vergangenheit und jede möglich Zukunft sind immer im ›Jetzt‹ auf eine Möglichkeit reduziert – dient Bravo dieses Schlüsselloch als Linse auf den Augenblick: Die Gedanken an das Verschwinden der Mutter hat Jean für den Moment hinter sich gelassen, morgen kann er sich mit seinen Klassenkameraden über das Fernsehprogramm unterhalten. Zugleich ist das auf seiner Stirn schimmernde Schlüsselloch auch ein Hinweis darauf, dass die Lösung seiner Suche nach der Mutter bereits in ihm liegt.

Abb. 8

Meine Mutter ist in Amerika entspricht sehr genau den Beschreibungsmerkmalen der komisierten Epik; das Komische ist nur mehr Anhang der Erzählung und hier entspricht dem auch der semi-realistische Zeichenstil.

[42] Mit Schüwer nehme ich hier Bezug auf Benoît Peeters Begriff des *tableau* (vgl. Schüwer 2008: 210ff.).

3. Literaturadaption

3.1 Interaktion von Bild und Text

Die gerahmte Handlung

Abb. 9

Am Beispiel der *Pünktchen und Anton*- Adaption durch Isabel Kreitz (2009) soll nun die Interaktion von Bild und Text untersucht werden. Konkret soll es dabei um die Darstellung der Erzählerfigur durch Bild und Text in der Literaturadaption gehen.

Die Romanvorlage weist neben einem Vor- und Nachwort des Erzählers von diesem als »Nachdenkereien« bezeichnete Reflexionen über das Geschehen auf. Diese postmodernen Berichte eines Autor-Erzähler-Konstrukts, Kästner nennt sie »Überlegungen«, würden von »manchen Kindern [...] sehr gern [ge]lesen« (Kästner 1999: 9). Die Zeichnerin begeht nun nicht den Fehler, die Ausführungen zu übernehmen: Der Erzähler taucht weder in Blocktexten noch in eingeschobenen Kästen auf - das hätte dem Lesefluss auch schwer geschadet (vgl. ebd.: 5; Abb. 9). Kreitz belässt es dabei, einige Fragmente aus dem Vorwort zusammen mit vier Panels der Geschichte einleitend voranzustellen und beginnt ihre Adaption mit der Ankunft von Pünktchens Vater zum Mittagessen. Der gelungene Kniff dieses Erzählverfahrens zeigt sich indes am Ende der Geschichte: Direktor Pogge steht im Kreise der Familie und schmaucht eine Zigarre, nach zwei kleinen Wölkchen schließt sich eine größere Wolke an, in der jemand, der Herr Pogge sein könnte, sich eine Zigarre ansteckt (vgl. ebd.: 100; Abb. 10). Nun ist es aber dieser Herr Pogge, der mit dem letzten Bild seinen Bericht der Ereignisse beschließt. Dieser begann mit einem »Hokus-Pokus« und endet mit der Belohnung des Erzählers. Durch das Aufrechterhalten des erzählerischen Rahmens, wird die Fiktionalität der Binnengeschichte um Pünktchen und Anton betont, dass der

Erzähler Herr Pogge der erzählten Figur Pogge optisch gleicht, erhöht diesen Eindruck noch.

Der amerikanische Narratologe Berlatzky (2009) hat vor kurzem in der Diskussion um ›frames‹ – Rahmen – vorgeschlagen, die Rahmen des Comics als Beispiel zur Veranschaulichung etwaiger Rahmenhandlungen in Erzählprosa allgemein zu nehmen. Um in diesen Worten zu sprechen ist es Isabel Kreitz gelungen, die erzählerischen Rahmen des Kästnerschen Kinderbuchklassikers auf der Comicseite in tatsächliche Rahmen zu überführen.

Abb. 10

3.2 Transmedialität

Die papierene Animation

Pop-up-Bücher erfreuen sich im Bereich der Kinderliteratur seit einigen Jahren gehäuft großer Beliebtheit. Erneut, muss man hinzufügen, denn bereits zum Ende des 19. Jahrhunderts waren besonders die Aufstell- und Bewegungsbücher Lothar Meggendorfers wahre Renner (vgl. Thiele 2007: 37f.). Ist eine Vielzahl dieser Titel heute wieder als Reprints erhältlich, so gesellen sich aber auch Bücher zeitgenössischer Künstler hinzu, die ebenfalls die bildnarrativen Möglichkeiten mit haptischen Strukturen in die Dreidimensionalität überführen. Im Hinblick darauf, wie sich durch diese neue Dimension die Erzählung verändere, fragt Thiele: »Auf welche Weise durchdringen sich narrative, bildnerische und plastische Qualität?« (ebd.: 38)

Wenn in der heutigen Zeit von einer wahren Bilderflut die Rede ist, dann sind damit in erster Linie immaterielle Bilder gemeint: Bilder auf dem Fernsehschirm, der Kinoleinwand oder dem Computerbildschirm. Die Aufmerksamkeit gegenüber dem materiellen Bild tritt dahinter zurück. Auch der Comickünstler setzt sich schon seit Jahren mit dieser Entwicklung auseinander. Zahlreiche Webcomics überführen den Comic in eine permanente Immaterialität, aus der er nur mit ausreichend Leserzuspruch in die gedruckte Form geholt werden kann (vgl. Pfeiffer / Kögel / Jurgeit 2010: 4). Jedoch gelingt nur selten, was Scott McCloud in *Comics neu erfinden* (2001b) forderte, als er ausführte, der Comic könne in der Gegenwart nur bestehen, wenn er sich den neuen Gegebenheiten anpasse und alle Grenzen des Blattes hinter sich lasse (vgl. ebd.: 225ff.). Simple Beispiele für eine solche digitale Weiterentwicklung des Comics wären teilanimierte Panels oder die Möglichkeit, das Fortschreiten der Geschichte nur durch Klicken des Panels zu unterhalten, im Gegensatz zu einer nur rudimentären Präsentation der Comicseite auf dem Bildschirm.[43]

Dass in dieser Entwicklungsphase ausgerechnet quasi teilanimierte Bücher erfolgreich sind, entspricht wohl einerseits einem aus der Verunsicherung durch das immaterielle Bild heraus entstandenem Verlangen nach einer ›Wiedererfahrbarkeit‹ des Bildes, andererseits können Pop-up-Bücher jedoch auch als Schnittstelle zwischen analogen und digitalen Bilderzählungen fungieren. Pop-up-Comics stellen in dieser Hinsicht eine logische Entwicklung dar. Fanden sich zuerst vorrangig Titel aus dem Superheldenbereich[44] wie *Will Eisner's The Spirit: A Pop-up Graphic Novel* (2008), finden sich nun mit den Literaturadaptionen Sam Itas auch Arbeiten, die nicht einfach nur vorhandene Comicpanel um Pop-up-Elemente ergänzen.

20.000 Meilen unter dem Meer (2010) kann hier als gutes Beispiel für eine basale Form des transmedialen Erzählens in der Kinderliteratur dienen. Ähnlich wie Isabel Kreitz in *Pünktchen und Anton* muss die Handlung an vielen Stellen gekürzt werden, da das Buch insgesamt nur sieben Aufklappblätter hat. Auf der Makroebene ergibt sich somit nur die Möglichkeit, Höhepunkte der *histoire* herauszustellen und durch ein Pop-up-Element dreidimensional erfahrbar zu machen. Im vorliegenden Text sind solche Höhepunkte der Besuch in Atlantis oder der Angriff des Riesenkraken (vgl. ebd.: [Bl. 6]; Abb. 11). Auf der Mikroebene fällt hier besonders der Verzicht auf den Ich-Erzähler auf, wodurch der Charakter eines Erlebnisberichts verloren geht. Dieser wird jedoch durch den Charakter des Pop-up-Buches als Spielbuch transformiert. Der Leser muss aktiv die diversen Klappen öffnen, Scheiben drehen und Tableaus aufstellen, wodurch er wesentlich stärker an der Handlung beteiligt wird, als beim bloßen Betrachten einer Comicseite. Dass hier eine Nähe zum Computerspiel und zum erzählenden Spiel generell nicht zu leugnen ist, liegt natürlich auch in der Natur des Gegenstandes begründet. Darüber hinaus findet sich z. B. in *Frankenstein* (2010) ein Ausziehelement, das jeweils eine Sprechblase mit einem neuen Panel paart (vgl. ebd.: [Bl. 5]). Ähnlich einer *Laterna magica*

[43] Für Beispiele siehe Pfeiffer / Kögel / Jurgeit 2010.

[44] Allerdings finden sich hierfür auch schon viel früher Beispiele, wie etwa *Superman. A Pop-up Book* (1979).

wird hier eine manuelle Bildführung in das Buch integriert. Somit liegt der Gewinn von Itas Büchern darin, wirkmächtige Momente der Handlung dreidimensional erfahrbar zu machen. Dass sie dabei erzählerisch gegenüber dem Original teilweise einbüßen, schmälert die Leseerfahrung keineswegs.

Abb. 11

Fazit

Konnte man bis um die Jahrtausendwende auf dem Kindercomicmarkt nur selten gelungene und genuin an Kinder gerichtete Werke ausmachen, zumal diese meist auch nicht als Comics vermarktet wurden, so konnte mit diesen wenigen Beispielen gezeigt werden, dass in den vergangen Jahren einige anspruchsvolle und formal herausragend gestaltete kinderliterarische Comics erschienen sind. Für diese ist das Ausloten neuer bildnarrativer Verfahren zum Regelfall geworden: sei es durch eine unaufgeregte Bewegungsdarstellung, die Betonung des Raums als Handlungselement, ein avanciertes Spiel mit Zeitstrukturen oder Literaturadaptionen, die im Comic Aspekte der Romanvorlage neu herausstreichen bzw. die medialen Grenzen zwischen Buch und Animation verwischen. Wie auch im Kinderbuch (vgl. Ostermann 2009: 51) sind es hier jedoch die Themen, die sich als psychische Lebensthemen am Erfahrungshorizont ihrer Leserschaft ausrichten. Damit profiliert sich der Kindercomic als ästhetisch anspruchsvoll und inhaltlich wie thematisch als am Kind ausgerichtet neben dem Kinderbuch erfolgreich in der KJL.

Literaturverzeichnis:

Primärliteratur:

Bravo, Émile / Regnaud, Jean (2009): Meine Mutter ist in Amerika und hat Buffalo Bill getroffen. Aus dem Französischen von Kai Wilksen. Hamburg

Eisner, Will / Foster, Bruce (2008): Will Eisner's The Spirit. A Pop-up Graphic Novel. San Rafael

Ita, Sam (2010): 20.000 Meilen unter dem Meer. Ein Pop-up-Buch. Aus dem amerikanischen Englisch. München

Ita, Sam (2010). Frankenstein. Ein Pop-up-Buch. Aus dem amerikanischen Englisch. München

K., Ulf [d. i.: Ulf Keyenburg] / Baltscheit, Martin (2010): Akkuratus^2. Bauklotz und Luftballon. Leipzig

Kästner, Erich (1999): Pünktchen und Anton. Rheda-Wiedenbrück u. a. (1. Auflage Zürich 1935)

Kinney, Jeff (2008): Gregs Tagebuch. Von Idioten umzingelt! Aus dem amerikanischen Englisch von Collin McMahon. Frankfurt a. M.

Kreitz, Isabel (2009): Pünktchen und Anton. Ein Comic von Isabel Kreitz. Hamburg

Lenz, Patrick (2007): Tom und der Vogel. Zürich

Maudet, Matthieu / Escoffier, Michael (2010): Zu Hilfe!!! Aus dem Französischen von Markus Weber. Frankfurt a. M.

Pin, Isabel / Schubiger, Jörg (2009): Zebra, Zecke, Zauberwort: Ein ABC-Buch. Wuppertal

Preußler, Ottfried (1992^{30}): Das kleine Gespenst. Stuttgart (1. Auflage Stuttgart 1966)

Robel, Nicolas (2007): Der blaue Tiger. Aus dem Französischen von Katharina Trautnitz. Zürich

Selznick, Brian (2008): Die Entdeckung des Hugo Cabret. Aus dem amerikanischen Englisch von Uwe-Michael Gutzschahn. München

Sfar, Joann (2006): Desmodus der Vampir geht zur Schule. Aus dem Französischen von Jana Lottenburger. Berlin

Sommer-Bodenburg, Angela (1986): Der kleine Vampir. Reinbek (1. Auflage Reinbek 1979)

Sekundärliteratur:

Bal, Mieke (1991): Reading »Rembrandt«. Cambridge

Berlatsky, Eric (2009): Lost in the Gutter: Within and Between Frames in Narrative and Narrative Theory. In: Narrative 17, S. 162–187

Clausberg, Karl (1984): Die Wiener Genesis. Eine kunstwissenschaftliche Bilderbuchgeschichte. Frankfurt a. M.

Dammann, Günter (2010): [Rez. z. Martin Schüwer: Wie Comics erzählen.] http://www.comicgesellschaft.de/?p=41 (Abfrage: 31.10.2010)

Dolle-Weinkauff, Bernd (1994): Comics für Kinder. Kategorien und aktuelle Tendenzen des kinderliterarischen Comic. In: ide 18.3, S. 27-43

Dolle-Weinkauff, Bernd (2000): Comics für Kinder und Jugendliche. In: Taschenbuch der Kinder- und Jugendliteratur. Hrsg. v. Günter Lange. (Grundlagen – Gattungen, 1.) Baltmannsweiler, S. 495-524.

Dolle-Weinkauff, Bernd / Weinkauff, Gina (2009): Heinrich Hoffmanns Struwwelpeter und das Bilderbuch im 19. Jahrhundert. In: Kinder- und Jugendliteraturforschung 2008/ 2009. Frankfurt a. M., S. 21-39

Dolle-Weinkauff, Bernd (2010): Heinrich Hoffmann und die Entwicklung der Bildgeschichte im 19. Jahrhundert. In: Brunken, Otto (Hg.): Erzählen im Comic, (im Erscheinen)

Frahm, Ole (2009): Unsäglich. Zum Stand der deutschen Comic-Forschung 2009. In: Kultur und Gespenster, 4. Jg., H. 9, S. 197-202

Grünewald, Dietrich (2000): Comics. (Grundlagen der Medienkommunikation, 8.) Tübingen

Grünewald, Dietrich (2010a): Bildgeschichte/ Comic. In: Kinder- und Jugendliteratur. Ein Lexikon. Autoren, Illustratoren, Verlage, Begriffe. Losebl.-Ausg. Hgg. V. Alfred C. Baumgärtner et al. Meitingen: Corian-Verlag 1995, 39. Ergänzungslieferung. Teil 5, 1-37.

Grünewald, Dietrich (2010b): Das Prinzip Bildgeschichte. Konstitutiva und Variablen einer Kunstform. In: ders. (Hg.): Struktur und Geschichte der Comics. Beiträge zur Comicforschung. Bochum / Essen, S. 11-31

McCloud, Scott (2001^{2}a): Comics richtig lesen. Die unsichtbare Kunst. Aus dem amerikanischen Englisch von Heinrich Anders. Hamburg (1. Auflage Hamburg 1994)

McCloud, Scott (2001a): Comics neu erfinden. Wie Vorstellungskraft und Technologie eine Kunstform revolutionieren. Aus dem amerikanischen Englisch von Jens Balzer. Hamburg

Ostermann, Ann-Katrin (2009): Narratologische Fragen an aktuelle Kinder- und Jugendliteratur. In: Gansel, Carsten / Korte, Hermann (Hgg.): Kinder- und Jugendliteratur und Narratologie. (Deutschsprachige Gegenwartsliteratur und Medien, 2.) Göttingen

Pfeiffer, Frauke / Kögel, Thomas / Jurgeit, Martin (2010): Comic 2.0 – Die bunte Welt der digitalen Bildergeschichten. In: Comixene, 19. Jg., H. 106, S. 4-17

Schikowski, Klaus (2010a): Königsdisziplin Kindercomic. Comics für jüngere Leser im Buchhandel. In: COMIC! Jahrbuch 2011. Hgg. v. Burkhard Ihme. Stuttgart, S. 12-23

Schikowski, Klaus (2010b): Zwischen Tradition, Popkultur und Fernsehen. Der Kindercomic heute. In: COMIC! Jahrbuch 2011. Hgg. v.

Burkhard Ihme. Stuttgart, S. 28-34

Schüwer, Martin (2008): Wie Comics erzählen. Grundriss einer intermedialen Erzähltheorie der grafischen Literatur. (Handbücher und Studien zu Medienkulturwissenschaft, 1.) Trier

Tan, Shaun / Swabey, Jon (2008): The Shaun Tan Interview. In: The Comics Journal, 32. Jg., H. 289, S. 104-113

Thiele, Jens (2007): Das Buch als Objekt, das Objekt als Buch. In: 1000 und 1 Buch, 23. Jg., H. 1, S. 37-39

Uspenskij, Boris A. (1975): Poetik der Komposition. Struktur des künstlerischen Textes und Typologie der Kompositionsformen. (Edition Suhrkamp, 673.) Aus dem Russischen von Georg Mayer. Hgg. v. Karl Eimermacher. Frankfurt a. M.

PIET MOOREN

Das Bilderbuch als Schirmgattung

Gattungsmerkmale als Brückenbauer

1. Das Rollenbild

In *Ich liebe Bücher* von Anthony Brown (1988) sitzt die Hauptperson, ein Äffchen, während der Lektüre gruseliger Bücher erstarrt in einem Sessel (s. Abbildung 1), wenn es seinem Liebling eine Monstergeschichte wie *King Kong* vorliest, macht bei Comics wie *Batman* mit den Büchern kurzen Prozess, bei den Zählbüchern zählt es mit Büchern) und bei den Liederbüchern singt es Noten.

Abbildung 1

In meiner Dissertation *Das Bilderbuch als Sprungbrett* (Mooren 2000) nannte ich dieses Äffchen ein Rollenbild für den Erwerb von Wissen über Gattungseigenschaften und den dazu gehörenden Kompetenzen. Dabei steht das Verhalten des Äffchens in den ersten zwei Beispielen Modell für das Gefühl, welches zu dem Erzähltypus passt, im letzten Beispiel für die Lernhaltung, die zur Diskussion steht (vgl. Mooren/Ghonem-Woets 2008). Es handelt sich also auch um den Unterschied zwischen fiction und non-fiction, dem, laut Galda und Liang (2003), im Unterricht selten besondere Aufmerksamkeit gewidmet wird.
Unter dem breiten Dach des Bilderbuches als Schirmgattung sind im Laufe der Zeit laut Doderer und Müller (1975) sowie Künnemann und Müller (1975) neue Subgattungen hinzugekommen. Laut Maier ist

> das Bilderbuch Ausstrahlungskern für spätere Lesestoffe, es schafft Lesebahnen, es ist ein Sprungbrett zu anderen Gattungen. Das märchenhafte Bilderbuch bereitet den Weg zum Märchenbuch, das wirklichkeitsnahe Bilderbuch zur realistischen Kindergeschichte, die Bildverserzählungen zur Poesie, das Textbilderbuch zur illustrierten und unbebilderten Erzählung. Es werden also fundamentale Anfangspunkte für eine Weiterentwicklung gesetzt und exemplarische Ersterfahrungen ermöglicht (Maier 1987: 41).

Das sind Lesestoffe und Lesebahnen wie zum Beispiel das ABC-Buch, das auf das Lesen vorbereitet, das Zählbuch, das das Kind das Zählen lehrt, das kumulative Bilderbuch, das sowohl die Sprach- als auch die Rechenfähigkeit stimuliert, die Fabel, die zur moralischen Entwicklung und zum sozialen Lernen beiträgt, und die Reisegeschichte, die im Erdkundeunterricht gute Dienste leistet. Als Sprungbrett zu anderen Gattungen fungiert beispielsweise das textfreie Bilderbuch, wenn es zur Graphic Novel führt.

Die meisten dieser Subgattungen des Bilderbuches bekommen in neueren Studien über die Verwendung von Bilderbüchern (vgl. z.B. Hollstein/Sonnenmoser 2006) einen festen Platz in allen Schulfächern. Dennoch wird nur sporadisch eine Verbindung hergestellt zwischen Gattungsmerkmalen und der Herangehensweise in den verschiedenen Schulfächern. Nikolajeva und Scott (2001) lassen Subgattungen wie ABC-Geschichten, Zählbücher oder kumulative Bilderbücher völlig außer Acht. Sie denken, dass Phänomene wie die Gattungsmischung in postmodernen Bilderbüchern vor allem für Erwachsene von Interesse seien und vernachlässigen die systematische Einführung von Kindern in die unterschiedlichen Gattungsmerkmale von Bilderbüchern .

Kurz, es gilt noch eine Welt für die Jugend zu erschließen, indem man nach den Subgattungen des Bilderbuches sucht, die zu den verschiedenen Schulfächern passen, und indem man aufzeigt, welche Kompetenzen Kinder dabei erwerben können. Dabei geht es nicht nur um die Gattungsmerkmale, sondern auch um die Konventionen üblicher Öffnungs- und Schlussformeln, wiederkehrende Settings oder vertraute und neue Geschichtsmuster. Bei ›A wie Affe‹ weiß das Kind schon gleich, dass noch viele andere Buchstaben- und Tierreime folgen werden, und bei ›Es war einmal eine Hexe‹ oder ›Es war einmal ein König‹', dass ein Märchen ansteht, obwohl es Ausnahmen gibt. Es geht nicht nur darum, dass *Däumling* leichter zu lesen ist, wenn das Märchen schon aus dem Kindergarten bekannt ist, sondern auch darum, dass *Aschenputtel* lesbarer ist, wenn *Schneewittchen* und *Däumling* schon bekannt sind. Es geht schon früh um die spezifische Sprache einer jeden spezifischen Gattung, eine Sprache, die in einer späteren Lebensphase bekannt sein muss, um das Aha-Erlebnis des Wiedererkennens eines vertrauten Märchens wie beispielsweise *Die Bremer Stadtmusikanten* erleben zu können, wenn es, wie beispielsweise bei Janosch, parodiert wird. Aber bevor ein breites jugendliches Publikum solche postmodernen Gattungsvermischungen begreifen kann, ist ein ausgiebiges Kennenlernen der Gattungen unentbehrlich. Verschiedene Forscher weisen aus literarischen, sprachlichen

und textsortenspezifischen Gründen auf die große Bedeutung des frühen Interesses für Gattungskenntnisse und literarische Kompetenzen hin (vgl. Ghonem-Woets 2010).
Von den vielen Subgattungen im Bilderbuch kann ich hier nur ein paar vorstellen, wie das textfreie Bilderbuch, das konzeptuelle Bilderbuch, die Fabel, die Satire, die Gruselgeschichte, das Poesiebilderbuch, und, auf die jüngsten Subgattungen bezogen, das Kürzestgeschichtenbilderbuch und die Graphic Novel.

2. Textfreie Bilderbücher und Graphic Novels

Textfreie Bilderbücher und Graphic Novels rufen mit Bildern einen Reichtum an Sprache bei Kindern hervor. Das textfreie Bilderbuch *The Snowman* von Raymond Briggs zeigt wie kein anderes, wie eine Geschichte nur mit Bildern bei Kindern die Zunge zu lösen vermag. Selbstverständlich müssen sie über das sprachliche Rüstzeug bereits verfügen, aber für das Stimulieren der Sprachentwicklung ist es auch sehr wichtig, dass Kinder häufig die Möglichkeit bekommen, selbst Sprache zu produzieren. Textfreie Bilderbücher laden dazu ein: Lehrer können bei der Arbeit mit diesen Büchern den Kindern die Initiative überlassen und selbst weniger reden. Petra Wieler (im Druck) zeigt mit eindrucksvollen Beispielen aus der Praxis, wie groß das Anregungspotential dieser Textart ist (s. Abbildung 2).

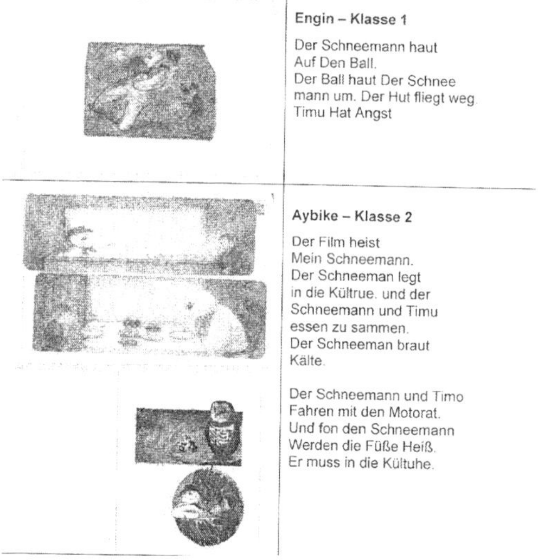

Abbildung 2

The Snowman beginnt damit, dass ein kleiner Junge aufwacht, sieht, dass es schneit, und sich schnell anzieht. Noch vor dem Frühstück hat er einen Schneemann zur Hälfte gebaut. Mit der üblichen Ausstattung wird der Schneemann fertig gestellt und zufrieden betrachtet der Junge sein Werk:

Für ihn ist der Schneemann nicht bloß irgendein Schneemann, sondern ein freundlicher Herr. Er kann seine Augen nicht von ihm lassen. Sogar mitten in der Nacht steht er auf – so scheint es zumindest – und geht zu ihm hin. Sie begrüßen einander und – als wenn das ganz normal wäre – der Schneemann wird herein gebeten und mit allem vertraut gemacht, was eine moderne Familie im Haus hat. Der Schneemann schaut verwundert fern, spielt mit Lichtschaltern, einer Küchenrolle und Geschirrspülmittel, schreckt zurück vor allem, was warm ist, und genießt die Eiswürfel und die Kälte der Gefriertruhe. Enthusiastisch zieht er Vaters Kleider an, probiert ein Skateboard aus, findet heraus was ein Boxsack ist, und ist fasziniert vom Licht einer Taschenlampe, von schwebenden Ballonen oder Autoscheinwerfern. Der Besuch endet mit einem üppigen Tiefkühlgericht. Dann nimmt der Schneemann den Jungen mit auf einen schnellen Flug durch sein Reich: die Schneeluft. Er zeigt Berge, Meere und ferne Städte. Als die Sonne aufgeht, eilen sie wieder zurück. Der Abschied ist schwer und zurück in seinem Bett schläft der Junge unruhig wieder ein. Erst als die Sonne in sein Gesicht scheint, wacht er auf. Er springt aus dem Bett und läuft an seinen frühstückenden Eltern vorbei in den Garten (s. Abbildung 3). Dort findet er die Überbleibsel seines Abenteuers: ein Häufchen Schnee, einen Hut, einen Schal und ein Paar Augen.

Abbildung 3

Diese Geschichte wird erzählt, indem jede Handlung durch Bilder gezeigt wird. Alle Bilder sind leicht eingefärbte Bleistiftzeichnungen. Das Fehlen von Text und der schlichte Zeichenstil verstärken den introvertierten Stil der Geschichte. Manchmal stehen zwölf Bilder auf einer Seite, manchmal nicht mehr als die Hälfte eines großen Bildes. Diese Abwechslung hat eine Funktion: Es kommen beispielsweise 25 close-ups vor, die den Jungen im Bett zeigen. Der Zeitverlauf wird durch die Liegehaltung und den

Gesichtsausdruck verdeutlicht: Der Junge liegt still, wühlt im Bett, dreht sich, träumt, schläft und schrickt auf. Die Verwendung der Farben gibt den Übergang von Dunkel zu Hell wieder und ein Wecker zeigt das Fortschreiten der Zeit an. Graphisch gekonnt sind die Raumdarstellungen: In dem Maße, in dem Geschwindigkeit und Höhe des fliegenden Duos zunehmen, werden auch die Bilder größer. Sie rufen das halluzinierende Schweben im Luftraum hervor, das dieses geträumte (fiktionale) Abenteuer ausmacht.

Textfreie Bilderbücher wie die non-fiction *Wimmelbücher* von Suzanne Rauter Berner oder die fiktionalen Bilderbücher des Ehepaares Ingrid und Dieter Schubert lehren das Unterscheiden zwischen Fiction und Non-fiction. In *Monkie* geht es um die Suche nach dem verlorenen Äffchen und in *Der Regenschirm* um eine geographisch sehr großzügig ausgefallene Variante von *Nils Holgerssons wunderbarer Reise* von Selma Lagerlöf. Denn während es in *Nils Holgersson* lediglich um das Erkunden von Schweden und Lappland geht, wird in *Der Regenschirm* eine Flottenparade fast aller Kontinente dargestellt.
Die Geschichte beginnt mit einem kleinen Hund, der an einem herbstlichen Tag einen Regenschirm findet, während eine Katze zuschaut. Der Regenschirm nimmt das Hündchen mit in die Lüfte und die Katze hat das Nachsehen. Hoch oben im Luftraum sieht das Hündchen zwischen einem Wirrwarr herumfliegender Blätter, dass die Katze wie angenagelt stehen geblieben ist und nach oben starrt. Das Hündchen läuft über die Wolken, fliegt über die Wüste, widersetzt sich mit dem roten Regenschirm als Abschreckmittel Krokodilen, Elefanten und Schlangen und herrscht so über alle raublustigen Tiere.
Auf dem Meer wird der rote Regenschirm zum Segelboot, unter Wasser zum U-Boot und bei der Begegnung mit einem blasenden Wal zum wasserdichten Regenschirm. Ein Pelikan bringt ihn in die kalten Regionen der Seehunde und Eisbären, bis das Hündchen mit den Zugvögeln wieder heimwärts kehrt, den Regenschirm der Katze überlässt und stolz wie ein Pfau die Bühne verlässt.
Diese wortlose Bildergeschichte passt sowohl zur Weltorientierung im Erdkundeunterricht als auch zum Spracherwerb im Deutschunterricht, denn es geht um das Erstaunen darüber, was es auf den Kontinenten zu sehen gibt, und zugleich um ein erstes Kennenlernen der Geographie. Erstaunen ist hilfreich bei wortlosen Bildergeschichten, die Kinder zum Erzählen bringen sollen und die den narrativen Raum für Kinder erschließen, indem sie nicht Text oder Vortrag vor die Bildgeschichte stellen. Die große Stärke der wortlosen Bilderbücher wie *Der Regenschirm, The Snowman* und der *Wimmelbücher* von Suzanne Rauter Berner ist, dass ihre Geschichte auf verschiedenen Niveaus nacherzählt werden kann. Daneben bieten sie Stützen für das Nacherzählen an oder können als Gesprächsanlässe für das Nachbesprechen dieser Bildgeschichten in Kleingruppen dienen. Themen in

The Snowman sind die kontrastiven Welten des Jungen und des Schneemanns, das Wahr- oder Unwahrsein der Geschichte, Eltern die schlafen, wenn du nachts einen Freund mit nach Hause bringst, dem du alles zeigst, wovon du tagsüber die Finger lassen musst, das heimliche Verkleiden, die Spiele und die wunderliche Welt des Schneemannes. In *Der Regenschirm* geht es vor allem um die vielen unerwarteten Metamorphosen dieses Regenabwehrmittels, während *Wimmelbücher* alltägliche, nicht-fiktionale Geschichten erzählen.

Teilweise ohne Text ist das Comic-Bilderbuch *Balthazar, der einsamste Esel aller Zeiten* von Inge Misschaert und Marieke Coenen, das in Kürze bei Beltz & Gelberg erscheint. In diesem Buch sagt Mutter Esel zu ihrem Sohn: »Einst soll ich gehen. Versprich mir, dass du ein süßer Esel sein wirst. « Eines Tages findet Balthazar seine Mutter nicht mehr. Er entschließt sich dazu, das ›Einst‹ zu suchen, auf dass er wieder mit seiner Mutter vereinigt werde. Die Geschichte ist eine Suche im Stil des Comic-Animationsfilms, was beispielsweise an der Art und Weise erkennbar ist, wie Balthazar bei der Scheune der Schnecke weiter hilft (s. Abbildung 4).

Abbildung 4

Solche ganz oder teilweise textlosen Bilderbücher bieten besonders jungen Einwanderern in unserer Gesellschaft einmalige Chancen zur Teilnahme an Nacherzählungen oder an gemeinsamen Besprechungen. Die Sprache, die von den Betrachtern zunächst angewandt wird, ist teils die des Herkunftslandes, die dann als Brücke zur Sprache des Ankunftslandes dienen kann. Dabei sind textlose Bilderbücher die Vorboten einer Graphic Novel für Heranwachsende und Erwachsene, wie beispeilsweise *Ein Neues Land* von Shaun Tan (2008), in dem fotoartige Montagen, etwa die

Erinnerung an das Einpacken eines Familienkleinodes (s. Abbildung 5), als Halt in einer ungewissen Zukunft dienen.

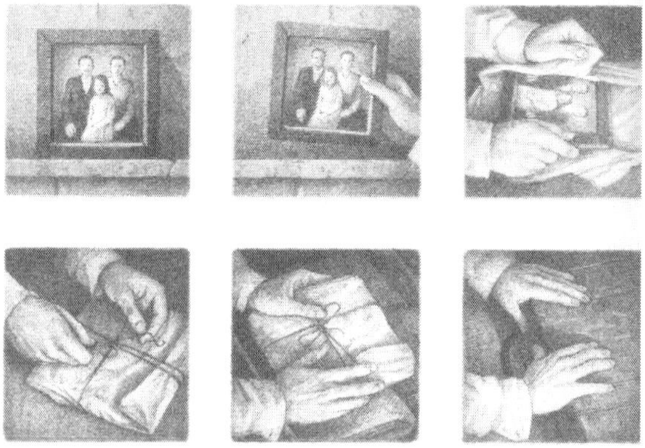

Abbildung 5

3. Das konzeptuelle Bilderbuch

Pat Hutchins ist die ungekrönte Königin des konzeptuellen Bilderbuchs für Kinder. Durch ihre fundamentale Arbeit in Entwicklungsdomänen wie Zeit, Raum und Klangkombinationen der Sprache setzt sie Ecksteine, mit denen Kinder ihre Kompetenzen entwickeln können. Einige Beispiele: In *Clocks and More Clocks* findet Herr Higgens auf dem Dachboden eine Uhr und fragt sich, ob sie noch immer die richtige Zeit anzeigt. Deswegen kauft er eine andere Uhr und hängt sie im Schlafzimmer auf. Als es hier drei Uhr ist, läuft er nach oben, um zu schauen, wie spät es dort ist. Es ist eine Minute nach drei). Herr Higgens kauft noch eine Uhr und die bekommt einen Platz in der Küche. Bei der zweiten Runde entlang seiner Uhren zeigt sich wieder ein Unterschied. Er kauft noch eine Uhr und platziert sie im Flur. Aber bei seiner dritten – gehetzten – Runde entlang der vier Uhren zeigen diese erneut unterschiedliche Zeiten an. Herr Higgens geht zum Uhrmacher und erzählt ihm von seinen Schwierigkeiten, die exakte Zeit zu bestimmen. Der Uhrmacher löst das Problem seines Kunden, indem er die Verflechtung von Raum und Zeit mit einem externen Maß objektiv neutralisiert (s. Abbildung 6).

Abbildung 6

Rosie's Walk ist ein Bilderbuch, in dem der Text aus nur einer langen Zeile mit 17 Wörtern besteht. Dieser Zeile folgt das Huhn Rosie auf ihrem Weg vorbei an vielen Präpositionen (»across the yard«, »over the bridge«, »under the beehives« etc), wobei die Illustrationen auf jeder Seite aufs Neue zeigen, wie die fortwährende Bedrohung durch den Fuchs, der sie verfolgt, für Rosie gerade nicht verhängnisvoll wird. Diese Bedrohung zeigt sich vor allem in den anfänglich friedlichen Bildfragmenten, etwa einem Rechen oder einem Teich, bis der Rechen den Fuchs k.o. schlägt und der Fuchs im Teich untergeht. Die Essenz von *Rosie's Walk* ist, dass über den Fuchs mit keinem Wort gesprochen wird, während er Rosie fortwährend auf den Fersen ist und bei Hindernissen wie einem Bienenkorb immer den Kürzeren zieht und eine Lektion erteilt bekommt.

In *Don't forget the bacon* trägt die Mutter ihrem Sohn auf, »six farm eggs, a cake for tea, a pound of pears« zu holen und vor allem den Speck nicht zu vergessen: »and don't forget the bacon.« Auf der nächsten Seite wiederholt der Sohn für sich immer wieder diesen Auftrag, aber beim Anblick großer Menschenbeine auf dem Gehweg ändert sich die Einkaufsliste in: »six fat legs, a cake for tea, a pound of pears and don't forget the bacon.« Bei jeder folgenden Episode in der Geschichte führt eine neue Beobachtung zu einer subtilen Änderung der Liste: aus »eggs« wird »legs« und »pegs«, sodass sich der Junge letztendlich auf dem Weg nach Hause macht mit »six clothes pegs, a rake fore leaves and a pile of stairs.«

4. Die Fabel

Als Fabel gilt in der Regel eine kurze Erzählung, in der Tiere denkend, sprechend und handelnd vorgestellt werden und in der meistens am Ende eine moralische Dimension erkennbar wird. Mit seinen Froschbilderbüchern hat Max Velthuijs diese Tradition erneuert, indem er die Moral der Geschichte nicht als weise Lektion ans Ende setzt, sondern sie gleich am Anfang als Dilemma den Geschichtsfiguren vorsetzt, damit sie als Lösung die Rituale entdecken können, die dafür im Umlauf sind.
Max Velthuijs charakterisiert sich selbst als Autodidakten, der auf eigene Faust die Moral hat entdecken müssen. Dadurch kommen große Themen wie der Tod (*Frosch und das Vögelchen*), die Liebe (*Frosch ist verliebt*) und der Fremde (*Frosch und der Fremde*) in die Reichweite von jüngeren Kindern. Die Themen stimmen in ihrer Grenzsituation schon überein mit den moralischen Dilemmata von Kohlberg, wie z.B. dem bekannten ›Heinz-Dilemma‹: Heinz muss sich entscheiden, ob er eine Medizin stehlen würde, um seine im Sterben liegende Frau zu retten, d.h., er muss sich entweder von dem Grundsatz, du sollst jemandes Leben retten, oder von dem Grundsatz, du darfst nicht stehlen, verabschieden. Velthuijs ist der Auffassung, dass die meisten Kinder (bis 9 Jahre) keine selbständige moralische Wahl treffen, sondern handeln, um eine Belohnung zu bekommen oder um einer Strafe zu entgehen. Er bringt in seinen Frosch-Bilderbüchern Dilemmata ohne Bestrafung und Belohnung als Lebensfrage zur Sprache und regt damit zu offenen, empathischen Antworten an, die Adorno näher stehen als Kohlberg. Denn Adorno wies auf das autoritäre Erziehungsklima in Deutschland als Ursache für das Entstehen von Auschwitz und auf die Notwendigkeit hin, so früh wie möglich bei der Erziehung und im Unterricht Kinder zu Empathie und Wärme und zu Autonomie und Empathie mit den Opfern des Holocausts anzuregen.
Velthuijs führt seine Dilemmata ein, indem er mit der Tür ins Haus fällt: ›da liegt ein totes Vögelchen‹, ›da ist eine eklige stinkende Ratte‹, oder ›da ist ein Frosch hoffnungslos verliebt‹, ohne das deutlich machen zu können. Bei jedem Dilemma lässt er nach dem passenden Ritual suchen, wie z.B. der letzten Ehrerweisung für einen Toten oder der Gastfreundschaft. Vor dem Hintergrund der rivalisierenden Auffassungen über mögliche Formen der aufkeimenden Moralität habe ich in einer kleinen explorativen Studie nachvollzogen, wie jüngere Kinder (6-7 Jahre) niederländischer, türkischer und marokkanischer Abstammung auf die Dilemmata reagieren: Was machst du mit einem toten Vögelchen? Was mit einem Fremden? Und was, wenn du verliebt bist?
In *Frosch und das Vögelchen* finden der Frosch und seine Freunde ein totes Vögelchen. Was sollen sie damit tun? (s. Abbildung 7) Sie graben ein Loch, legen das Vögelchen hinein, streuen Blumen darüber, wischen eine Träne weg, legen einen Stein auf das Grab, spielen fröhlich Fangen und dann singt

ein Vogel ein Lied. Damit geht das Begräbnisritual von selbst über in Kinderspiel und Vogelgesang.

Abbildung 7

Die Einführung von Dilemmata und Ritualen in den Geschichten von Max Velthuijs entspricht der jüdisch-christlichen und koranischen Tradition der ›Sieben leiblichen Werke der Barmherzigkeit‹: die Hungrigen speisen, den Dürstenden zu trinken geben, die Nackten bekleiden, die Toten begraben, die Fremden aufnehmen, die Kranken besuchen und die Gefangenen befreien.
In *Frosch und der Fremde* besteht das Dilemma aus dem Fremden, der in der Person der Ratte durch das Schweinchen als fieser, stinkender Fremder wahrgenommen wird. Als der Frosch sich persönlich erkundigt, sieht er keinen einzigen Grund beunruhigt zu sein. Kurz darauf behält der Frosch auch Recht: Die Ratte löscht Schweinchens brennendes Haus, rettet den Hasen vor dem Ertrinkungstod und freundet sich durch seine tollen Geschichten und sein vorzügliches Picknick mit allen an.
In *Frosch ist verliebt* schlägt das Herz des Froschs ›Bumm-Bumm-Bumm‹. Das Schweinchen steckt ihn deswegen ins Bett und der Hase meint, er sei verliebt. Der Frosch schiebt ein gemaltes Bild unter der Tür durch, legt einen Blumenstrauß auf die Treppe und läuft dann davon. Tagelang fühlt er sich schlecht, bis er versucht den Weltrekord im Hochsprung zu verbessern. Die halsbrecherischen Kunststücke gehen vor den Augen der Ente schlecht aus. Sie ermahnt ihn vorsichtig zu sein: »Denn ich liebe dich so sehr.« So muss die Ente ihre Liebe zu ihm bekennen, statt umgekehrt.
Die Episoden in den Froschbilderbüchern verraten den moralischen Autodidakten, der zwar weiß, wo er fündig wird, aber nicht genau, wie dies zu bewerkstelligen ist. Vielleicht sind solche moralischen Autodidakten die am besten geeigneten Personen, um Kindern dabei zu helfen, ihr aufkeimendes moralisches Bewusstsein in die richtige Richtung zu lenken. Sie erinnern sich noch gut an ihre eigene Unwissenheit und ihre Ungeschicklichkeit, um Kinder die beste Lösung erraten zu lassen. Wie

reagieren Kinder niederländischer, türkischer und marokkanischer Herkunft auf solche Dilemmata?

Tabelle 1: Reaktionen der Kinder auf Frosch-Bilderbücher:

Titel	Reaktion	Total N=30	Jungen N=16	Mädchen N=14	Nied. N=18	Türk. N=7	Marok. N=5
Frosch und der Fremde	Freundschaft schließen	23	9	14	14	5	4
	Ängstlich sein	3	3	-	3	-	-
	Weiß nicht	4	4	-	1	2	1
Frosch und das Vögelchen	Begraben	21	11	10	16	3	2
	Versorgen	6	2	4	2	2	2
	Weiß nicht	3	3	-	-	2	1
Frosch ist verliebt	Liebe gestehen	27	13	14	17	5	5
	Sich verstecken	3	3	-	1	2	-

Aus Tabelle 1 geht hervor, dass bei *Frosch und das Vögelchen* 21 Kinder »Begraben« vorziehen, sechs Kinder »Versorgen« auswählen, drei Kinder keine Lösung wissen und vor allem Mädchen sich für »Versorgen« entscheiden. Bei *Frosch und der Fremde* wollen 23 Kinder Freundschaft schließen, vier Kinder, und zwar Jungen, wissen keine Lösung oder fürchten sich vor dem Fremden und drei andere haben Angst, dass er aufgefressen wird. Und bei *Frosch ist verliebt* meinen 27 Kinder, dass man dazu stehen muss, wenn man verliebt ist, und drei Kinder wollen sich verstecken, übrigens keine Mädchen, sondern Jungen. Türkische und marokkanische Schüler entscheiden sich überwiegend für das Versorgen des toten Vögelchens und fast alle niederländischen Kinder für das Begraben. Mit Verliebtheit kennen sich türkische Jungen am wenigsten aus und bei Fremden zeigen sie sich am häufigsten ratlos, wobei Furcht vor dem Fremden vor allem von niederländischen Jungen gezeigt wird. In ihren Reaktionen geben sie immer ganz persönliche Motive an. Bei *Frosch und das Vögelchen* werden folgende mögliche Beerdigungsarten aufgezählt: »und dann am nächsten Tag schauen, ob es noch lebt«, »sonst kommen andere Tiere und die fressen es dann auf«, »sonst kann jemand es mitnehmen und irgendwo anders hinwerfen«, »sonst fängt es ein bisschen zu stinken an«, »wenn du stirbst, wirst du begrabt«’, »denn das tun sie auch, bei uns war ein Kind in der Klasse und das ist jetzt tot.« Bei *Frosch ist verliebt* meint Dexter, dass er seine Liebe gestehen soll, denn »sonst weiß die Ente es nie und er ist selber Schuld«, Laura sagt entschlossen: »einfach küssen« und Yusuf sieht das Ganze schon vor sich: »Ich weiß, ich weiß es. Er gibt etwas, muss seinen Namen schreiben und dann ganz schnell rennen da weg. Dann geht er nach Hause und dann weiß sie, von wem sie die Geschenke bekommen hat.« Für Nadia läuft es auf »keine Angst haben« hinaus und für Anas auf »dich einfach trauen (...). Klingeln und dann gibt er ihr die Blumen« und Stefan schreibt einen Liebesbrief an einen mächtigen Mittelsmann, denn »dann geht der Bürgermeister sofort hin.«

Zeigt sich in den Reaktionen kulturelle Diversität? Türkische und marokkanische Schüler entscheiden sich überwiegend für das Versorgen des toten Vögelchens und fast alle niederländischen Kinder für das Begraben. Mit Verliebtheit kennen sich türkische Jungen am wenigsten aus und bei Fremden zeigen sie sich am häufigsten ratlos, wobei Furcht vor dem Fremden vor allem von niederländischen Jungen gezeigt wird.

Velthuijs Fabeln helfen in ihrer episodisch-pragmatischen Handlungsperspektive jüngeren Kindern, ihr aufkeimendes moralisches Bewusstsein in die richtige Bahn zu lenken, wenn es um große Themen wie Fremdenhass, Liebe oder Tod mit ihren jahrhundertealten religiösen Ritualen geht. Hier kommt neben der gegenwärtigen Kindperspektive auch die Tradition der Barmherzigkeit zur Geltung, die Juden, Christen und Muslime gemeinsam haben.

Solche empathischen Reaktionen von Kindern auf Velthuijs Fabeln zeigen, dass aufkeimende Moralität auch direkt aus dem Herzen kommen kann und dass, im Gegensatz zu den moralischen Dilemmata von Kohlberg (1976), sehr wohl Platz ist für eine selbstständige moralische Wahl im Sinne Adornos (vgl. Abram/Mooren, 1998). Diese literarischen Erfahrungen können jüngeren z.B. Kindern helfen, die Wechselseitigkeit als Grundprinzip für Moralität zu entdecken. Auch die Redensart ›unbekannt macht unbeliebt‹ zu ändern in ›bekannt macht beliebt‹ kann zu mehr moralisch-kultureller Diversität beitragen.

5. Die Satire

Als Cartoonist ist Tomi Ungerer ein großer Meister im Verkleinern oder Vergrößern, was zum einen perfekt zu einem Fach wie Lesen passt, zum anderen zu einem Fach wie Mathematik und zumeist auch zu einem Bereich wie sozialem Lernen.

Zeraldas Riese heitert die Lesestunde durch sachliche und poetische Texte mit überraschenden Menüs und kannibalischen Appetitmachern auf. Das alles findet statt bei einer Riesenfamilie, die ein Schloss bewohnt und, um der Tradition treu zu bleiben, kleine Kinder zum Frühstück frisst. In der ganzen Umgebung tauchen Kinder mit Hilfe der Eltern unter, werden Lehrer arbeitslos und wird die Riesenfamilie dazu verdammt, fortan vegetarisch zu leben. Inzwischen kocht Zeralda ihrem sehr zufriedenen Vater ein neues Rezept nach dem anderen. Eines Tages bringt sie für ihn die jährliche Ernte zum Markt. Der herumtollende Menschenfresser wird griesgrämiger und griesgrämiger und grollt und grunzt vor sich hin:

> Schnupper! Schnüffel! Ich bin so hungrig heut!
> Fünf, sechs Kinder, wär das 'ne feine Mahlzeit!
> Schnupper, schnüffel, schnipp und schnapp,
> Wenn ich ein paar Kinder find,
> Schling ich sie hinab.

Der ausgehungerte Unhold ist so voller Ungeduld, dass er mitten auf die Straße aufschlägt. Zeralda findet den bewusstlosen Riesen und bringt diesen mit Hilfe ihrer Erste Hilfe-Kochkünste wieder zu sich. Prompt darf sie ihr Kochtalent in seinem Schloss in die Praxis umsetzen. Sie tischt Gerichte auf wie Sarah Bernhardt, Rasputin und Aschenputtel (einen gebratenen Truthahn mit Pantöffelchen, wie Aschenputtel sie trug). Fortan hat die ganze Riesenfamilie die Nase voll von gewöhnlichem Menschenfleisch und der Riese schließt mit allen Kindern Freundschaft und heiratet Zeralda. Sie bekommen ein Kind nach dem anderen, leben noch lange und glücklich. Doch Riesenblut bleibt immer Riesenblut und ein Spross hält Messer und Gabel aufs Neue über Kreuz.

Crictor. Die gute Schlange spielt in einer kleinen französischen Provinzstadt, in einer Zeit, in der Frankreich – so wie auch die meisten anderen europäischen Länder – noch zahlreiche Kolonien besaß. Hauptperson ist Frau Louise Bodot. Eines Morgens bringt der Briefträger ihr ein eigenartiges, o-förmiges Paket. Als sie die Schachtel öffnet, fängt Frau Bodot an zu schreien: Es ist eine Schlange darin. Ein Geschenk ihres Sohnes, der in Afrika Reptilien erforscht. Crictor wird ihr Haustier, geht zur Schule und jedes Mal, wenn eine neue Zahl gelernt wird, nimmt er die Form dieser Zahl an. Draußen auf dem Pausenhof zeigt sich sein chamäleonhaftes Talent ebenso wandelbar, ob er als Rutsche, Springseil oder Leiter fungiert, höchstpersönlich den Kreuzknoten demonstriert oder später in der Geschichte einen Verbrecher mit einem ›Doppelten Nelson‹ gefangen hält und dafür mit einem Denkmal geehrt wird. In dieser Wandelbarkeit stimmt das Reduktions- und Vergrößerungsvermögen des Cartoonisten mit der Boa-constrictor überein, wie eine Probe aufs Exempel mit der ›Messlatte‹ zeigt, wenn sie als Springseil in den Händen zweier Mädchen so schüchtern wird (s. Abbildung 8), dass sie schrumpft und als Rutschbahn für Jungen im Spiel sich so stark fühlt, dass sie größer wird (s. Abbildung 9).

Abbildung 8

Abbildung 9

Allumette ist wie *Das kleine Mädchen mit den Schwefelhölzern* von Andersen unterernährt und in Lumpen gekleidet und versucht ohne Erfolg Streichhölzer an die Reichen der Erde zu verkaufen. Auch sie träumt von einem Gastmahl an Weihnachten, ihr Wunsch wird jedoch erhört. Ein Schwall Geschenke fällt vom Himmel: eine gewaltige Torte, ein Schwarm gebratener Truthähne, Schinken, Wolldecken, eine violette Tagesdecke, ein Dreirad und ein Fernseher mit – wie passend – Tomi Ungerer auf dem Bildschirm. Ein Bäcker rennt voller Habgier nach draußen. Lahme, Blinde, Humpelnde, Alte, Kinder, Babys, ein klapperdürrer Hund und ein Kriegsveteran mit amputierten Beinen, der sich auf einem Karren mit einem Bügeleisen vorwärts schiebt, eilen zu diesem himmlischen Füllhorn. Die Reichen erstarren hinter den Fenstern, der Bürgermeister bittet ratlos um Einsatz der Polizei und des Heeres, aber die Obrigkeit fürchtet sich vor Allumette, der es gelingt, eine internationale Hilfsorganisation gegen die Katastrophen der Welt ins Leben zu rufen.

7. Das Poesiebilderbuch und die Kürzestgeschichte

Unter dem Dach des Bilderbuches erscheint hin und wieder ein humoristisches Poesiebilderbuch für den Mathematikunterricht, wie der absurde Abzählreim *Zehn grüne Heringe* von Wolf Erlbruch, oder als Zaubermittel, um sich beim Lernen schriftlich auszudrücken oder andere Stilformen zu finden, wie in *Der Zauberer Korinthe* von James Krüss und Rotraut Susanne Berner:

Einst schrieb der Kaufmann Steenebarg
aus Bri, aus Bra, aus Bremen
an seinen Sohn in Dänemark:
»Du solltest dich was schämen!«

Doch als der Brief geschrieben war
mit Schwi, mit Schwa, mit Schwunge,
da stand im Brief: »Mein lieber Sohn
du bist ein guter Junge!« (s. Abbildung 10)

Abbildung 10

Die 21 Kurzgeschichten von Heinz Janisch sind von Wolf Erlbruch mit seinen kongenialen Illustrationen umgeschmiedet worden zu dem einmaligen Bilderbuch *Der König und das Meer*. Einmalig, weil in diesem Bilderbuch mit 21 simultanen Geschichten in Text und Bild auch 21 Konfrontationen zwischen dem König und seinen vermeintlichen Untertanen hervorgerufen werden: mit dem Meer, einer Katze, mit seinem Schatten, dem Regen, dem Eichhörnchen, dem Hund, dem Geist, der Wolke usw. Immer zieht der König den Kürzeren. Selbst der Hund gehorcht nicht, auch wenn er ihn böse anschreit: »›Sitz! Platz! Komm!‹ rief der König. ›Ich bin dein König!‹' ›Hierher! Halt! An die Leine!‹, rief der König. Dann rannte er dem Hund nach« (s. Abbildung 11).

Abbildung 11

Dennoch behält der König in fast allen Situationen seine Krone auf dem Kopf, sogar wenn er vor dem Eichhörnchen einen Kopfstand macht, bis er dem Widerstand nicht mehr gewachsen ist. Seine Krone bleibt am Strand zurück, während er selbst barhäuptig auf den Wellen schaukelt. Die kurzen Geschichten zeigen zusammen mit Erlbruchs komischer Darstellung die verschiedenen Gemütszustände des Königs, der nicht als Märchenfigur angelegt ist. Und zum anderen wird wie in einer Fabel dokumentiert, wie Hochmut sich langsam in Weisheit und Bescheidenheit verwandelt.

Zum Schluss

Die oben genannten Beispiele des Bilderbuches als Schirmgattung verbinden das Nützliche mit dem Angenehmen und illustrieren mit diesem Adagium von Horatius, dass mit dem Bilderbuch eine solide Basis für den Erwerb von Gattungskenntnissen gelegt werden kann. Und das sowohl in literaturdidaktischer Hinsicht als auch in allgemein sprachdidaktischer Perspektive in anderen Schulfächern. Um Gattungskenntnisse zu überprüfen kann jeder Leser jedoch nicht nur im Hinblick auf schulisches, sondern auch auf lebenspraktisches Wissen befragt werden, denn es sind bekanntlich besonders die Verliebten, die wissen, welchem Tier der Frosch die Blumen schenkt: dem Schweinchen, dem Bären oder der Ente?

Abbildung 12

Literaturverzeichnis:

Primärliteratur:

Brown, Anthony (1988): *I like books*. Julia MacRae
Briggs, Raymond (1978): *The Snowman*. Hamish Hamilton
Erlbruch, Wolf (1995): *Zehn grüne Heringe*. Hansen
Janisch, Heinz / Wolf Erlbruch (2008): *Der König und das Meer*. Sanssouci
Hutchins, Pat (1971): *Rosie's Walk*. Collier Books
Hutchins, Pat (1984): *Clocks and more Clocks*. Penguin
Hutchins, Pat (1985): *Don't forget the bacon*. Penguin
Krüss, James & Rotraut Susanne Berner (2008): *Der Zauberer Korinthe*. Boje Verlag
Misschaert, Inge & Marieke Coenen (2010): *Balthazar, der einsamste Esel aller Zeiten*. Beltz & Gelberg
Schubert, Dieter und Ingrid (2010): *De Paraplu* (*Der Regenschirm*), Lemniscaat.
Tan, Shaun (2008): *Ein Neues Land*. Carlsen
Ungerer, Tomi (1963): *Crictor. Die gute Schlange*. Diogenes
Ungerer, Tomi (1970): *Zeraldas Riese*. Diogenes
Ungerer, Tomi (1974): *Allumette*. Diogenes
Velthuijs, Max (1989): *Frosch ist verliebt*. Leopold
Velthuijs, Max (1994): *'Was ist das?', fragt der Frosch*. Sauerländer
Velthuijs, Max (1993): *Frosch und der Fremde*. Lentz

Sekundärliteratur:

Abram, Ido / Mooren, Piet (1998): Erziehung nach Auschwitz ... mit und ohne Auschwitz? Eine Aufgabe für Kindergarten und Grundschule. In: Jürgen Moysisch/Matthias Heyl (Hrsg.) *Der Holocaust. Ein Thema für Kindergarten und Grundschule?* Hamburg. Krämer Verlag
Adorno, Theodor W. (1969): Erziehung nach Auschwitz. In: *Stichworte. Kritische Modelle 2*. Frankfurt am Main. Suhrkamp, S. 85-112; auch in *Opvoeding tot mondigheid*, Utrecht/Antwerpen. Spectrum
Adorno, Theodor W. (1971): Zur Bekämpfung des Antisemitismus heute. In: *Kritik. Kleine Schriften zur Gesellschaft*. Frankfurt am Main, S. 105-113
Doderer, Klaus / Helmut Müller (Hrsg.) (1975): Das Bilderbuch. Geschichte und Entwicklung des Bilderbuchs in Deutschland von den Anfängen bis zur Gegenwart. Beltz Verlag
Galda Lee / Lauren Aimonette Liang (2003): Literature as experience or looking for facts: Stance in the classrooms'. In: Reading Research Quaterly, Vol. 38. No 2, S. 268-275

Hollstein, Gudrun / Marion Sonnenmoser (2006): Werkstatt Bilderbuch. Allgemeine Grundlagen, Vorschläge und Materialien für den Unterricht in der Grundschule. Baltmannsweiler. Schneider Verlag

Kohlberg, Lawrence (1976): Moral stages and Moralisation: The Cognitive-Developmental Approach. In: Thomas Lickona (Hrsg.): Moral Development and Behaviour. Theory, Research and social Issues. Rinehart and Winston

Künnemann, Horst / Helmut Müller (1975): Bilderbuch. In: Klaus Doderer (Hrsg): Lexikon der Kinder- und Jugendliteratur. Erster Band. Weinheim. Beltz Verlag

Maier, Karl Ernst (1987): Jugendliteratur. Formen, Inhalte, pädagogische Bedeutung. Bad Heilbrunn. Julius Klinkhardt Verlag. 9. Auflage, S.41

Mooren, Piet (2000): Het prentenboek als springplank. Cultuurspreiding en leesbevordering door prentenboeken. SUN, 2000 (Das Bilderbuch als Sprungbrett. Kulturstreuung und Leseförderung durch Bilderbücher)

Mooren, Piet & Karen Ghonem-Woets (2008): Dwaallichten en enhgelbewaarders onder de paraplu van het prentenboek. Over maatschappelijke, literaire en visuele emancipatie [Irrlichter und Schutzengel unter der Bilderbuchschirm. Über gesellschaftliche, literarische und visuelle Emanzipation]. In: Helma van Lierop (Hrsg.), Jeugdliteratuur en andere media. Cultuureducatie in woord en beeld [Jugendliteratur und andere Medien. Kulturedukation in Wort und Bild]. Biblion, S. 90-109

Nikolajeva, Maria & Carole Scott (2001): How Picturebooks Work. New York/London. Garland

Wieler, Petra (i. Druck): Mehrsprachige Kinder erzählen und schreiben zu einer Bilder(buch)geschichte und deren Multimedia-Adaption als Living-Book. In: Apeltauer, Ernst/Rost-Roth, Martina (Hrsg.): Sprachförderung: Von der Vor- in die Grundschule [Arbeitstitel]. Tübingen. Staufenberg

Teil II:

Vom sprachlich-literarischen Lernen zur Leseförderung: fachdidaktische Konzepte

KATRIN DAMMANN-THEDENS/MAGDALENA MICHALAK

Bildnarrationen als Fundament zur Vermittlung von sprachlich-literarischen Kompetenzen in mehrsprachigen Klassen

Visuelle Narrationen wie Bilderbücher, Comics und Graphic Novels werden im Deutschunterricht häufig eingesetzt. Dabei konzentrieren sich die vorliegenden Konzepte auf die gängigste Sorte der Bildnarrationen, in der Bild und Text miteinander verknüpft werden. In der Regel konzentriert sich die angeleitete Erschließung hierbei auf den schriftsprachlichen Text und nutzt die Bilder unterstützend. Die Sprachstrukturen, mit denen die Leser die Bildergeschichte entfalten können, sind vorgegeben. Solche Ansätze laufen jedoch häufig Gefahr, weder der Zielgruppe noch der Bildnarration gerecht zu werden: Während die visuelle Erzählebene zum reinen Hilfsmittel gerät, wird die sprachliche Ebene zur Hürde. Im Unterschied dazu fokussiert der vorliegende Beitrag textlose Bildnarrationen als Fundament für die Vermittlung von literarischen und sprachlichen Kompetenzen in mehrsprachigen Klassen. Die Chance dieses Mediums besteht darin, dass seine narrativ und ästhetisch komplexen Strukturen ohne schriftlichen Text sprachlich differenziert entfaltet werden können. Damit wird die Basis für eine Auseinandersetzung mit bildnerisch-literarischen Kunstformen geschaffen, die mehrsprachige Lerner inhaltlich nicht unter- und sprachlich nicht überfordert.

Der Beitrag geht der Fragestellung nach, wie sich mehrsprachige Lerner mit einer komplexen Bildnarration in Bezug auf Inhalt und Darstellung angemessen auseinandersetzen und sich diesbezüglich sprachlich zunehmend adäquater äußern können. Ausgehend von unserer Definition interkulturellen Lernens wird die Bedeutung visueller Narrationen aufgrund ihres bildnerischen Zeichensystems am Beispiel von David Wiesners *Strandgut* (2007) erläutert. Anschließend werden die Inhalte des Bilderbuchs sowie die Sprach- und Handlungsmuster analysiert. Schließlich präsentieren wir Ergebnisse der ersten Untersuchungsphasen aus dem Forschungsprojekt BilDaZ[45]. Hieraus ergeben sich didaktische Konsequenzen, die an der Schnittstelle von literarischer und sprachlicher Förderung in das dreistufige didaktische Modell *Wahrnehmung-Verständnis-Verständigung* münden.

[45] BilDaZ steht für **Bil**dnarrationen als Fundament für die Vermittlung von literarischen und sprachlichen Kompetenzen im Kontext des **D**eutschen **a**ls **Z**weitsprache und verfolgt das Ziel, ein Modell interkulturellen Lernens zur Förderung von sprachlich-literarischen Kompetenzen in mehrsprachigen Klassen zu entwickeln, zu erproben und auf seine Wirksamkeit zu überprüfen. Das interdisziplinäre Forschungsprojekt von Sprach- und Literaturdidaktik wird in einer Kooperation zwischen der Universität zu Köln und der Leuphana Universität Lüneburg unter der Leitung der beiden Autorinnen durchgeführt.

1. Interkulturelles Lernen als Unterrichtsanforderung und -ziel

Interkulturelles Lernen ist eine Reaktion auf die kulturelle und soziale Differenzierung innerhalb der Gesellschaft und auf das Zusammenleben verschiedener Kulturen. Es hat den toleranten Umgang mit dem Anderssein zum Ziel und soll auf den Aufbau einer Handlungskompetenz gerichtet sein, mit der junge Menschen in der multikulturellen Welt zurechtkommen. Ihre Vermittlung bezieht sich sowohl auf ein- als auch auf mehrsprachig Aufwachsende. Im Vordergrund stehen die Entwicklung von Einsichten, Einstellungen und Verhaltensweisen sowie der Erwerb von Kenntnissen, die zur Urteilsbildung beitragen und wertorientiertes Handeln fördern (vgl. Oomen-Welke 2008: 79; Roche 2008: 233; Reviere 1998 zit. nach Dawidowski 2006: 25ff.). So gesehen umfasst das interkulturelle Lernen drei Komponenten, die aufeinander aufbauen und sich wechselseitig beeinflussen: Entwicklung von Wahrnehmung, Verständnis und Verständigung.
Auf der Stufe der Wahrnehmung werden Lerner für Fremdheit sensibilisiert:

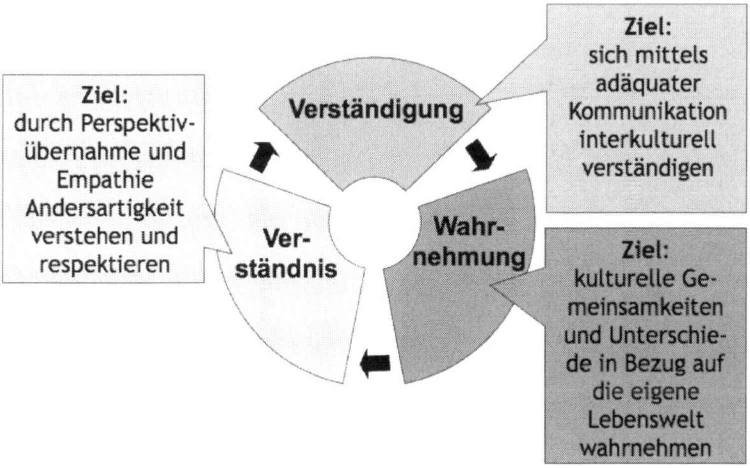

Abb. 1: Modell interkulturellen Lernens

Einerseits muss ein Bewusstsein für die eigene Sozialisation ausgebildet werden; andererseits werden Gemeinsamkeiten und Unterschiede in verschiedenen Kulturen wahrgenommen. In dieser Phase findet der erste Kontakt mit dem Anderssein statt, wobei sich der Lerner noch unreflektiert in den Denkbahnen und Verhaltensweisen der eigenen Kultur bewegt. Das geschieht auch in den Bereichen, in denen er sich mit fremdkulturellen Positionen und Problemen befasst. Das bedeutet, der Lerner nimmt vielleicht Unterschiede des Denkens und Verhaltens in verschiedenen Kulturen wahr, er bewertet sie jedoch aus Sicht seiner eigenen Kultur (vgl. Meyer 1986: 272). Erst auf dieser Basis können Verständnis und Empathie für das

Unbekannte entwickelt werden: Ausgebildet wird die Neugier für Unbekanntes, eigene Sichtweisen werden reflektiert und hinterfragt. Es wird die Bereitschaft gefördert, sich in Andere hineinzudenken. Da Kinder das eigene Handeln und das Handeln anderer im Kontext verschiedener Wertvorstellungen, Lebensbedingungen und unterschiedlicher Erfahrungen sehen, können sie sich dadurch auf Rollen- oder Perspektivenwechsel einlassen. So entwickeln sie ihr Einfühlungsvermögen und lernen, Andersartigkeit zu verstehen und zu respektieren.

Durch Wahrnehmung und Verständnis gelangen die Lerner zur Verständigung, die sich in der Handlungsfähigkeit außerhalb des eigenen Sozialumfeldes manifestiert. Gemeint ist hier die Kompetenz, die Vielfalt zu schätzen, gemeinsam Perspektiven und Aufgaben zu entwickeln und dabei die Kommunikation adäquat zu gestalten. Auf dieser Ebene können sich die Lerner mit Worten und Gesten angemessen und präzise ausdrücken, so dass sie von Anderen eindeutig verstanden werden. Gerade unter diesem Aspekt wird die Bedeutung der Sprache offensichtlich: Ohne sprachliches Handeln kann die Stufe der Verständigung nicht vollkommen erreicht werden, denn die Sprache ist das zentrale Medium des Handelns.

Daraus resultieren zwei Thesen, die den Ausgangspunkt für ein effizientes didaktisch-methodisches Vorgehen in mehrsprachigen Klassen bilden:

1. Interkulturelles Lernen in der Auseinandersetzung mit kinderliterarischen Texten kann nur dann gelingen, wenn es zugleich auch eine gezielte Sprachförderung integriert.
2. Als Fundament der Vermittlung sprachlich-literarischen Kompetenzen in diesem Sinne eignen sich rein bildnerische Narrationen.

2. Bildnarrationen im Kontext interkulturellen Lernens

Vergleicht man die Lernziele der Literaturdidaktik mit denen des interkulturellen Lernens, fallen deutliche Parallelen auf: Als zentrales Lernziel des Literaturunterrichts formuliert Spinner neben Imagination und Kreativität sowie anthropologischen Grundfragen explizit Identitätsfindung und Fremdverstehen (vgl. Spinner 2001: 168ff.). Demnach sind »kulturelle Grund- und [...] Differenzerfahrungen auf der Basis nahezu jeden literarischen Textes möglich« (vgl. Dawidowski/Wrobel 2006: 5), sodass interkulturelles Lernen als genuines Lernziel der Literaturdidaktik gelten kann. Was die Etablierung des Bilderbuches in diesem Kontext betrifft, so lehnen Bilderbuchforschung (vgl. Thiele 2003), Bildwissenschaften (vgl. Sachs-Hombach 1998) und Lesesozialisationsforschung (vgl. Wieler 1997) die o.g. Instrumentalisierung von Bildern ab. Stattdessen fordern sie eine gleichberechtigte Auseinandersetzung mit Bild und Text, die auch die spezifischen Anforderungen des Bildverstehens berücksichtigt. Dass neben Bild-Text-Büchern auch textlose Bilderbücher ihren festen Platz im

Deutschunterricht haben sollten, wird im Folgenden am Beispiel des Bilderbuchs *Strandgut* erläutert.

2.1 Zum Bilderbuch *Strandgut*

Flotsam von David Wiesner erschien 2006 in den USA und 2007 in Deutschland unter dem Titel *Strandgut*. Im Kontext des interkulturellen Lernens eignet es sich für Lerner ab ca. zehn bis zwölf Jahren, da ein umfassendes Verstehen der Geschichte für unsere Zielsetzung erforderlich ist, das von jüngeren Kindern nicht geleistet werden kann.
Erzählt wird von einem ca. zehnjährigen Jungen, der mit seinen Eltern einen Tag am Strand verbringt. Als eine Welle eine Unterwasserkamera an Land spült, beginnt eine phantastische Geschichte: Der Film dieser Kamera enthält verschiedene Fotos, auf denen phantastische Unterwasserwelten mit anthropomorphisierten Tieren und phantastischen Figuren zu sehen sind. Das letzte Foto birgt eine weitere Überraschung: Hierauf ist ein asiatisches Mädchen an einem Strand abgebildet, das ein Foto von einem weiteren Kind darauf in seiner Hand hält und auch dieses Kind hält wiederum ein Foto in der Hand (vgl. Abb. 2).
Die Erforschung des Fotos mit Lupe und Mikroskop verdeutlicht, dass die Reihe der abgebildeten Kinder weit in die Vergangenheit reicht und zudem Kinder verschiedener Kulturen vereint.
Schließlich fotografiert sich der Junge mit dem untersuchten Foto, bevor

Abb. 2 Wiesner (2007): S. 20 (Die Nummerierung der Bilderbuchseiten erfolgt nach Einzelseiten, beginnend mit dem ersten Bild nach dem Innentitel).

eine weitere Welle den Strand überspült und alle Fotos zurück ins Meer reißt. Der Junge ermöglicht die Fortsetzung der Kamerareise, indem er die Kamera ins Meer zurückwirft, sodass diese erneut ein Kind an einem fernen Strand erreicht.
Inwiefern eignet sich nun die Kunstform der textlosen Bildnarration zur Entwicklung interkultureller Kompetenz? Im Folgenden wird *Strandgut* aus dieser Perspektive analysiert.

2.2 Bilderbuch als Kunstform

Bildnarrationen, die ohne Text eine Geschichte erzählen, verzichten auf das Zusammenspiel von Bild und Text. Stattdessen verlangen sie vom Rezipienten die ›Übersetzung‹ der rein visuell-räumlichen Darstellung der Bilder in einen kausalen Handlungszusammenhang. Dabei leistet der Rezipient weit mehr als eine simple Wiedergabe der Bilder in Sprache: Er muss die bildnerischen Zeichen und ihre Zusammenhänge wahrnehmen und verstehen und bei jedem weiteren Bild berücksichtigen (vgl. Krafft 1978: 15ff.). Er füllt Leerstellen in und zwischen den Bildern, um aus den ›Momentaufnahmen‹ eine Handlungsabfolge zu lesen (vgl. McCloud 2001: 68ff.). Schließlich nimmt die jeweilige Bildästhetik einen erheblichen Einfluss auf die Bewertung der Bilder: Das Zusammenspiel aus Farbe, Form und Komposition, das der Bildkünstler geschaffen hat, lenkt Wahrnehmung und Bewertung des Rezipienten ebenso wie dessen eigene Präferenzen und Kenntnisse (vgl. Blei 1997: 177ff.). So leistet der Rezipient beim ›Lesen‹ einer Bildnarration – wie bei jedem schriftsprachlichen Text – einen hohen Anteil an individuellen Interpretationsleistungen. Diese Rezeptionsanforderungen bieten für das interkulturelle Lernen besondere Lernchancen, vor allem dann, wenn bildnerischer Kode, Bildaufbau sowie Bildübergänge bestimmte Voraussetzungen erfüllen.

2.2.1 Bildnerischer Kode

Da sich narrative Bilderbücher in der Regel an kindliche Adressaten richten, sind viele der genutzten Bildzeichen durch ein Abbildverhältnis zum Bezeichneten geprägt. Häufig werden Zeichen genutzt, die kulturübergreifend konventionalisiert sind. Das Zeichensystem eines Bilderbuchs kann so ein weitgehend interkulturell verständliches Vokabular anbieten. *Strandgut* ist ein gutes Beispiel dafür, denn die Bilder sind abbildgetreu gestaltet und viele Bildzeichen, wie bspw. das Meer und seine tierischen Bewohner, können kultur- und sprachübergreifend dekodiert werden. Ohne dass mehrsprachige Lerner ständig auf das Wörterbuch zurückgreifen müssen, erlauben die Bilder selbst die Geschichte zu verstehen und zu versprachlichen. Deshalb können sich individuelle Assoziationen einstellen, die schnell die Empfindungs- und Gefühlswelt des

Betrachters aktivieren und damit spontanes Reagieren unterstützen. Hierdurch wird ein kultur- und sprachübergreifender Zugang zu anspruchsvollen Narrationen ermöglicht.

2.2.2 Bildaufbau

Das Verstehen der einzelnen Bilder kann individueller entwickelt werden, als es die linear strukturierte Erschließung eines schriftsprachlichen Textes gestattet: Der erste Überblick bezüglich des Bildinhalts erfolgt aufgrund der simultanen Darstellung wesentlich schneller und liefert wichtige Informationen für die weitere Auseinandersetzung mit dem Bild (vgl. Weidenmann 1988: 76ff.). Dieser schnelle Bildzugang kann durch bestimmte Darstellungskonventionen wie bspw. eindeutige Bildperspektiven (z.B. Normalsicht) unterstützt werden. Das genauere Verstehen erfolgt dann ausgehend von individuell gewählten Bildzeichen und bietet dementsprechend bei Verstehensschwierigkeiten verschiedene Lösungsmöglichkeiten, die eine kultur- und sprachübergreifende Auseinandersetzung mit diesem Medium begünstigen.
Dadurch wird gerade den Zweitsprachenlernern eine wichtige Freiheit gegeben: Sie können sich zuerst nur zu einem beliebigen Teil eines Einzelbildes äußern, je nachdem, über welche sprachlichen Mittel sie verfügen. Anschließend bietet der kommunikative Austausch mehrerer Rezipienten untereinander die Möglichkeit, die versprachlichten Rezeptionsleistungen bezüglich eines Bildes und schließlich der Bildreihe zusammenzufügen und so zunehmend mehr Bestandteile der Bilderbuchgeschichte gemeinsam zu erschließen (vgl. Eichheim 1991: 29).
Zentrale kulturspezifische Darstellungsaspekte einer Bilderzählung sollten allerdings genauer betrachtet werden. In *Strandgut* ist es bspw. die zeigende Geste der Mutter als Symbol verschiedener Erziehungsstile (26)[46], die die kindlichen Rezipienten in der Erstrezeption[47] sehr unterschiedlich kommentieren:
Schüler 1: »Da kommt die Mutter und schreit ihn an.«
Schüler 2: »Seine Eltern sagen zu ihm, dass er mitkommen soll.«
Damit wird ein Sprechanlass angeboten, der gerade in multikulturellen Gruppen sinnvoll eingesetzt werden kann: Im Laufe des Entschlüsselungsprozesses bringen sich die Kinder immer wieder als Personen mit ihren Erfahrungen und Einstellungen ein und lernen, sich in der Zielsprache individuell auszudrücken. Außerdem ist das buchspezifische Bildvokabular zu bestimmen, das von den Rezipienten nicht immer identifiziert wird. In Gesprächen über *Strandgut* wird bspw. das Mikroskop

---

[46] Alle nachfolgenden Zitate, die sich auf die Angabe von Seitenzahlen beschränken, beziehen sich auf Wiesner (2007).
[47] Der Kontext, in dem diese Erstrezeptionen aufgenommen wurden, wird in Kap. 3 genauer erläutert.

mehrfach als Horoskop benannt.
Des Weiteren sind charakteristische, kulturunabhängig hohe Anforderungen der Darstellung zu thematisieren. In Wiesners Buch ist besonders schwer zu erkennen, dass alle Kinder auf einem einzigen Foto abgebildet sind. Diese Verstehensleistung wurde in den aufgenommenen Erstrezeptionen nicht ein einziges Mal geleistet, sodass die Verknüpfung der hierfür erforderlichen Informationen im Unterricht besonders sorgfältig angeleitet werden sollte, damit z.B. die mikroskopischen Vergrößerungen des Fotos dekodiert werden können.
Die Darstellungsverfahren, die Wiesner wählt, schaffen zwar eine angemessene Rezeptionsgrundlage für das interkulturelle Lernen im oben erläuterten Sinn. Bildzeichen werden aber nicht unbedingt in jeder Kultur auf die gleiche Weise verstanden; vielmehr können die Zeichenrezeptionen in Abhängigkeit von den jeweiligen gesellschaftlichen Konventionen divergieren: Dies gilt beispielsweise für die Dekodierung der Mimik, Gestik und Körpersprache, die in nonverbal erzählenden Bildern insbesondere für die Darstellung der inneren Figurenmerkmale unerlässlich sind. In *Strandgut* werden die Anforderungen der kulturspezifischen Dekodierung dadurch entlastet, dass wichtige Informationen durch verschiedene Zeichen konkretisiert werden, um zentrale Aspekte des Verstehens sicherzustellen: So wird die nachdenkliche Betrachtung eines Fotos dadurch verdeutlicht, dass

Abb. 3 Wiesner (2007): S. 21

der Protagonist sich zunächst am Kopf kratzt, die Stirn in Falten legt und sich schließlich das Foto dicht vor die Augen hält (vgl. Abb. 3).

2.2.3 Bildübergänge

Um zu einer kohärenten Version der Bildnarration zu gelangen, muss ein Rezipient die einzelnen Bilder durch schlüssige Inferenzbildungen miteinander verknüpfen. Diese anspruchsvolle Aufgabe kann durch Bildübergänge erleichtert werden, die zentrale Aspekte der Handlung eindeutig verbinden. Damit sind die Leerstellen zwischen den Bildern leicht zu erschließen. Der Bildübergang, der diese Voraussetzungen erfüllt und kulturübergreifend am häufigsten in Bildnarrationen verwendet wird, markiert jeweils Wechsel zwischen verschiedenen Handlungen einer Figur (vgl. McCloud 2001: 83ff.).

Wiesner orientiert sich vor allem an filmischen Darstellungskonventionen (vgl. Leubner/Saupe 2006: 204-206): Die Bildeinstellungen gehen häufig von einer Totalen aus, um dann in Nah- oder Detailaufnahmen auf zentrale Handlungen einzugehen. In dieser Weise werden der Gang des Jungen zum Wasser und die anschließende Betrachtung des Krebses dargestellt sowie zusätzlich durch verschieden große Bildrahmen betont (4). Ähnlich wie Mimik und Gestik der Figuren werden unerwartete Bildübergänge besonders sorgfältig vorbereitet. Die Betrachtung der Unterwasserfotos wird z.B. durch verschiedene Elemente gesichert: Die Fotos erhalten eine eigene Rahmung, die sie von den restlichen Bildern der Geschichte abgrenzt. Nach der Darstellung des ersten Fotos blickt der Betrachter dem Protagonisten über die Schulter und sieht in seiner Hand das von ihm betrachtete Foto (vgl. Abb. 4).

Abb. 4: Wiesner (2007): S. 14

Der Einsatz der benannten Struktur-merkmale hat allerdings keineswegs automatisch zur Folge, dass die Bildinhalte besonders leicht zu verstehen sind. Insbesondere das hier gewählte Bilderbuch kennzeichnet eine interkulturell verständ-liche Darstellung, die eine komplexe Geschichte erzählt. Doch die hohen kognitiven Verstehens-leistungen, die den ›Lesern‹ abverlangt werden, setzen eben gerade – das ist das Besondere – keine schriftsprachliche Kompetenz voraus, sondern eine interkulturelle Bildkompetenz.

2.2.4 Interaktion von Sprache und Bild

Im Bilderbuch gestalten oft zwei verschiedene Künstler Text und Bild und erzeugen so eine Synthese zweier Aussageebenen (vgl. Thiele 2003: 73ff.). Übertragen auf Bildnarrationen, die ohne Text erzählen, ist der jeweilige Illustrator - in *Strandgut* demnach Wiesner - der Bild-Künstler. Tauschen sich mehrere Rezipienten über eine textlose Bildergeschichte aus, so ist

hierfür die Versprachlichung derselben erforderlich. In diesem Sinne übernehmen die Schüler die Rolle von Text-Autoren, die die Bilder des Künstlers mündlich und/oder schriftlich versprachlichen. Somit werden sowohl die Bilder als auch die Sprache in den von den Rezipienten geschaffenen Geschichten erzählerisch funktional angewendet (vgl. Grünewald 1991). Die Bilder erwecken Vorstellungen, die keine sprachlich ausformulierten Gedankenbahnen vorgeben und bieten dem Schüler die Freiheit, selbst Sprache zu finden. Diese Ausformulierung fungiert dabei keineswegs als reine Sprachübung, sondern ist für die Erschließung der Bildnarration unabdingbar: Die Bilder selbst verlangen nach einem sprachlichen Ausdruck (vgl. Baum 2010: 206). Die Leerstellen, die innerhalb und zwischen den Einzelbildern bestehen und von jedem Rezipienten individuell zu ergänzen sind, werden oft überhaupt erst im kommunikativen Austausch realisiert. Nur so können auf literaturdidaktischer Ebene Mehrdeutigkeiten einer Bildnarration angemessen thematisiert werden. Für das Bild gelten die Maßstäbe der Grafik und Malerei; für das Wort die Maßstäbe der Literatur und Linguistik. Auf Bilder in Bildnarrationen beziehen sich aber beide Maßstäbe, weil sie eine Geschichte linear aufbauen. Diese besondere Verknüpfung von Bild und Wort birgt zentrale Chancen für die sprachlich-literarische Förderung mehrsprachiger Schüler. Allerdings wurden diese bisher in der muttersprachlichen Didaktik der Sekundarstufen wenig berücksichtigt, weil Bildern und Bildergeschichten noch allzu oft der Ruf des leicht verständlichen Mediums anhaftet.
Demgegenüber verdeutlicht das Forschungsprojekt BilDaZ, dass gerade komplexe Bildnarrationen ohne Text für den Unterricht in mehrsprachigen Klassen besonders gut geeignet und fest in den Deutschunterricht zu integrieren sind.

3. Projekt BilDaZ – methodisches Vorgehen

Das BilDaZ-Projekt umfasst fünf Phasen: Um die Zielgruppe, d.h. mehrsprachige Real- und Hauptschüler angemessen erreichen zu können, wurden ihre sprachlich-literarischen Lernschwierigkeiten in der diagnostischen Phase (1) bestimmt. Dies erfolgte einerseits anhand des aktuellen Forschungsstandes. Andererseits wurden nicht teilnehmende Beobachtungen von mehrsprachigen Kinderpaaren (11- und 12-jährige Haupt- und Realschüler im DaZ-Förderunterricht) bei der ungesteuerten Erstrezeption des Bilderbuches aufgenommen. Die Transkripte wurden nach Kriterien des o.g. Drei-Phasen-Modells analysiert; die sprachlichen Kompetenzen der Lerner wurden mit einem C-Test erhoben (vgl. Baur/Spättmann 2009). Daraus resultiert die Entscheidung, in Übereinstimmung mit den Ergebnissen der Lese- und Mediensozialisationsforschung (vgl. Hurrelmann 2002: 278ff.;

Charlton/Sutter 2007: 32ff.) und der Erzählforschung (vgl. Wieler 2010: 287ff.) den kommunikativen Austausch über das Bilderbuch in Partner- und Gruppenarbeit als Basis der interkulturellen Auseinandersetzung zu wählen. Die Auswertung der Schülergespräche bestätigt zudem die Dringlichkeit einer gezielten sprachlich-literarischen Förderung im Bereich der mündlichen Kommunikation. Des Weiteren ermöglichen die Äußerungen der Kinder eine für die Zielgruppe angemessene Verknüpfung unseres theoretischen Ansatzes mit dem kindlichen Verstehen der Bildnarration.
In der aktuellen Untersuchungsphase, der Konzeptionsphase (2), wurde das Modell interkulturellen Lernens, das der Studie zugrunde liegt, bereits entwickelt (vgl. Kap. 1). Basierend auf diesem Modell und den Erkenntnissen der diagnostischen Phase wird derzeit die Unterrichtsintervention erarbeitet.
Pilotphase (3) und Überarbeitung (4): Vor und nach der Intervention werden die sprachlich-literarischen Kompetenzen der DaZ-Lerner getestet. Zur Bestimmung der narrativen Kompetenzen wird das Geschichtenschema von Boueke et al. 1995 genutzt (vgl. Wolf/Boueke/Schülein 2007: 161ff.). Die Testung der sprachlichen Kompetenzen erfolgt durch einen C-Test. Anhand der Ergebnisse wird die Unterrichtsintervention überarbeitet.
In der fünften Phase erfolgt die Durchführung der zentralen Untersuchung, indem die erarbeitete Unterrichtsintervention in sechs Klassen durchgeführt wird, während zeitgleich in sechs Kontrollklassen konventioneller Deutschunterricht stattfindet. Gerahmt wird diese Intervention von drei sprachlich-narrativen Testungen der beteiligten Schüler: Ein Prätest wird vor Beginn der Intervention in allen Klassen durchgeführt, ein Posttest direkt nach Abschluss der Intervention und, um langfristige Effekte erfassen zu können, ein Follow-up-Test, der drei Monate nach Abschluss der Intervention stattfindet.
Die wesentliche Frage der aktuellen Untersuchungsphase ist, inwiefern die Auseinandersetzung mit Bildnarrationen am Beispiel von *Strandgut* zur Entwicklung der interkulturellen Kompetenz – und damit zugleich zur sprachlichen und literarischen Kompetenz – in den drei Schritten *Wahrnehmung – Verständnis – Verständigung* beitragen kann. Von Interesse ist darüber hinaus, welche Lernarrangements sich für die sprachlich-literarische Förderung in mehrsprachigen Klassen besonders gut eignen. Um diese Frage beantworten zu können, wurde einerseits eine fachwissenschaftliche Analyse des Bilderbuches erarbeitet, die sich auf die oben genannten drei Schritte interkulturellen Lernens bezieht. Zugleich wurden die dialogischen Erstrezeptionen der DaZ-Schüler ausgewertet in Bezug auf die Frage, welche Ebenen der interkulturellen Erschließung ungesteuert erreicht werden und wo die geplante Unterrichtsintervention ansetzen muss.

4. Analyse des Bilderbuches aus der Perspektive interkulturellen Lernens

4.1 Wahrnehmung

Schüler 3: »Und dann hat er da noch 'n Foto, da waren Tintenfische drauf in der Stube. Die haben Fernsehen geguckt.«
Die Äußerung des Kindes zur Bilderbuchseite 15 legt eine autobiografische Interpretation nahe, die den tatsächlichen Bildinhalt zunächst überlagert: Tatsächlich lesen die Tintenfische ein Buch. Diese Äußerung verdeutlicht, dass sich das Erkennen kulturübergreifender Gemeinsamkeiten und Unterschiede als Ausgangspunkt für die interkulturelle Erziehung gut eignet, weil die Bezugnahme zur eigenen Lebenswelt grundlegend ist. Dass die hier wahrgenommene Parallele zum eigenen Leben im Bilderbuch gar nicht vorliegt, begründet zugleich, dass das Erkennen von kulturübergreifenden Differenzen und Gemeinsamkeiten gezielt zu thematisieren ist.[48]
In diesem Sinne stellt das Bilderbuch zwei übergeordnete Kulturräume dar, die durch Unterschiede und Gemeinsamkeiten gekennzeichnet sind. Eingeführt wird in eine realistisch anmutende Welt: In einem Küstenort verbringen ein Junge und seine Eltern einen Tag am Strand. Im Unterschied zu dieser realistischen ›Überwasserwelt‹ führen die Fotos als Dokumente der Kamerarreise den Rezipienten in eine phantastische Welt unter Wasser ein, durch die er später in direkter Mitsicht die Kamera zum nächsten Kind begleitet (30-36). Diese ›Unterwasserwelt‹ wird von anthropomorphisierten Tieren und phantastischen Figuren bewohnt. Die Wahl eines phantastischen Kulturraums ist im Kontext interkulturellen Lernens besonders sinnvoll, weil Rezipienten mit unterschiedlichen kulturellen Hintergründen ihre eigenen Lebenswelten mit der Unterwasserwelt vergleichen können. Das trifft umso mehr zu, da sich auch diese Welt aus verschiedenen Kulturen zusammensetzt, bspw. die Schneckenhausstadt (17) und der Lebensraum der Meerjungfrauen und -männer (32f.).
Die kulturelle Opposition der beiden Welten wird immer wieder dadurch relativiert, dass im Sinne eines transkulturellen Konzepts bei allen überraschenden Aspekten der Unterwasserwelt stets das Verbindende, Gemeinsame der Kulturen betont wird (vgl. Kiel 1996: 3f.): Auch hier hat die Technisierung Einzug gehalten, wie ein mechanischer Fisch verdeutlicht (12f.), arbeiten die Tintenfische im familiären Wohnzimmer am positiven Leseklima (15) und auch die Bewohner der Unterwasserwelt scheinen die Überwindung ihrer eigenen körperlichen Fähigkeiten durch Ballonfahrten anzustreben (16). Dementsprechend formulierten Kinder bei der Erstrezeption häufig, dass »die [Bewohner der Unterwasserwelt] richtiges

[48] Diese und alle nachfolgenden didaktisch-methodischen Anregungen zur Arbeit mit dem Bilderbuch *Strandgut* werden in einer Tabelle im Kap. 5 zusammengefasst.

Leben wie die Menschen haben« (Schüler 4).
Diese Parallelen von Unterwasser- und Menschenwelt sind zum Teil der westlichen Kultur zuzuordnen und sollten in der Auseinandersetzung mit den kulturellen Unterschieden und Gemeinsamkeiten, die das Buch enthält, dementsprechend thematisiert werden. So würde sich bspw. in einer afghanischen Familie das Zusammensitzen auf dem Fußboden und nicht auf Sofas abspielen.
Den Teilkulturen der Unterwasserwelt werden in der Überwasserwelt ebenfalls unterschiedliche Kulturen gegenübergestellt, die sich durch die Herkunft der Kinder aus Asien, Afrika, Europa, Australien und Amerika sowie durch die landschaftlichen Hintergründe auf dem Foto andeuten. Damit bleibt es den Rezipienten überlassen, welche Kulturen sie mit den Andeutungen assoziieren.

4.2 Verständnis

Schülerin 5: »Und dann ist da ein Krakenbild, das irritiert ihn [...] und er fragt sich, wie kann das sein?«
Diese Äußerung zeigt, dass die Rezipientin sich explizit in die Hauptfigur hineindenkt. Dabei kann die Perspektive der Hauptfigur gut dadurch übernommen werden, dass der Rezipient den größten Teil der Geschichte aus deren Sicht sieht. Zudem führen die Bildeinstellungen immer wieder dicht an Mimik und Gestik des Jungen heran und unterstützen den empathischen Zugang zu der Figur. So geschieht es auch im o.g. Fall, in dem die Rezipientin die überraschte Mimik des Jungen beim ersten Foto wieder aufgreift, indem sie das zweite Foto erläutert (14f.).
Zwar wählt Wiesner für seine Geschichte als Hauptfigur den Jungen, dessen Kamerafund der Rezipient erlebt. Zugleich wird verdeutlicht, dass es sich lediglich um eine Sequenz handelt, die stellvertretend für einen stetig fortlaufenden Zyklus dieses Sequenzmusters steht. So kann theoretisch jeder Rezipient an dem Kamerageheimnis partizipieren und imaginieren, was er mit diesem Kamerafund anfangen und welche Fotoinhalte er erwarten würde.
Zentral für das Nachvollziehen der Geschichte ist die Frage, warum der Junge die Kamera wieder zurück ins Meer wirft. Das Verstehen dieser Handlung kann in der didaktischen Umsetzung mittels Aufgabenstellungen zur Übernahme der Perspektive des Protagonisten und der Kamera vertieft werden, indem z.B. zentrale Passagen szenisch interpretiert werden. Gerade diesbezügliche Überlegungen leiten zum Aspekt der interkulturellen Verständigung über, die sich in der Bilderbuchgeschichte durch die Weitergabe der Kamera manifestiert.

4.3 Verständigung

4.3.1 Verständigung als Thema des Bilderbuchs

Schüler 6: »Er schmeißt die Kamera wieder ins Wasser rein, wo sie hingehört. [...] Und dann fängt alles wieder von vorne an.«
Haben die Rezipienten diesen Aspekt verstanden, kann das Thema der interkulturellen Verständigung im Bilderbuch sowie die zentrale Bedeutung der Kamera thematisiert werden. Die Kamera fungiert als Bindeglied zwischen den verschiedenen Kulturen und wird zum Träger eines Geheimnisses. Das Wissen um die Existenz der phantastischen Unterwasserwelt eint die Kinder, unabhängig davon, aus welchem Kulturkreis sie stammen. Die aufgenommenen Unterwasserbilder transportieren die Erkenntnis, dass die bisherigen Informationen über die Meereswelt keineswegs als vollständig und abgeschlossen gelten können. Vielmehr ist der Erwerb von Wissen über andere Kulturen grundsätzlich als prozesshaft zu begreifen und setzt die basale Bereitschaft voraus, sich offen für Neues der Umwelt zuzuwenden.
Diese kulturelle Offenheit kennzeichnet in Wiesners Geschichte nur die kindliche, aktiv-forschende Auseinandersetzung mit der Welt. Verstärkt wird die Verständigung unter den Kindern der verschiedenen Kulturen zusätzlich dadurch, dass keines die Kamera für sich behält, sondern alle diese bereitwillig weitergeben. Die Kamera wird dadurch zum interkulturellen Medium und Symbol, das zwischen den Kindern und Kulturen eine Botschaft transportiert: Das Wissen über die Welt, in der wir gemeinsam leben, kann niemals vollständig sein und die einzig angemessene Umgangsform mit Neuem und Fremdem kann nur in einer interkulturell fundierten Offenheit bestehen.
Auf der Ebene der Verständigung widmet sich die didaktische Umsetzung der Erschließung der kausalen Beziehungen sowie der symbolischen Deutung der magischen Kamera. Um den verschiedenen ›Lesarten‹ der Rezipienten gerecht zu werden, sollte diese Erarbeitung im kommunikativen Austausch – entweder im Dialog oder im Klassenverband – erfolgen. Dafür böte sich das literarische Gespräch an (vgl. Härle 2004).

4.3.2 Verständigung in Begleit- und Anschlusskommunikation

Gerade durch die Offenheit werden die Bilder nicht zum Sprechanlass reduziert, sondern sie laden zur Handlung ein. Die Bilder sind übertragbar auf eigene Kulturen und sprachliche Handlungen, bspw. durch Weiterführung der Geschichte, und lassen sich hervorragend durch eigene Erfahrungen, z.B. in Bezug auf eigene Fotogeschichten oder Strandfunde, ergänzen. Sie evozieren Kommunikation und ermöglichen Reichtum und Vielfalt der sprachlichen Mittel, die man anwenden kann. In diesem Sinne ist es erforderlich, den Schülern Aufgaben anzubieten, die den kommunikativen Austausch anregen. Hierfür eignet sich besonders Partnerarbeit: In einer Lerngruppe erschließen die Schüler gemeinsam die Bildnarration. Während sie sich über die Einsichten verständigen, können sie sich gegenseitig unterstützen:

Schüler 7: »Und der hat ein Fernglas, äh nein, das hier [zeigt auf die Lupe], wie heißt das?«

Schüler 8: »Eine Lupe.«

Schüler 7: »Ja, eine Lupe.«

Dieses Vorgehen ist besonders bei Zweitsprachenlernern empfehlenswert, die dadurch ihr eigenes sprachliches Potenzial entdecken und gleichzeitig den Wortschatz ausbauen. Die Schüler können zuerst die ihnen zur Verfügung stehenden sprachlichen Mittel einsetzen und durch den Austausch mit den anderen Betrachtern wie bei einem Puzzle etappenweise zusammenhängende Felder und Tiefenschichten zusammenfügen: Aus einer Bildszene entstehen Bausteine, die dann zu einem linearen Text, einer Situationsbeschreibung, einem Dialog und einer Geschichte zusammengesetzt werden und so die Erschließung der komplexen Bildergeschichte *Strandgut* immer weiter vertiefen. Der Weg vom Bild zum Text erlaubt somit verschiedene Differenzierungen, u.a. im Umfang, in der Textdichte, Textsorte sowie beim sprachlichen Niveau und ist auch immer wieder an das Bild zurück zu binden.

Die dargestellte Stufung des interkulturellen Lernens beinhaltet keine strikte Trennung der drei Aspekte; vielmehr greifen diese stark in den rezeptionsbegleitenden und an die Rezeption anschließenden Kommunikationsprozessen (vgl. Charlton/Sutter 2007: 32ff.) ineinander. Als besonders günstig erweist sich eine Verknüpfung der Wahrnehmung und des Verständnisses, weil die Schüler Ansätze dieser beiden Stufen bereits in ihren ungesteuerten Rezeptionen nutzen. Angefangen mit der Benennung von Bilddetails und Fragen zu den Bildern in der Wahrnehmungsphase, durch Bildbeschreibung und -gegenüberstellung auf der Verständnisstufe gelangen die Betrachter zur Verständigung, indem sie durch Sprache ihre Meinungen austauschen. Durch die schrittweise Interpretation erarbeiten sie progressiv einerseits das Verstehen der Bildergeschichte, andererseits die Lexik. »Aktive Rezeption, Mit- und Weiterdenken, Phantasie sind gefordert und werden gefördert« (Grünewald 1991: 107). Es entstehen ein lebendiges Interesse an Zusatzinformationen, an sprachlichen Mitteln und ein Erwartungshorizont für die Lektüre.

5. Lernarrangements für die Förderung literarischer und sprachlicher Kompetenzen in mehrsprachigen Klassen

Bildnarrationen sind Erzählungen, die »nur noch« in Worte gefasst werden müssen (Ott 2000: 21). Durch die Bildervorgaben wirken Bildnarrationen sprachlich komplexitätsreduzierend und inhaltssteuernd. Andererseits lassen sie genügend Freiräume für kreative Sprachhandlung offen. Auf Bilder können alle Schüler – sowohl in der Erst- als auch in der Zweitsprache – reagieren, denn es gibt keine sprachlichen Verständnisbarrieren. Damit bieten Bilder den Betrachtern viele Bezugspunkte und Möglichkeiten für individuelles Sprechen: Die Rezipienten können ihre Assoziationen auf eigene Erfahrungen beziehen, sich entsprechend ihrem sprachlichen Niveau äußern und sukzessive die Bildnarration erschließen. So setzt die Betrachtung der textlosen Bilderbücher am aktuellen individuellen Sprachvermögen der einzelnen Schüler an und ermöglicht ihnen, anfangs ihre aktuellen Sprachressourcen zu benutzen. Vor allem in den Phasen der Wahrnehmung und des Verständnisses werden die Schüler zur Erschließung der Bildergeschichte über die ihnen geläufige Sprachvariante schrittweise geführt, d.h. in der Alltagssprache, medial und konzeptionell mündlich (vgl. Cummins 1984; Koch/Österreicher 1985). Weniger kompetente Lerner können vor einem vorzeitigen Scheitern bewahrt werden, da sie durch die Bilderfolge »wie an einem Gelände« geleitet werden (Ott 2000: 21). Im Verlauf des Spracherwerbsprozesses wird die Sprache vollständiger und komplexer eingesetzt. Auf der letzten Stufe des interkulturellen Lernens erfolgt eine Konzentration auf neue sprachliche Mittel, bis sich die Schüler angemessen über ihre Ansichten und ›Lesarten‹ der Geschichte verständigen können und somit basierend auf den alltäglichen Sprachkenntnissen ihre akademischen Sprachkompetenzen, konzeptionelle Schriftlichkeit entwickeln werden (vgl. ebd.). Gerade dieser Schritt erfolgt meistens nicht selbständig und ungesteuert, sondern muss angeleitet werden.

Wahrnehmungsebene	
Lernziel: Wahrnehmungsfähigkeit intensivieren	
Prinzip: Vom Wort zum Satz und zu kurzen Texten; von der Beschreibung der Bildräume zum Vergleich verschiedener kultureller Räume.	
Methoden	
Sprachliche Erarbeitung	**Literarische Erarbeitung**
• Zusammenstellung des Wortschatzes, Assoziagramme, Suche nach Synonymen und Antonymen • Bewusstmachung der Textsorte • Bildbeschreibung	• Beschreibung von Einzelbild und Bildsequenz • Beschreibung der Kinderfotos in Bezug auf deren Lebensräume, Einordnung auf Weltkarte • Bildräume vergleichen: Unter- und Überwasserwelten, Vergleich dieser mit eigener Kultur
Verständnisebene	
Lernziel: Gedanken und Gefühle einzelner Figuren nachvollziehen	
Prinzip: Vom Satz zur Geschichte; von der Handlungsbeschreibung zur Erschließung von Handlungsintentionen und –reaktionen	
Methoden	
Sprachliche Erarbeitung	**Literarische Erarbeitung**
• Wortschatzvorbereitung – Kohäsionsmittel zur Verfügung stellen (zeitliche, räumliche und kausale Zusammenhänge) • Analyse narrativer Texte • Sprachstrukturen für Emotions- und Gedankendarstellungen, z.B. innere Monologe	• Einzelbilder ordnen und Handlungs-zusammenhänge begründen • Gesichtsausdrücke einer Figur in einer Bildsequenz ergänzen und erklären • Fortsetzung der Geschichte • aus Perspektive einer Figur, die die Kamera findet, verfassen, bspw. als inneren Monolog
Verständigungsebene	
Lernziel: Eine Erzählaufgabe zum Bilderbuch gemeinsam lösen	
Prinzip: Von der intuitiven Äußerung zum reflektierten adressaten- und sachorientierten Sprachgebrauch	
Methoden	
Sprachliche Erarbeitung:	**Literarische Erarbeitung:**
• Wortschatzarbeit – Anwendung verschiedener Sachregister, Scaffolding • Geschichte verschiedenen Zuhörern erzählen • Wörterbucharbeit – Unterschiede zwischen konzeptioneller Mündlichkeit und Schriftlichkeit ausarbeiten (z.B. danach – nachdem – nach + Dativ)	• Herstellung verschiedener medialer Umsetzungen zu *Strandgut*, ggf. unter veränderter Perspektive: Text zum Bilderbuch, Hörbuch, mündliche Erzählung, literarisches Gespräch • Fortsetzung *Strandgut*, bspw. Hörbuch • Herstellung eigener Bilderbücher mit Text

Abb. 5: Lernarrangements auf den einzelnen Ebenen des Modells für interkulturelles Lernen

6. Fazit

Literatur bietet grundsätzlich die Möglichkeit, sich mit anderen, vom eigenen Leben abweichenden Erfahrungen auseinander zu setzen, vorübergehend andere Perspektiven einzunehmen und zu erproben (vgl. Leubner/Saupe 2006: 12). Im Sinne interkulturellen Lernens soll Kinderliteratur u.E. Wahrnehmung und Verständnis interkultureller Aspekte sowie eine angemessene interkulturelle Verständigung fördern. Diese Ziele sind in sprachlich heterogenen Klassen nicht allein durch die inhaltliche Auseinandersetzung mit kinderliterarischen Werken zu erreichen. Vielmehr ist hierfür ein angemessenes Rezeptionsangebot erforderlich, dessen Darstellung interkulturell und sprachübergreifend zu erschließen und zu erläutern ist. Bildnarrationen, die unsere Kriterien *Wahrnehmung – Verständnis – Verständigung* erfüllen, können durch die enge Verzahnung von literarischen Lerninhalten und sprachlicher Förderung einen wichtigen Beitrag zu einer nachhaltigen interkulturellen Erziehung leisten.

Literaturverzeichnis:

Primärliteratur:

Wiesner, David (2007): Strandgut. Hamburg.

Sekundärliteratur:

Baum, Michael (2010): Bild-Text-Didaktik und -Ästhetik: Lesen und Verstehen piktorialer Texte. In: Frederking, Volker/ Huneke, Hans-Werner/ Krommer, Axel/ Meier, Christel: Taschenbuch des Deutschunterrichtes. Bd 2, Literatur- und Mediendidaktik. Baltmannsweiler, S. 200-218.

Baur, Ruprecht/ Spättmann, Melanie (2009): Der C-Test als Instrument der Sprachdidagnose und Sprachförderung. In: Lengyel, Drorit/ Roth, Hans-Joachim/ Döll, Marion: Von der Sprachdiagnose zur Sprachförderung. Münster, S. 115-128.

Blei, Claudia (1997): Zur sprach- und bildästhetischen Darstellung des Eigenen und des Fremden im deutschsprachigen Bilderbuch. Ein Exkurs. In: Siehst du das? Die Wahrnehmung von Bildern in Kinderbüchern – Visual Literacy. Kolloquium vom 26. bis 28. September 1996. Hg. vom Schweizerischen Jugendbuch – Institut. Zürich, S. 169-185.

Charlton, Michael/ Sutter, Tilmann (2007): Lese-Kommunikation. Mediensozialisation in Gesprächen über mehrdeutige Texte. Bielefeld.

Cummins, James (1984): Zweisprachigkeit und Schulerfolg. In: Die Deutsche Schule 3, S. 187-198.

Dawidowski, Christian (2006): Theoretische Entwürfe zur Interkulturellen Literaturdidaktik. Zur Verbindung pädagogischer und deutschdidaktischer Interkulturalitätskonzepte. In: Dawidowski, Christian/ Wrobel, Dieter: Interkultureller Literaturunterricht. Konzepte – Modelle – Perspektiven. Baltmannsweiler, S. 18-36.

Dawidowski, Christian/ Wrobel, Dieter (2006): Einführung: Interkulturalität im Literaturunterricht. In: Dies.: Interkultureller Literaturunterricht. Konzepte – Modelle – Perspektiven. Baltmannsweiler, S. 1-16.

Eichheim, Hubert (1991): Bild als Sprechanlaß. In: Fremdsprache Deutsch 5/1991, S. 28-30.

Grünewald, Dietrich (1991): Vom Umgang mit Comics. Berlin.

Härle, Gerhard (2004): Literarische Gespräche im Unterricht. Versuch einer Positionsbestimmung. In: Härle, Gerhard/ Rank, Bernhard: Wege zum Lesen und zur Literatur. Baltmannsweiler, S. 137-168.

Hurrelmann, Bettina (2002): Prototypische Merkmale der Lesekompetenz.

In: Groeben, Norbert/ Hurrelmann, Bettina: Lesekompetenz. Bedingungen, Dimensionen, Funktionen. Weinheim/ München, S. 275-286.

Hurrelmann, Bettina (2004): Informelle Sozialisationsinstanz Familie. In: Groeben, Norbert/ Hurrelmann, Bettina (Hg.): Lesesozialisation in der Mediengesellschaft. Ein Forschungsüberblick. Weinheim/ München, S. 169–201.

Kiel, Ewald (1996): Die Entwicklung interkultureller Kompetenz als ein zentrales Ziel globalen Lehrens und Lernens (Vortrag). Soest.

Koch, Peter/ Oesterreicher, Wulf (1985): Sprache der Nähe – Sprache der Distanz. Mündlichkeit und Schriftlichkeit im Spannungsfeld von Sprachtheorie und Sprachgeschichte. In: Romanistisches Jahrbuch, Band 36, S. 15-43.

Krafft, Ulrich (1978): Comics lesen. Untersuchungen zur Textualität von Comics. Stuttgart.

Leubner, Martin/ Saupe, Anja (2006): Erzählungen in Literatur und Medien und ihre Didaktik. Baltmannsweiler.

McCloud, Scott (2001): Comics richtig lesen. Die unsichtbare Kunst. Hamburg.

Meyer, Meinert A. (1986): Shakespeare oder Fremdsprachenkorrespondenz? Zur Reform des Fremdsprachenunterrichts in der Sekundarstufe II. Wetzlar.

Oomen-Welke, Ingelore (2008): Deutschunterricht in der multikulturellen Gesellschaft. In: Kämper-van den Boogart, Michael (Hg.): Deutsch Didaktik. Leitfaden für die Sekundarstufe I und II. Berlin, S. 72-85.

Ott, Margarete (2000): Schreiben in der Sekundarstufe I. Differenzierte Wahrnehmung und gezielte Förderung von Schreibkompetenzen. Baltmannsweiler.

Roche, Jörg (2008): Fremdsprachenerwerb. Fremdsprachendidaktik. Tübingen, Basel.

Sachs-Hombach, Klaus/ Rehkämper, Klaus (1998): Bild - Bildwahrnehmung - Bildverarbeitung. Interdisziplinäre Beiträge zur Bildwissenschaft. Wiesbaden.

Spinner, Kaspar H. (1992): Schreiben zu Bildern. Unterrichtsanregungen. In: Praxis Deutsch 113. S. 17-20.

Spinner, Kaspar H. (2001): Zielsetzungen des Literaturunterrichts. In: Ders.: Kreativer Deutschunterricht. Identität-Imagination-Kognition. Seelze, S. 168-173.

Thiele, Jens/ Doonan, Jane (2003): Das Bilderbuch. Ästhetik, Theorie, Analyse, Didaktik, Rezeption. Oldenburg.

Waser, Johann/ Dehmer, Ida (1992): Zu Bildern Schularbeiten schreiben. In: Praxis Deutsch 113. S. 57- 59.

Weidenmann, Bernd (1988): Psychische Prozesse beim Verstehen von Bildern. Bern.

Wieler, Petra (1997): Vorlesen in der Familie. Fallstudien zur literarisch-kulturellen Sozialisation von Vierjährigen. Weinheim/ München.

Wieler, Petra (2010): Vorlesen, Erzählen – Gespräche im Unterricht. In: Frederking, Volker/ Huneke, Hans-Werner/ Krommer, Axel/ Meier, Christel: Taschenbuch des Deutschunterrichtes. Bd 2, Literatur- und Mediendidaktik. Baltmannsweiler, S. 283-298.

Winter, Claudia (1992): "Dann war der Kakadu fassungslos". Grundschüler schreiben zu einem Bild. In: Praxis Deutsch 113, S. 21-23.

Wolf, Dagmar/ Boueke, Dietrich/ Schülein, Frieder (2007): Erzählen nach Bildergeschichten und 'freies Erzählen'. Ein Vergleich von Kindertexten aus der Vor- und Grundschulzeit. In: Meng, Katharina/ Rehbein, Jochen: Kindliche Kommunikation – einsprachig und mehrsprachig. Münster, S. 155-182.

ANDREAS SEIDLER

Perspektiven der Computerspielforschung für die Deutschdidaktik

»Der Mensch spielt nur, wo er in voller Bedeutung des Worts Mensch ist, und er ist nur da ganz Mensch, wo er spielt« (Friedrich Schiller).

Um einen Grund für die wissenschaftliche und fachdidaktische Auseinandersetzung mit dem Gegenstand Computerspiel anzuführen, kann auf die Bedeutung dieses Mediums im Alltag Heranwachsender verwiesen werden, die durch die Vermittlung von Bewusstheit und Reflexionsfähigkeit der Mediennutzung begleitet werden sollte. Die gesellschaftliche Relevanz des Mediums lässt sich auch ökonomisch ablesen. Die Umsatzzahlen der Videospielindustrie haben die der Filmindustrie mittlerweile mindestens erreicht. Das dem Beitrag vorangestellte Zitat Friedrich Schillers wäre daher zunächst als reine und verzichtbare Spielerei zu betrachten. Dass es sich bei dieser Referenz jedoch nicht nur um eine mäßig originelle *captatio benevolentiae* für konservative Deutschlehrer und Germanisten handelt, zeigt sich, wenn man den häufig zitierten Satz einmal in seinem ursprünglichen Kontext in Schillers Briefen *Über die ästhetische Erziehung des Menschen* (1795) nachliest. Schiller nennt in seiner zumeist hoch abstrakten idealistischen Abhandlung nur wenige konkrete historische Beispiele dafür, was er eigentlich unter Spielen versteht. Einige nennt er aber doch: etwa die Kampfspiele in Olympia, Gladiatorenkämpfe in Rom und verschiedene Formen von Wettrennen (vgl. Schiller 2008: 612). Diese konkret benannten Spielformen werden von Schiller zumeist in kritischer Absicht aufgerufen. Überraschenderweise sind es genau solche Formen, die sich auch heute besonders häufig als digitale Repräsentationen in vielen Computerspielen wieder finden, als Sportspiele, Rennspiele oder Kampfspiele.

Auch der vorliegende Beitrag soll nicht vom Einsatz ambitionierter Lernspiele im Unterricht handeln. Er befasst sich vielmehr mit der vorliegenden Forschung zu den populären, von Kindern und Jugendlichen freiwillig gespielten, von Eltern und Pädagogen oft als problematisch wahrgenommenen Computerspielen (z.B. Action-, Abenteuer- und Strategiespielen). Die Leitfrage lautete dabei, inwiefern die Erkenntnisse der jungen Disziplin *Game Studies* Perspektiven eröffnet, die auch für die Deutschdidaktik anschlussfähig sein könnten.

Ausgangspunkt meiner Überlegungen ist die Beobachtung, dass Computerspiele wissenschaftlich mit verschiedenen Ansätzen untersucht werden, die ihrerseits schon einen traditionellen Bezug zum

Deutschunterricht haben, z.B. erzähltheoretische, dramenanalytische oder filmanalytische Methoden.
»Computerspiele – ein literarisches Genre?«, fragt ein Aufsatztitel von Britta Neitzel (2005). Sie bejaht die Frage in ihren Ausführungen nicht vollständig, stellt aber heraus, dass Computerspiele aufgrund ihrer besonderen multimedialen Verfasstheit den Einsatz von Analysemethoden aus verschiedenen Gegenstands- und Wissensbereichen nahe legen.

> Sie sind hybrid und bieten sich somit unterschiedlichen Interpretationen und Wissenschaftsgebieten zur Analyse an. Als hybride Medien fordern sie diese sogar heraus – denn was hybride Medien als Spezifikum auszeichnet, ist eben das Verwischen von Grenzen, das ein eklektizistisches und interdisziplinäres Vorgehen sowie das Aufbrechen von Theoriemodellen fordert (Neitzel 2005: 113).

In die verdienstvolle Einführung in die Mediendidaktik Deutsch von Frederking/Krommer/Maiwald (2008) hat das Computerspiel als spezifisch zu behandelnder Unterrichtsgegenstand noch keinen Einlass gefunden. Allerdings plädieren mittlerweile einige Deutschdidaktiker dafür, Computerspiele als Gegenstand ernst zu nehmen. In der ersten Ausgabe der Online-Zeitschrift *Neue Medien im Deutschunterricht* (2008) fordert z.B. Hartmut Jonas »Beschreibung, Analyse, ev. partielle Entwicklung [...] von Computerspielen« (Jonas 2008: 12) im Deutschunterricht zu integrieren. Matthis Kepser, der bereits Ende der 90er Jahre eine umfangreiche Studie zum Thema Computer im Deutschunterricht (Kepser 1999) vorgelegt hat, mahnt in derselben Publikation: »Wenn der Deutschunterricht nicht an der medialen Wirklichkeit der Schüler(innen) vorbeioperieren will, muss er sich künftig sehr viel mehr auf die Auseinandersetzung mit Computerspielen einlassen« (Kepser 2008: 39). Unsere Kultur hat sich nicht erst mit dem Aufkommen von Computerspielen zur Medienkultur entwickelt. Unbezweifelbar sind Computerspiele jedoch mittlerweile ein wichtiger Teil dieser Medienkultur und so wäre die Vermittlung von Medienkulturkompetenz ohne ihre Berücksichtigung von vorneherein ein mangelhaftes Unternehmen.
Im Folgenden werden verschiedene Ansätze der Computerspielforschung vorgestellt. Als ein Verbindungsglied zur Deutschdidaktik werden dabei punktuell immer wieder Kaspar H. Spinners Aspekte literarischen Lernens angeführt, deren Übertragbarkeit auf ein allgemeineres medienästhetisches Lernen bereits intendiert ist (vgl. Spinner 2006: 13).

Narratologische Betrachtungen

Es gab in der Entstehungsphase der Game Studies, also der geistes- und kulturwissenschaftlichen Auseinandersetzung mit Computerspielen, einen viel beachteten Streit zwischen Ludologen und Narratologen. Dabei behauptete die ludologische Seite, dass die Betrachtung von Computerspielen als Erzählungen bzw. mit narratologischen Untersuchungsmodellen den Gegenstand des Spiels und seine Eigenheiten kategorial verfehlen müsse. Dem kann jedoch entgegengehalten werden, dass selbst die simpelsten Action-Spiele eine zumindest marginale Geschichte erzählen bzw. im Spielen herstellen. Viele Spiele enthalten Cutscenes, in denen den Spielenden die Kontrolle des Geschehens völlig aus der Hand genommen wird, um die Handlung in animierten Filmsequenzen voran zu bringen. Außerdem kann den ludologischen Kritikern entgegnet werden, dass es das Ludische an Computerspielen gerade nicht ist, was diese von älteren Spielformen unterscheidet, sondern gerade die Verbindung des Spiels mit Elementen der Textkünste und der darstellenden Künste (vgl. Venus 2009: 20). Hinter der Verbindung von Spiel und Geschichte steht dabei auch eine Wirkungsabsicht der Spieledesigner, deren Ziel es ist, »Gameplay und Storytelling zu vereinen und Spiele zu entwickeln, die dem Spieler das Gefühl geben, die Hauptfigur in einer Geschichte zu sein« (Arseth 2006: 21). Für die Hersteller von Spielen hat die erzählerische Einbettung noch eine weitere wichtige Bedeutung, die darin besteht, konventionelle Spielmuster (z.B. des Ego-Shooters) immer wieder neu verpacken zu können (vgl. Sorg 2009: 95f.). Solche trivialen Muster der Erzählung zu entdecken und zu beschreiben, könnte auch Ziel im schulischen Unterricht sein. Die Auseinandersetzung damit fördert die Kompetenz, narrative und dramaturgische Handlungslogik zu verstehen, die Kaspar H. Spinner auch als einen Aspekt des literarischen Lernens beschreibt (vgl. Spinner 2006: 10).

Dass sich auch in Computerspielen bestimmte archetypische Erzählmuster, wie etwa das Modell der Heldenreise, und ein typischer Figurenkanon, der ebenfalls dem populärer Filme und Erzählungen entspricht, aufzeigen lassen, hat Karla Schmidt in einem wegweisenden Aufsatz heraus gearbeitet (vgl. Schmidt 2010[3]).

Winfred Kaminski beschreibt, wie sich Computerspiele bei Elementen antiker und nordischer Mythen und Märchen bedienen, deren Versatzstücke sie unhistorisch und beliebig nutzen. So findet sich häufig die grundlegende Struktur von Aufbruch, Bewährung in der Fremde und Rückkehr. Rätsel müssen gelöst und Kämpfe überstanden werden. »In starkem Kontrast jedoch zu den antiken Mythen gibt es in den Computerspielen keine Schuld, kein Verhängnis, keine Verstrickung sowie auch kein Gewissen und entsprechend keine intellektuelle oder gar moralische Auseinandersetzung mit dem eigenen Tun und Lassen« (Kaminski 2008a: 114). Einen Begriff von Hans Blumenberg aufgreifend sieht Kaminski die mythologisch aufgeladenen Computerspiele trotzdem als »Mittel ritueller Weltbewältigung«, »als Medien der Überwindung von Angst vor einer als übermächtig empfundenen Wirklichkeit« (ebd. 118). So scheint der Mythos

in archaischen Zeiten ebenso wie in der hochkomplexen (Post-)moderne dabei behilflich zu sein, die Kontingenz der Welt symbolisch zu reduzieren.
Frank Degler hat das Labyrinth »als Thema, Problemstellung und Strukturationsmatrix« (Degler 2010^3: 58) von Computerspielen beschrieben und das Medium damit in eine lange kultur- und motivgeschichtliche Tradition eingerückt, die es ebenfalls erlaubt, Verbindungen bis in die griechische Mythologie zu erkennen. Solche intertextuellen Bezüge können auch im Deutschunterricht aufgegriffen werden. Sie ermöglichen nicht nur eine kulturelle Einordnung der Spiele, sondern liefern auch einen Gegenwartsbezug bei der Beschäftigung mit klassischen Mythen und Sagen im Deutschunterricht.
Danny Kringiel geht in seiner exemplarischen Analyse des Spiels *Max Payne 2* auf klassisch literaturwissenschaftliche Kategorien ein, wie die Erzählperspektive, den Aufbau der Erzählung, das Verhältnis von Erzählzeit und erzählter Zeit, erzählerische Techniken und Stilmittel und literarisch-intertextuelle Bezüge im Spiel (vgl. Kringiel 2009: 99-139). Mit Stoffen, Motiven und Konventionen, die Computerspiele von anderen Medien übernehmen, setzt sich auch Hans-Joachim Backe in seiner Dissertation *Strukturen und Funktionen des Erzählens im Computerspiel* auseinander. Er verweist dabei vor allem auf die Trivialliteratur und den Hollywood-Spielfilm als narrative Vorbilder (vgl. Backe 2008).
Martin Leubner und Anja Saupe (2006) haben bereits ein didaktisches Modell zur Analyse interaktiver Werke wie z.B. Computerspielen vorgestellt. Sie berücksichtigen dabei Aspekte der Narrativität, der Interaktivität und des Spiels. Die Fragen, die sich daraus ergeben, zielen darauf ab, wie erzählerische und interaktive Elemente im Spiel miteinander kombiniert sind. Werden sie nur als disparate Momente aneinander gereiht oder wird auch in den Spielabschnitten eine Handlung voran gebracht?
Darüber hinaus wird die spezifische Struktur interaktiver Erzählungen untersucht. Leubner/Saupe übernehmen in diesem Zusammenhang die Typologie von Marie-Laure Ryan (2001), die zwischen Achsen-Struktur, Baum-Struktur, Labyrinth und Rhizom als Verbindungsstruktur der Handlungsschritte im Spiel unterscheidet. Entscheidend ist dabei, wie viele Verzweigungsmöglichkeiten und alternative Verläufe die Handlung aufweist. Ebenfalls im Anschluss an Ryan werden verschiedene Typen der interaktiven Partizipation der Spielenden unterschieden: extern vs. intern (Rezipient situiert sich innerhalb/außerhalb der dargestellten Welt) und ontologisch vs. explorativ (Rezipient hat Einfluss/keinen Einfluss auf die Handlung). Ergänzt werden sollen diese Kategorien durch die Frage nach der *frequence* (Intensität der Klick-Aktivitäten), *range* (Quantität der Wahlmöglichkeiten zu einem bestimmten Zeitpunkt) und nach *significance* (Konsequenzen der interaktiven Möglichkeiten für die Konstruktion der Handlung).

Als vierte Analysekategorie schlagen Leubner/Saupe die Zuordnung zu den Spielgenres Action Game, Adventure, Rollenspiel und Simulation vor (vgl. Leubner/Saupe 2006: 275f.). Im Hinblick auf das Ziel, »prototypische Vorstellungen von Gattungen und Genres« zu gewinnen, lässt sich auch hier die Brücke schlagen von der Beschäftigung mit Computerspielen zu einem der von Spinner beschriebenen Aspekte literarischen Lernens.
Natürlich liegen auch bereits Untersuchungen zu Computerspielen aus der Gender-Perspektive vor. Dabei wird zum einen nach unterschiedlichen Vorlieben von Frauen und Männern für bestimmte Spielformen und Genres gefragt. Zum anderen wird die äußerliche und charakterliche Gestaltung von Spielfiguren nach Geschlechterrollenmustern untersucht. Denn es lässt sich feststellen, dass viele Firmen versuchen, das hohe wirtschaftliche Risiko, das mit der teuren Entwicklung neuer Spiele verbunden ist, dadurch zu minimieren, dass auf etablierte Rollenmuster zurückgegriffen wird (vgl. Eschers 2006). Die Betrachtung der Figurengestaltung nach bestimmten Geschlechterstereotypen lässt sich auf die Medien Literatur, Film und Computerspiel gleichermaßen anwenden.

Theatralische Betrachtungen

Die Verwandtschaft einiger Computerspielgattungen mit dem Theaterspiel ist schon dadurch gegeben, dass die Spielenden in beiden Fällen in eine fremde Rolle schlüpfen und in dieser agieren können. Als Stichwort- und Denkanstoßgeberin zum Thema Computer und Theater kann Brenda Laurel gelten, die 1991 ihr Buch mit dem Titel *Computers as Theatre* veröffentlichte. Sie entwirft darin eine Poetik der interaktiven Form (vgl. Laurel 1991: 35) und richtet sich damit an Programmierer, Interface-Designer und Spieleentwickler. Sie greift dabei auf Kategorien aus Aristoteles' Poetik ebenso wie auf Gustav Freytags klassisches Dramenmodell zurück und wendet diese auf Repräsentationen im Computer und auf Mensch-Computer-Interaktionen an.
Karla Schmidt hat dramentheoretische Kategorien auf die Analyse eines populären Computerspiels angewendet und so z.B. auch ein typisches Dreiakt-Schema in der Dramaturgie des Spieles identifizieren können (vgl. Schmidt 2010[3]). Danny Kringiel hat in seiner Doktorarbeit auch darauf zurückgegriffen. Er wendet in seiner exemplarischen Analyse des Computerspiels *Max Payne 2* aber ein noch wesentlich breiteres Spektrum dramenanalytischer Kategorien an. So untersucht er das Spiel im Hinblick auf äußere und innere Merkmale der Figuren, betrachtet die Beziehungen zwischen den Figuren sowie deren dramatisch-narrative Funktionen. Untersucht werden außerdem die Einflussmöglichkeiten der Spielenden auf die Figurengestaltung. Es zeigt sich dabei, dass auch im Computerspiel Figurendialoge, Gestik und virtuelles Bühnenbild gleichsam wie im

Dramentext und dessen theatralischer Inszenierung gestaltet und mit Bedeutung aufgeladen sind (vgl. Kringiel 2009: 139-190).

Filmanalytische Betrachtungen

Seit der Einführung überzeugender 3D-Grafiken orientiert sich die ästhetische Gestaltung von Computerspielen »zunehmend an filmischen Darstellungs- und Kompositionsformen (Kamerafahrten, Verwendung non-diegetischer Musik usw.)« (Sorg 2009: 94). Ebenso wie beim Film lassen sich beim Computerspiel auf der visuellen Ebene Einstellungsgrößen und virtuelle Kameraperspektiven beschreiben. Am deutlichsten wird die Analogie zwischen den beiden Medien in Spielen, in denen Filmszenen als Cutscenes in den Spielablauf selbst integriert werden. Diese direkten Einfügungen des älteren Mediums in das neue finden auch in subtilerer Weise statt. Danny Kringiel hat an dem Spiel *Max Payne 2* die Übernahmen aus dem Genre des Film Noir aufgezeigt, die sich in der Grundstimmung, Figurengestaltung und Handlung des Spiels niederschlagen. Die Kampfszenen des Spiels wiederum orientieren sich ästhetisch deutlich am Vorbild von Hongkong-Actionfilmen und es gibt visuelle Elemente des Spiels, die als zitathafte Übernahmen aus den *Matrix*-Filmen erkennbar sind, die ja ihrerseits selbst eine Reflexion auf das Verhältnis von menschlichem Bewusstsein und digitalen Repräsentationen darstellen.
Die Beeinflussung der Medien verläuft nicht einseitig, Computerspiele übernehmen nicht nur Darstellungsformen aus dem Film, sondern sie wirken ihrerseits zurück auf die Ästhetik des älteren Mediums. Frank Degler spricht von einer »wechselseitigen intermedialen Durchdringung von Computerspielen und Spielfilmen« (Degler 2003: 45) und erläutert dies an den *Tomb Raider* Spielen und deren filmischer Adaption. So programmierte man beispielsweise die Bewegungen der Heldin Lara Croft im Computerspiel mithilfe von Daten, die anhand der Bewegungen einer realen Frau gewonnen und mathematisch abstrahiert wurden. Aufgrund der speichertechnischen Begrenzung blieb das Bewegungsrepertoire der animierten Figur jedoch trotzdem auf wenige Schemata beschränkt. Auch bei gesteigerten Rechnerleistungen muss die Begrenzung des Bewegungsrepertoires der Figuren aufrecht erhalten bleiben, da deren Steuerung durch die Spielenden mithilfe weniger Tastenkombinationen bzw. mit dem Joystick sonst gar nicht mehr möglich wäre. Die dadurch entstehende Künstlichkeit der Bewegungsabläufe haben dann auch die Macher des Filmes auf die Darstellerin der Figur Lara Croft, Angelina Jolie, übertragen, obwohl bei der realen Schauspielerin dazu gar keine Notwendigkeit bestünde. Im Gegenteil besteht hier genau die umgekehrte Schwierigkeit wie bei der algorithmisierten Spielfigur: Für die reale Schauspielerin ist es viel weniger ein Problem, Varianten in ihren

Bewegungsabläufen zu schaffen als immer wieder exakt dieselben Bewegungsschemata durchzuführen (vgl. Degler 2003: 54f.). Offensichtlich ging es den Machern des Realfilmes also darum, ein bestimmtes ästhetisches Moment des Computerspiels, das aus dessen spezifisch-medientechnischer Logik entspringt, auf den Film zu übertragen. Ähnliche Phänomene lassen sich auch bei zahlreichen anderen Filmen beobachten. Bei Tom Tykwers Kinoerfolg *Lola rennt* z.B. lässt sich der intermediale Einfluss auch auf der erzählstrukturellen Ebene erkennen. Der Handlungsverlauf ist nach den »Koordinaten eines Videospiels« (Žižek 2000: 105) angelegt. Die Hauptfigur verfügt über mehrere Leben, die alternative Verläufe nehmen und nach dem Scheitern/Tod neu starten können.
Mehrere Kinofilme der letzten Jahre (z.B. *Matrix* und *eXistenZ*) thematisieren die Verbindung von menschlichem Bewusstsein mit digitalen Repräsentationen und Spielwelten und reflektieren dabei die Frage nach der Unterscheidbarkeit von Realität und Simulation. Solche Filme bieten sich an, um zum Nachdenken über das Verhältnis von Mensch und Computertechnologie anzuregen.

Kaspar H. Spinners Vorschläge zur Beschäftigung mit der Raumsymbolik als didaktischem Zugang zur Filminterpretation lassen sich auch auf das Computerspiel übertragen. Die Wahrnehmungsbildung soll dabei vom analysierenden Beobachten zum symbolischen Erfassen führen. Wahrnehmungsbildung und Förderung von symbolischem Verstehen sind Aufgaben, die sich auch an der Ästhetik von Computerspielen üben lassen. Spinner selbst zielt ausdrücklich auf eine medienübergreifende Kompetenzentwicklung (vgl. Spinner 2008: 46). Auch in Computerspielen ist die Raumgestaltung oft symbolisch besetzt und auch in ihnen werden Räume gezeigt, die die Betrachtenden emotional und imaginativ in die fiktionale Welt einführen und den zweidimensionalen Bildschirm in einen virtuellen Raum verwandeln (vgl. Abb. 1).

Abb. 1: Standbild aus dem Spiel *Silent Hill 2*. Der Raum, in dem sich die Spielerfigur zu Beginn findet, symbolisiert in seinem Zustand deutlich eine innerliche und äußerliche Krisensituation, das Heruntergekommensein und den Ekel (auch vor sich selbst), den die Figur empfindet.

Lerntheoretische Betrachtungen

Die Überlegungen in diesem Abschnitt zielen weniger spezifisch auf den Deutschunterricht, sondern haben eher einen allgemein-didaktischen Bezug. Matthias Bopp behauptet, dass es möglich ist, »den gesamten Verlauf eines Computerspiels [...] als eine mehr oder weniger dichte Kette von Lehr – Lern – Situationen aufzufassen« (Bopp 2010[3]: 79). Diese Situationen, in denen jeweils eine bestimmte Lehrabsicht und Methode zum Ausdruck kommt, werden in den Spielen in Stufen- und Phasenmodellen angeordnet. Die Handbücher zu komplexeren Spielen können bis zu mehreren Hundert Seiten lang sein. Kaum ein Spieler hat jedoch Lust, diese zu lesen, bevor er mit dem Spielen startet. Daher muss das Erlernen des Spieles im Spielen möglich sein. Bopp spricht dabei von einer immersiven Didaktik, die das Eintauchen ins Spielgeschehen bzw. den Spiel-Flow nicht unterbrechen will. Computerspiele sind danach »als arrangierte Lernumgebungen darauf angelegt, eine Bewusstwerdung ihres didaktischen Designs womöglich zu vermeiden« (Bopp 2006: 170). Sie verwenden daher eine Art »Stealth Teaching«, das in verdecktem Vorführen bzw. gelenktem entdeckendem Lernen besteht.

Die Lernmotivation im Computerspiel entsteht dadurch, dass das Gelernte im weiteren Spielverlauf erlaubt, etwas Interessantes zu tun. Außerdem schätzen die Spielenden die Erfahrung des Besser-Werdens oder des Obsiegens im Wettbewerb. Bopp geht davon aus, dass es außerdem eine Gruppe von Spielenden gibt, die sich unterhalten und gleichzeitig bilden möchte. Daher werde es zu einer Ausdifferenzierung des Spieleangebotes kommen, vergleichbar mit der Ausdifferenzierung bei Literatur und Film (vgl. Bopp 2006: 171f.). An die Seite von rein auf Unterhaltung und Zeitvertreib zielenden Formaten könnten Programme mit erhöhtem Bildungsanspruch treten. Matthis Kepser sieht die Chancen von Lernsoftware im Kleide von Adventure Games jedoch eher skeptisch, da diese aufgrund der ihr zu explizit eingeschriebenen Lehrfunktion bei Kindern und Jugendlichen selten auf dauerhaftes Interesse stößt (vgl. Kepser 2008: 37).

Auch der amerikanische Linguist James Paul Gee ist in seiner Studie *What Video Games Have to Teach us About Learning and Literacy* (Gee 2007) der Frage nachgegangen, wie es möglich ist, dass anspruchsvolle und voraussetzungsreiche Computerspiele freiwillig gespielt und erlernt werden. Sein Ziel ist weniger die Integration von Computerspielen als Gegenstand im Unterricht, sondern vielmehr die Erschließung der dort verwendeten Lernformen, die spielerisch und mit Freude verbunden sind. Er unterscheidet systematisch 36 verschiedene Lernprinzipien, die in Computerspielen Anwendung finden und dem Spieldesign eingeschrieben sind. Gee (2007) nennt z.B. das Erprobungsprinzip, das darin besteht, dass eigene Annahmen im Spiel entwickelt und überprüft werden können, das Prinzip der Steigerung, nach dem die Lernsituationen vom Einfacheren zum Komplexeren angeordnet sind und das »Explicit Information On-Demand and Just-in-Time«-Prinzip, nach dem Lernende Informationen genau in der Situation erhalten, in der sie sie auch anwenden können. Gee diskutiert auch psychologische Prinzipien wie das Moratoriums-Prinzip, das darin besteht, dass Lernende Risiken eingehen können, ohne reale Konsequenzen zu fürchten, das Identitätsprinzip, nach dem Lernende mit Identitäten spielen und darüber reflektieren können oder auch das semiotische Prinzip, das im Erlernen der Beziehungen zwischen verschiedenen Zeichensystemen wie Bilder, Wörter, Symbole, Gesten etc. besteht, und mit dem wir auch wieder im Kernbereich des Deutschunterrichts angekommen sind.

Faszination und Immersion

Intensiv geht die Medienwissenschaft der Frage nach, was eigentlich das Faszinierende an Computerspielen bzw. am Computerspielen ist. Diese Faszination ist offensichtlich so groß, dass sie Spielende mehrere Stunden ununterbrochen an die Apparatur binden und sogar die oft befürchteten Suchterscheinungen hervorrufen kann. In diesem Zusammenhang stellt sich die Frage, wie Computerspiele ihre Nutzer in ihre fiktionalen Weltentwürfe hinein versetzen. Die Spielenden selbst nennen vor allem den Realismus der Spielgrafik als wichtigen Faktor, der im Austausch über die Spiele oft als entscheidendes Kriterium angeführt wird. Dann dürfte es aber die Faszination an Computerspielen erst seit etwa 10 oder 15 Jahren, d.h. seit der Entwicklung von 3D-Graphiken, geben. Offensichtlich faszinierten Computerspiele aber schon zuvor. Dies wird erklärbar durch die Ergebnisse wissenschaftlicher Forschung zu den Bindungsmechanismen zwischen Spiel, Spielapparatur und Spielenden. Hier kommt man zu dem Ergebnis, dass die Echtzeiterfahrung, die Selbstwirksamkeitserfahrung und das Kontrollerlebnis die entscheidenden Kriterien sind (vgl. Fritz 2003b).
Die Immersion ins Spiel kann auch als Effekt von Emotionen und hier vor allem von Angst betrachtet werden. Das ständige Gefühl des Bedrohtseins der eigenen Stellvertreterfigur im Spiel vor allem bei Kampfspielen und Shootern erregt emotional und bindet die Aufmerksamkeit der Spielenden. Ein spezifisches ästhetisches Mittel bei Shooter-Spielen besteht z.B. darin, dass der Hörbereich größer ist als der Blickbereich von Avatar und Spieler (vgl. Klevjer 2009: 55). Dadurch kann das Gefühl der Bedrohung und die Anspannung besonders gesteigert werden. Im Kontext dieses Themas der Angst- und Spannungserzeugung kann auch zurückgegriffen werden auf ältere Erklärungsansätze zum Film (vgl. Furtwängler 2006; Seeßlen 1980) und zur Literatur. So wendet Steffen P. Walz die Klassifikation der Methoden der Grauens-Erzeugung, die H.P. Lovecraft (1890-1937), der Verfasser zahlreicher unheimlicher Romane, für die Literatur entworfen hat, erfolgreich auf Computerspiele an (vgl. Walz 2010[3]). Solche geteilten Analysekriterien schaffen die Möglichkeit, die Beschäftigung mit literarischen Texten und die Beschäftigung mit anderen Medien miteinander zu verbinden.

Der Medienwissenschaftler Jürgen Fritz ist der Frage nach der Motivation zum Computerspielen auch empirisch nachgegangen. Als wichtigstes Motivationsmoment beim Computerspielen identifiziert Fritz den Wunsch der Spielenden nach Erfolg. Die Voraussetzung für Erfolg ist es jedoch, Kontrolle über das Spielgeschehen zu erlangen oder zu bewahren. Die Leistung der Spielenden besteht darin, das Spiel, das zumeist einer auf wenige Grundelemente und Variablen reduzierten Welt entspricht, zu kontrollieren und ihre Gratifikation besteht in dem damit einhergehenden Gefühl von Macht.

> Eines der wichtigsten Themen für Kinder, Jugendliche und junge Erwachsene ist die Auseinandersetzung mit Macht und Kontrolle und der Wunsch, anstelle des permanent erlebten Kontrollverlustes, das eigene Leben selbst zu bestimmen. Daher suchen sehr viele Kinder, Jugendliche und junge Erwachsene ihre Bewährung in der ›Welt am Draht‹. Hier gewinnen sie einen Spielraum, in dem sie das Bewusstsein haben dürfen, kontrollieren zu können, Macht und Herrschaft auszuüben (Fritz 2003a: o. P.).

Fritz unterscheidet vier Fähigkeiten, über die Spielende verfügen müssen, um Computerspiele erfolgreich und mit Genuss spielen zu können:

- sensumotorische Synchronisierung;
- Bedeutungsübertragung;
- Regelkompetenz;
- Selbstbezug (vgl. Fritz 2003b: 18).

Sensumotorische Fähigkeiten sind die Voraussetzung dafür, Bewegungen im Spiel kontrollieren und Handlungsroutinen abrufen zu können. Unter Bedeutungsübertragung versteht Fritz die Fähigkeit, das Spiel quasi metaphorisch zu betrachten, eine Verbindung zwischen dem Spielgeschehen und dem kulturellen Rahmen, im dem es realweltlich eingebettet ist, herzustellen. Die Regelkompetenz erlaubt den Spielenden, Spielprinzipien zu durchschauen und das eigene Vorgehen erfolgreich zu steuern. Zum Aspekt des Selbstbezugs haben Studien gezeigt, dass Spiele besonders dann Faszinationskraft entwickeln, wenn es gelingt, den Spielenden in den virtuellen Welten Anknüpfungspunkte für eigene, reale Erfahrungen und Bedürfnisse zu bieten (Vgl. Wittig 2008: 69).

Die Immersion ins Computerspiel findet also zunächst durch die sensumotorische Synchronisierung zwischen Spieler und Avatar statt. Ausschlaggebend ist dabei das Erlebnis der Echtzeit-Reaktion der Computer-Repräsentation auf die Aktionen des Spielers. Die Zeitverzögerung muss unterhalb der menschlichen Wahrnehmungsschwelle bleiben, um dieses Erlebnis und damit das Eintauchen in das Spielgeschehen nicht zu stören. »Die Distanz zwischen dem Spieler vor dem Bildschirm und der Welt auf dem Bildschirm wird genau dadurch überbrückt, dass die zeitliche Differenz zwischen beiden technisch der Wahrnehmung entzogen wird« (Wiemer 2006: 251). Der Realismus des Computerspiels beruht also nicht auf dem Realismus der Grafik im Sinne einer Ähnlichkeit der Abbildung mit der realen Welt, sondern auf dem Effekt einer unmittelbaren Wirksamkeit der Spieleraktionen. Diese Selbstwirksamkeitserfahrung nimmt eine wichtige Rolle ein bei der Erklärung der Faszination des Computerspielens. »Das Gesetz des Videospiels, die Feedbackschleife von

Visualität und Taktilität, die das ›ich sehe‹ (video) als Output der Selbsttätigkeit (ich drücke) rückkoppelt, bindet den Spieler endlos, weil sie an keine Grafik und keinen Standard oder Inhalt selbst gekoppelt ist« (Bickenbach 2008: 54).
Es lassen sich also drei Ebenen unterscheiden, die zur Lust am Computerspielen beitragen: Die Selbstwirksamkeitserfahrung, die Verbindung von Spannung und Lösung, und die Möglichkeit zur Identifikation bzw. simulierter Erfahrung (vgl. Klimmt 2006). Gerade die Hybridstruktur des Computerspiels als Spiel, Simulation und Narration erlaubt die Integration dieser verschiedenen Immersionsstrategien (vgl. Beil 2009).

Dieter Mersch betrachtet Computerspiele unter einem Aspekt, der sie weit weg rückt von den Gegenständen und Kompetenzen, die der Deutschunterricht vermitteln will. »Die meisten Spiele setzen [...] auf Reaktion und Schnelligkeit: Sie müssen instantan erfolgen und verlangen kein Verständnis der Szene oder Geschichte. [...] Die ›Erste-Person-Perspektive‹ lässt folglich jeden Abstand schwinden und löscht die Möglichkeit von Reflexivität als Bedingung für Verständnis und ›Wissen‹ aus (Mersch 2008: 29).« Das Verstehen wird danach »systematisch durch Erlebnis ersetzt« (ebd. 28), »Aktion und Narration konvergieren im Wesentlichen in Navigation, mehr nicht« (ebd. 26). Britta Neitzel stellt fest, dass Interpretation im Computerspiel immer nur das eine Ziel hat, nämlich weitere Spielhandlungen anschließen zu können (vgl. Neitzel 2008: 100). Auch der sich hier zeigende Unterschied zwischen dem Computerspielen und der reflektierten Auseinandersetzung mit literarischen Texten lässt sich mithilfe der Kategorien Spinners erläutern. Er unterstreicht, dass es zur literarischen Kompetenz gehöre, »sich auf die Unabschließbarkeit des Sinnbildungsprozesses« (Spinner 2006: 12) bei der Auseinandersetzung mit Literatur einzulassen. Im genauen Gegensatz dazu richtet sich die Auseinandersetzung mit dem Computerspiel stets auf einen Abschluss, das Erreichen eines Zieles, das Lösen eines Rätsels, das endgültige Überwinden der Gegner oder das Erreichen des Highscores.
Ein medienreflexiver Deutschunterricht könnte solche Unterschiede, die in der technischen und ästhetischen Logik der jeweiligen Medien begründet sind, zum Gegenstand machen, ohne zu einer einseitigen Abqualifizierung der einen oder anderen Seite zu gelangen. Das würde bedeuten, dass der Rausch des sensumotorischen Flows im medienreflexiven Unterricht ebenso einen Platz erhält wie die reflexiv-imaginative Auseinandersetzung mit dem Verhältnis von Subjekt und Welt bei der Rezeption geeigneter literarischer oder filmischer Erzählungen. Dadurch wird es möglich, bei der Behandlung eines Mediums auf die Unterschiede zu anderen Medien und deren spezifische Möglichkeiten und Stärken zu verweisen. Die Voraussetzung hierfür lässt sich wieder in Spinners Aspekten literarischen Lernens finden.

So müssten für alle Medien didaktische Arrangements entwickelt werden, die es erlauben, »[s]ubjektive Involviertheit und genaue Wahrnehmung miteinander ins Spiel [zu] bringen« (Spinner 2006: 8).
Reflexionsprozesse lassen sich am besten durch Kommunikationsprozesse anstoßen und steigern. Dieser Gedanke liegt auch dem literarischen Gespräch als didaktischer Methode zugrunde. Selbstverständlich lässt sich auch dieses auf andere Medien übertragen. Einen Vorschlag, wo Kommunikationsprozesse über Computerspiele ihren Ausgangspunkt finden können, hat Bernhard Rapp unterbreitet. Er fordert dazu auf, mediale Selbstthematisierungen in Computerspielen »als diskursives Verfahren zur Konstitution von gruppenspezifischen Kommunikationsprozessen« (Rapp 2009: 39) zu begreifen. Selbstreflexive Strategien tauchen in Computerspielen in unterschiedlichen Formen auf, z.B. indem ältere/andere Spiele zitiert werden, indem Spiele ihre eigenen technologischen Grenzen ironisieren oder wenn Spielfiguren plötzlich gegen die sie steuernden Spieler polemisieren. Solche Strategien können in den Spielen die Funktion erfüllen, komisch zu sein, Kaufanreize zu liefern oder eine Selbsthistorisierung bzw. Selbstarchivierung des Mediums zu betreiben. Zum Ausgangspunkt für Kommunikation können solche Selbstthematisierungen des Mediums dann werden (wie verschiedenen Internetforen zeigen), wenn es diesen Akten gelingt, frühere Spielerlebnisse der Nutzer wieder wach zu rufen und nachträglich diskursivierbar zu machen. So tragen sie nicht nur zum kollektiven Gedächtnis der Mediengesellschaft bei, sondern bieten auch einen Anlass, eigenes Spielerleben zu reflektieren und zu kommunizieren (vgl. Rapp 2008: 196ff.; ein Beispiel für die Archivierung und Diskussion von Computerspielen im Netz ist die Seite www.mobygames.com).

In der massenmedialen Berichterstattung über Computerspiele steht zumeist die Frage nach der Wirkung von Gewaltdarstellungen bzw. Gewalthandlungen auf das realweltliche Verhalten der Spielenden im Vordergrund. Dieser Aspekt wurde im vorliegenden Forschungsüberblick bewusst ausgeklammert, um andere Aspekte und Potentiale des Gegenstandes sichtbar zu machen. Natürlich kann aber auch diese Wirkungsfrage mit SchülerInnen diskutiert werden und wird wohl in den meisten Diskussionen des Gegenstandes von den Jugendlichen selbst angesprochen, da ihnen der Verdacht der eigenen Beeinflussbarkeit aus der medialen Berichterstattung bzw. durch die Warnungen Erziehender hinlänglich bekannt ist. In der Sek. II oder in der Hochschullehre könnten solche Diskussionen durchaus angereichert werden durch Vergleiche mit historischen Positionen zu Wirkungen älterer Medien. Zu denken ist hierbei etwa an Aristoteles' Katharsis-Begriff, mit dem er die Wirkung der griechischen Tragödie auf ihr Publikum beschreibt, oder an die Diskussion um lesewütige »Frauenzimmer« aus dem 18. und 19. Jahrhundert. Denn mit den Warnungen vor emotionaler Verirrung, Realitätsverlust,

Leistungsverweigerung und Vernachlässigung der alltäglichen Aufgaben äußern sich dort bereits dieselben Verdachtsmomente gegen die Wirkung des Medienkonsums, wie sie heute im Zusammenhang mit Computerspielen diskutiert werden.

Zusammenfassend lässt sich festhalten, dass Computerspiele aus deutschdidaktischer Sicht unter drei Perspektiven betrachtet werden können. Erstens um ihrer selbst willen, um Wissen und Kompetenzen zu Computerspielen als wichtigem Bestandteil unserer Medienkultur zu erlangen. Zweitens können anhand des vielen Schülern auch aus schriftfernen Familien vertrauten Mediums Computerspiel Analysekategorien eingeführt werden, die sich auch auf die reflexive Beschäftigung mit Literatur und Film übertragen lassen, weil sie in ihrer wissenschaftlichen Genese gerade an diesen Medien entwickelt wurden. Drittens können damit auch die Unterschiede zwischen den Medien und ihren jeweils speziellen Leistungen und Möglichkeiten reflektierbar gemacht werden, womit nicht nur ein Zuwachs an Kritikfähigkeit, sondern auch an Selektionsfähigkeit der eigenen Mediennutzung einherginge.

Literaturverzeichnis:

Arseth, Espen (2006): Warum Game Studies? In: Winfred Kaminski, Martin Lorber (Hg.): Clash of Realities. Computerspiele und soziale Wirklichkeit, München, S. 17-23.

Backe, Hans-Joachim (2008): Strukturen und Funktionen des Erzählens im Computerspiel. Eine typologische Einführung, Würzburg.

Beil, Benjamin (2009): »You are nothing but my Puppet!« Die unreliable prosthesis als narrative Strategie des Computerspiels. In: Navigationen. Jg. 9, H. 1, »It's all in the Game«. Computerspiele zwischen Spiel und Erzählung, hg. von B. Beil, S. Simons, J. Sorg, J. Venus, Marburg, S. 73-89.

Bickenbach, Matthias (2008): Der virtuelle Grafik-Raum oder: »It's not a game«. Die Gesetze des Videospiels. In: Jan Distelmeyer, Christine Hanke, Dieter Mersch (Hg.): Game over!? Perspektiven des Computerspiels, Bielefeld, S. 43-57.

Bopp, Matthias (2006): Immersive Didaktik und Framingprozesse in Computerspielen. Ein handlungstheoretischer Ansatz. In: Britta Neitzel, Rolf F. Nohr (Hg.): Das Spiel mit dem Medium. Partizipation – Immersion – Interaktion, Marburg, S. 170-186.

Bopp, Matthias (2010[3]): Didaktische Methoden in *Silent Hill 2*. Das Computerspiel als arrangierte Lernumgebung. In: B. Neitzel, M. Bopp, Rolf F. Nohr (Hg.): »See? I'm real…« Multidisziplinäre Zugänge zum Computerspiel am Beispiel von *Silent Hill*, Münster, S. 74-95.

Degler, Frank (2003): Medienspiele – Spielmedien. Zur Intermedialität von Film und Computerspiel. In: Andreas Böhn (Hg.): Formzitat und Intermedialität. St. Ingbert 2003, S. 45-72.

Degler, Frank (2010[3]): Erspielte Geschichten. Labyrinthisches Erzählen im Computerspiel. In: B. Neitzel, M. Bopp, Rolf F. Nohr (Hg.): »See? I'm real…« Multidisziplinäre Zugänge zum Computerspiel am Beispiel von *Silent Hill*, Münster, S. 58-72.

Eschers, Karin (2006): Gender Games. Geschlecht und dieungleiche Lust am Spiel. In: Britta Neitzel, Rolf F. Nohr (Hg.): Das Spiel mit dem Medium. Partizipation – Immersion – Interaktion, Marburg, S. 262-276.

Frederking, Volker / Krommer, Axel / Maiwald, Klaus (2008): Mediendidaktik Deutsch. Eine Einführung, Berlin.

Fritz, Jürgen (2003a): Computerspiele: Was ist das? Was unter Computerspielen verstanden und wie mit ihnen umgegangen wird. http://www.bpb.de/themen/NGYBQY,0,0,Computerspiele%3A_Was_ist_das.html#art0 (Abruf: 1.12.2010)

Fritz, Jürgen (2003b): Warum eigentlich spielt jemand Computerspiele? Macht, Herrschaft und Kontrolle faszinieren und motivieren. In: Jürgen Fritz, Wolfgang Fehr (Hg.): Computerspiele. Virtuelle Spiel- und Lernwelten, Bonn, S. 10-24.

Furtwängler, Frank (2006): Computerspiele am Rande des metakommunikativen Zusammenbruchs. In: Britta Neitzel, Rolf F. Nohr (Hg.): Das Spiel mit dem Medium. Partizipation – Immersion – Interaktion, Marburg, S. 154-169.

Gee, James Paul (2007): What Video Games Have to Teach Us About Learning and Literacy. Revised and updated Edition, New York.

Jonas, Hartmut (2008): Computereinsatz im Deutschunterricht. In: Neue Medien im Deutschunterricht. Nr. 1, S. 8-12. http://www.ag-medien.de/dokumente/Online%20Zeitschrift/Online-Zeitschrift-Komplett_2009-08-25.pdf (Abruf: 1.12.2010)

Kaminski, Winfred (2008): Die Stoffe, aus denen Computerspiele sind. Mythisch-märchenhafte Elemente in Computerspielen. In: Jürgen Fritz (Hg.): Computerspiele(r) verstehen. Zugänge zu virtuellen Spielwelten für Eltern und Pädagogen, Bonn: Bundeszentrale für politische Bildung, S. 112-120.

Kepser, Matthis (1999): Massenmedium Computer. Ein Handbuch für Theorie und Praxis des Deutschunterrichts, Bad Krozingen.

Kepser, Matthis (2008): Computer und Deutschunterricht ein provokanter Zwischenruf. In: Neue Medien im Deutschunterricht. Nr. 1, S. 32-42. http://www.ag-medien.de/dokumente/Online%20Zeitschrift/Online-Zeitschrift-Komplett_2009-08-25.pdf (Abruf: 1.12.2010)

Klevjer, Rune (2009): The Way of the Gun. Die Ästhetik des singleplayer first person shooters. In: Navigationen. Jg. 9. H. 1, 2009, »It's all in the Game«. Computerspiele zwischen Spiel und Erzählung, hg. von B. Beil, S. Simons, J. Sorg, J. Venus, Marburg, S. 53-72.

Klimmt, Christoph (2006): Zur Rekonstruktion des Unterhaltungserlebens beim Computerspielen. In: Winfred Kaminski, Martin Lorber (Hg.): Clash of Realities. Computerspiele und soziale Wirklichkeit, München, S. 65-79.

Kringiel, Danny (2009): Computerspielanalyse konkret. Methoden und Instrumente – erprobt an *Max Payne 2*, München.

Laurel, Brenda: Computers as Theatre. Reading 1991.

Leubner, Martin / Saupe, Anja (2006): Erzählungen in Literatur und Medien und ihre Didaktik. Baltmannsweiler.

Mersch, Dieter (2008): Logik und Medialität des Computerspiels. Eine medientheoretische Analyse. In: Jan Distelmeyer, Christine Hanke, Dieter Mersch (Hg.): Game over!? Perspektiven des Computerspiels, Bielefeld, S. 19-41.

Neitzel, Britta (2005): Computerspiele – ein literarisches Genre? In: Harro Segebrecht, Simone Winko (Hg.): Digitalität und Literalität. Zur Zukunft der Literatur, München, S. 111-135.

Neitzel, Britta (2008): Medienrezeption im Spiel. In: Jan Distelmeyer, Christine Hanke, Dieter Mersch (Hg.): Game over!? Perspektiven des Computerspiels, Bielefeld, S. 95-113.

Rapp, Bernhard (2008): Selbstreflexivität im Computerspiel. Theoretische, analytische und funktionale Zugänge zum Phänomen autothematischer Strategien in Games, Boizenburg.

Rapp, Bernhard (2009): Selbstreflexive Strategien in Video- und Computerspielen: Kohäsive Subversion im hybriden Medium. In: Literatur in Wissenschaft und Unterricht. H. 1/2, S. 27-40.

Ryan, Marie-Laure (2001): Narrative as Virtual Reality. Immersion and Interactivity in Literature and Electronic Media, Baltimore.

Schiller, Friedrich (2008): Über die ästhetische Erziehung des Menschen in einer Reihe von Briefen. In: ders.: Theoretische Schriften. Hg. v. Rolf-Peter Janz, Frankfurt a.M., S. 556-676.

Schmidt, Karla (2010^3): Der Archeplot im Game. *Silent Hill 2* als klassische Heldenreise. In: B. Neitzel, M. Bopp, Rolf F. Nohr (Hg.): »See? I'm real...« Multidisziplinäre Zugänge zum Computerspiel am Beispiel von *Silent Hill*, Münster, S. 20-40.

Seeßlen, Georg (1980): Kino der Angst. Reinbek bei Hamburg.

Sorg, Jürgen (2009): Gemischtes Doppel. Zur Psychologie narrativer Formen in digitalen Spielen In: Navigationen. Jg. 9. H. 1, »It's all in the Game«. Computerspiele zwischen Spiel und Erzählung, hg. von B. Beil, S. Simons, J. Sorg, J. Venus, Marburg, S. 91-107.

Spinner, Kaspar H. (2006): Literarisches Lernen. In: Praxis Deutsch. H. 200, S. 6-16.

Spinner, Kaspar H. (2008): Raumsymbolik als didaktischer Zugang zur Filminterpretation. In: Der Deutschunterricht. H. 3, Filmdidaktik, S. 43-52.

Venus, Jochen (2009): Homecoming. Zur Simulation mentaler Karten in GTA San Andreas. In: Navigationen. Jg. 9, H. 1, »It's all in the Game«. Computerspiele zwischen Spiel und Erzählung, hg. von B. Beil, S. Simons, J. Sorg, J. Venus, Marburg, S. 13-24.

Walz, Steffen P. (2010^3): Extreme Game Design. Spielrhetorische Überlegungen zur Methodik des Grauens. In: B. Neitzel, M. Bopp, Rolf F. Nohr (Hg.): »See? I'm real...« Multidisziplinäre Zugänge zum Computerspiel am Beispiel von *Silent Hill*, Münster, S 145-156.

Wiemer, Serjoscha (2006): Körpergrenzen: Zum Verhältnis von Spiel und Bild in Videospielen. In: Britta Neitzel, Rolf F. Nohr (Hg.): Das Spiel mit dem Medium. Partizipation – Immersion – Interaktion, Marburg, S. 244-260.

Wittig, Tanja (2008): Was Spielinhalte für die Spieler bedeuten. In: Jürgen Fritz (Hg.): Computerspiele(r) verstehen. Zugänge zu virtuellen Spielwelten für Eltern und Pädagogen, Bonn: Bundeszentrale für politische Bildung, S. 69-81.

Žižek, Slavoij (2000): Isolde rennt. Auf dem Weg zum Cyberspace-Tristan. In: Lettre International. H. 51, S. 105-109.

JAN M. BOELMANN

Narrative Computerspiele im Literaturunterricht

The book of unwritten tales als Gegenstand literarischen Lernens

1. Einleitung

Computerspiele können einen Beitrag für den Literaturunterricht und das literarische Lernen leisten. Obwohl Computerspiele in der Lebenswelt der Schüler eine wichtige Rolle übernommen haben, werden sie als Unterrichtsmedien weitestgehend ignoriert. Einer der Gründe hierfür findet sich in der bisher nur unzureichenden Didaktisierung des Gegenstandes.
Im Folgenden soll mit dem narrativen Computerspiel ein neuer Gegenstand des Literaturunterrichts profiliert werden. Gleichzeitig wird gezeigt, wie diese narrativen Computerspiele genutzt werden können, um im Unterricht das literarische Lernen zu fördern. Hierzu werden der Bereich des computerspielbasierten literarischen Lernens expliziert und Transferebenen zum printbasierten literarischen Lernen erschlossen. Eine beispielhafte Anwendung am Adventurespiel *The book of unwritten tales* mit Überlegungen zum konkreten Einsatz im Unterricht schließen diesen Beitrag ab.

2. Vermittlungsgegenstand Narrative Computerspiele

Als 1972 mit *Pong* das erste kommerziell erfolgreiche Videospiel durch die Firma Atari entwickelt und vertrieben wurde, waren die Spieler von der bisher ungekannten Möglichkeit fasziniert, das Geschehen auf einem Bildschirm, den sie bis dato nur als Fernseh-Empfänger kannten, durch ihr eigenes Handeln mitbestimmen zu können. Das einfache Spielprinzip *Pongs* ermöglichte es den Spielern, sofort und ohne vorherige Fachkenntnisse das Spiel zu verwenden und Wettkämpfe gegen andere Spieler auszutragen.
Pong markiert den Beginn einer langen Computerspiel-Geschichte, die nunmehr fast 40 Jahren andauert, gleichzeitig muss konstatiert werden, dass das Spiel *Pong* eines nicht macht: eine Geschichte erzählen. Wie zahlreiche der frühen Spiele gewinnt *Pong* seine Interessantheit aus dem ihm zu Grunde liegenden Wettbewerbscharakter und dem Interesse seiner Spieler an der neuen bis dato unbekannten Technik. Es zeigt sich, dass die Entwicklung der Computerspiele in zwei Schritten abläuft: In einer ersten Generation erscheinen Spiele, die einen neuen technischen Standard etablieren und neue Spielprinzipien ausprägen. Dies genügt den Spielern als Motivation, das Spiel zu spielen; eine ausgeprägte Narration ist nicht zwingend notwendig.

Erst im Nachgang wird die zweite Generation der Spiele mit dieser nun bekannten Technik durch narrative Elemente aufgewertet, um für Spielerinnen und Spieler interessant zu bleiben.
Waren die ersten 20 Jahre der Computerspielentwicklung durch technische Innovationen und eine Ausdifferenzierung verschiedener Spieleformen, sog. Genres, geprägt, wurde diese durch die technische Entwicklung der Pentium Prozessoren in den 1990er Jahren und die Etablierung von kapazitätsreichen Datenträgern wie der CD-Rom verlangsamt. Zwar wurde und wird der technische Standard in immer leistungsfähigere Bereiche gehoben, eine grundlegende Veränderung der Spielprinzipien und somit der Genreeinteilungen hat seit dieser Zeit aber nicht mehr stattgefunden. Mit dieser Konstanz der Genres geht eine Weiterentwicklung der Narration in allen Spielformen einher, die zum Teil bemerkenswert komplexe und aussagekräftige Spiele hervorgebracht hat.

2.1 Computerspiele als narrative Medien

Obwohl Computerspiele seit 2008 durch die Aufnahme des Bundesverband der Entwickler von Computerspielen e.V. G.A.M.E. in den Deutschen Kulturrat auch offiziell als Kulturgut anerkannt sind, finden sie im Unterricht nur selten Verwendung. Die Gründe hierfür sind zahlreich: Der wohl wichtigste Grund ist die mangelnde Erfahrung der Lehrkräfte mit diesem noch jungen Medium. Während Computerspiele in der Lebenswelt der Schüler eine wichtige Rolle einnehmen und sie durch ihre »Computerspiel-Sozialisation« (Fritz 2010: 63) einen natürlichen Zugang zu Spielen und den in ihnen enthaltenen Geschichten haben, fällt es vor allem älteren Kollegen schwer, sich diese Medienform zu erschließen. Auch der Fokus der öffentlichen Betrachtung des Computerspiels als gewaltverherrlichendes, süchtig machendes Medium und der hiermit einhergehenden bewahrpädagogischen Tendenz sind einer Etablierung des Computerspiels als Unterrichtsgegenstand nicht förderlich. Aus methodischer Sicht sind vor allem fehlende Unterrichtskonzepte und noch nicht entwickelte pragmatische Zugriffsweisen auf die Narration im Spiel als Problemfelder zu kennzeichnen.
Auch wenn in jüngster Zeit einige Versuche unternommen wurden, die Narration in Computerspielen zu beschreiben, wie die Arbeiten von Kringiel (2009), Backe (2008) sowie Leubner und Saupe (2009) zeigen, und für Analysen nutzbar zu machen, ist die Forschung in diesem Feld noch nicht abgeschlossen. Ein wichtiger Schritt für die Analyse von Computerspielen wird die Erarbeitung einer genreorientierten Erzähltheorie sein, die die spezifischen Muster verschiedener Spielformen aufgreift und produktiv nutzbar macht.

Das zu Beginn gewählte Beispiel *Pong* verdeutlicht, dass nicht alle Computerspiele eine Geschichte erzählen und der Versuch, ein solches Spiel mit Mitteln der literarischen Textanalyse zu analysieren, scheitern muss. Demgegenüber stehen zahlreiche in der jüngeren Vergangenheit veröffentlichte Spiele, die durch eine ausgefeilte Narration geprägt sind und sich auch für eine Verwendung im Unterricht eignen. Es stellt sich die Frage, nach welchen Kriterien sich narrative und nicht bzw. wenig narrative Spiele unterscheiden lassen. Wolf (2002) benennt neben dem Vorhandensein von Figuren, Ereignissen, Ort und Zeit die Handlung des Protagonisten als das entscheidende Kriterium für Narration. Da nahezu alle Computerspiele dieses Kriterium erfüllen, hier aber noch wenig narrative Spiele wie *Pacman* oder Simulationen wie *SimCity* enthalten sind, die sich einer narrativen Analyse entziehen, muss eine weitere Einschränkung vorgenommen werden. Hilfreich ist die Position Seymour Chatmans (1978), der betont, dass narrative Medien den Startpunkt, den Verlauf und das Ende der Geschichte bestimmen. Der Leser/Seher/Spieler hat nur die Aufgabe, dieser Struktur zu folgen. Diese mit Blick auf die Medien Buch und Film offensichtlich erscheinende Beschränkung erfährt in Anwendung auf das Medium Computerspiel eine besondere Bedeutung. Während in Computerspielen der Genres Simulation oder Sport nicht bereits in der Programmierung festgelegt ist, wie sich die Geschichte des Spiels entwickelt, sind die Geschichten in Strategie-, Adventure-, Rollenspiel- und zahlreichen Shooter-Spielen durch die Programmierung festgeschrieben. In ihnen ist schon festgelegt, wo die Geschichte beginnt, wie sie sich entwickelt und welches Ende sie nehmen wird, bevor der Spieler das Spiel installiert und mit dem Akt des Spielens beginnt. Der Spieler hat hierauf nur insofern Einfluss, als er den Spielprozess analog zum Rezeptionsprozess von Büchern abbrechen kann. Den Verlauf der Geschichte kann er in diesen Spielen nicht beeinflussen. Anders verhält es sich bei Sportspielen und Simulationen: Vereinzelt ist in diesen Spielen zwar der Beginn definiert, über den Verlauf des Spiels und das Ende, sofern es eines gibt, bestimmt der Spieler jedoch durch sein Handeln mit. So kann ein Spieler durch seine Aktionen, z.B. den Bau eines Atomkraftwerks im Spiel *SimCity* oder den Kauf eines wertvollen Fußballspielers im Spiel *FußballManager 2010*, Auswirkungen auf den Spielverlauf nehmen, so dass er in der Folge mit Bürgerprotesten und sinkenden Steuereinnahmen in *SimCity* oder aber auch dem Gewinn der deutschen Meisterschaft und steigenden Trikotverkäufen im *FußballManager 2010* zu rechnen hat. Diese Freiheit verhindert es, dass ein für verschiedene Spieler gleicher Gegenstand entsteht, der mit literaturwissenschaftlicher Methodik analysiert werden kann. In Strategie-, Adventure-, Rollenspiel- und Shooter-Spielen entscheiden die Spieler durch ihr Handeln nur, *ob* sich die Geschichte weiterentwickelt, in der Regel allerdings nicht, *wie* sie sich weiterentwickelt. So muss der Spieler eines Adventurespiels verschiedene Gegenstände miteinander kombinieren und mit Personen auf der Basis verschiedener

vorgegebener Antworten interagieren. Im konkreten Beispiel, dem Spiel *The book of unwritten tales* muss beispielsweise der Gnom Wilbur erst mit seinem Großvater sprechen und die von ihm gestellten Aufgaben lösen, um in eine weit entfernte Stadt reisen zu können. Anschließend stellt dieser Wilbur ein Transportmittel zur Verfügung, das ihn schnell in die Stadt bringt. Innerhalb des Spieles ist dieses Vorgehen die einzige Möglichkeit, in die Stadt zu gelangen. Selbst wenn der Spieler alternative Handlungen, wie das Stehlen des Transportmittels oder die Reise per pedes, präferiert, kann er sie im Spiel nicht realisieren, die Geschichte ist bereits geschrieben, bevor sie gespielt wird.
Diese Eigenschaften ermöglichen es in der Folge, Computerspiele auch mit literaturwissenschaftlicher Methodik zu analysieren. Bereits vor Spielbeginn stehen die Figuren und ihre Charaktere fest, die Orte sind ebenso wie in der Literatur vor Rezeptionsbeginn festgelegt und gestaltet, die erzählte Zeit ist definiert.

2.2 Interaktivität als Charakteristikum von Computerspielen

Die wohl größte und für die Analyse von Computerspielen beachtenswerteste Unterscheidung zu anderen Medien liegt in ihrer vermeintlichen Interaktivität. Hierzu formuliert Gerstenberger: »Computerspiel ist interaktive Aufgabe, nicht empfangene Unterhaltung, wie das Fernsehen« (2006: 177), und verweist damit auf die Notwendigkeit der Aktivität der Spieler. Es ist für den Fortgang eines Spiels elementar, dass der Spieler mit dem Spiel agiert und durch seine Handlungen die Geschichte vorantreibt. Allerdings fungiert er nicht als Autor der Geschichte, der durch sein Handeln eine neue Geschichte erschafft, sondern lediglich als aktiver Rezipient, der durch sein Handeln bereits festgeschriebene Inhalte ›freispielt‹.
Der Begriff ›Interaktivität‹ ist durch den sozialwissenschaftlichen Gebrauch geprägt und umschreibt in diesem Zusammenhang den Umgang zweier Individuen, die wechselseitig auf das Verhalten des anderen reagieren (vgl. Fritz 1993: 32). Im Hinblick auf Computertechnologie kann von einer solchen Tragweite des Begriffs nicht ausgegangen werden, da der Computer nur auf spezifisches Handeln des Spielers in vorher festgelegter Weise reagiert. Da diese Reaktion ein weiteres Handeln des Spielers notwendig macht, entsteht eine »Fiktion der Interaktivität« (Degler 2005: 58), die Degler mit dem Begriff der »interaktiven Fiktion« (ebd.) gleichsetzt. Dem Bewusstsein zum Trotz, dass das Spiel nicht Realität, der Computer kein personales Gegenüber ist, nimmt der Spieler, die Regeln der virtuellen Welt beachtend, die Illusion eines personalen Gegenübers an und erkauft sich, um mit Fritz zu sprechen, Lebenszeit in der virtuellen Welt (vgl. Fritz 2003: 16).

Je zahlreicher die Möglichkeiten für den Spieler sind, sich innerhalb des Spiels frei zu bewegen, sich zu entscheiden und seine Spielumgebung zu gestalten, desto intensiver wird die Interaktion[49] wahrgenommen. Diese Freiheiten und Gestaltungsmöglichkeiten unterscheiden das Computerspiel von anderen AV- oder den Print-Medien und sind somit sein Kerncharakteristikum.

Da der Spieler sich im Spiel relativ frei bewegen kann und durch sein Handeln den Spielverlauf innerhalb einer Sequenz bestimmt, kann von erspielten Geschichten gesprochen werden. Das Gegenstück sind Präsentationssequenzen, in denen dem Spieler neue Informationen in Form von Animationen dargeboten werden. In dieser Phase der erzählten Geschichte wird die Handlungsbegrenzung des Spiels für den Spieler besonders deutlich, da er die Handlung der Spielfigur nicht mehr aktiv beeinflussen kann (vgl. Neitzel 2000: 110).

2.3 Zusammenfassung

Verfolgt man das Ziel, literarische Kompetenzen mit Computerspielen zu vermitteln, ist es notwendig, Spiele zu verwenden, die Strukturähnlichkeiten zur Literatur aufweisen. Zwar beinhalten, wie die Gruppe um Christa Gebel bereits belegen konnte (vgl. Gebel / Gurt / Wagner 2005), alle Arten von Computerspielen zum Teil erhebliche Kompetenzpotenziale, v.a. im Bereich der sozialen, der kognitiven, der Medien- sowie der persönlichkeitsbezogenen Kompetenzen (ebd.: 256). Um speziell literarische Kompetenzen zu fördern, muss aber auf eine Gattung zurückgegriffen werden, deren Schwerpunkt auf der im Spiel enthaltenen Narration liegt. Eine Computerspielgattung, die sich im besonderen Maße hierfür eignet, ist das narrative Computerspiel.

Hierbei handelt es sich um Spiele, in denen durch das Spielgeschehen und über die Rahmenhandlung hinaus eine vorher festgelegte Geschichte[50] erzählt wird. Diese Spiele können somit nicht nur bei der Vermittlung von Basistechniken helfen, sondern auch eine Brücke zurück zu literarischen Erzählformen schlagen.

Narrative Computerspiele umfassen Spiele verschiedener Genres und setzen sich sowohl aus Formen von Adventure-Spielen (z.B. die *Monkey Island*-Reihe) und Strategie-Spielen (z.B. *Warcraft III*) als auch Shootern (z.B. *Half Life*) und Rollenspielen (z.B. *Gothic*) zusammen. Auf Grund ihrer wenig

---

[49] Der sprachlichen Einfachheit halber wird im Folgenden, der oben genannten Ausführungen entsprechend, der Begriff Interaktion synonym mit den Begriffen ›Fiktion der Interaktivität‹ und ›interaktive Fiktion‹ verwendet.

[50] Ich beziehe mich hier und in der Folge auf die Terminologie Frank Deglers. Für Degler ist ein Narratem die kleinste Handlungseinheit einer Geschichte. Während *Geschichte* als größte Einheit den narrativen Kern widerspiegelt, umfasst die *Erzählung* die konkrete Ausgestaltung dieser. Mit dem Begriff der *Handlung* umschreibt er die Realisierung der Erzählung, welche sich wiederum in einzelne Narrateme unterteilen lässt. (Vgl. Degler 2005)

ausgeprägten oder zu freien Handlung zählen Online-Rollenspiele wie *World of Warcraft* oder *Runes of magic* und auch Jump and Run- (z.B. *Super Mario*) sowie Arcarde-Spiele (z.B. *Pacman*) nicht zu dieser Gruppe. Auch reine Netzwerk- und Onlinespiele wie *Counterstrike* gehören ebenso wenig zu Spielen mit einer ausgeprägten narrativen Orientierung wie speziell für den Unterricht entwickelte Lernprogramme, tutorielle Systeme oder andere für didaktische Zwecke entworfene Software.
Durch die Eingrenzung des Gegenstands auf narrative Computerspiele ist es im Folgenden möglich, die Lernpotenziale für das computerspielbasierte literarische Lernen genauer zu untersuchen.

3. Kompetenzerwerb mit *narrativen Computerspielen*

Befragt man die Kernlehrpläne für die Sekundarstufe I Deutsch in NRW nach den vordringlichen Zielen des Deutschunterrichts, so scheinen diese nicht mehr darin zu liegen, bei Schülerinnen und Schülern eine stabile Lesemotivation zu entwickeln und sie an den ästhetischen Gehalt von Literatur und den damit einhergehenden Genuss der Literaturrezeption heranzuführen, sondern vielmehr zielt der Unterricht in Zeiten der Output-Orientierung darauf ab, Kompetenzen in Form von Verfahren der Textanalyse und des Textverstehens zu vermitteln.

> Der Deutschunterricht im Gymnasium hat die Aufgabe, die sprachlichen Fähigkeiten der Schülerinnen und Schüler, d. h. ihre Verstehens-, Ausdrucks- und Verständigungsfähigkeiten weiterzuentwickeln. [...]
> Der Deutschunterricht stellt das methodische Instrumentarium, die erforderlichen Kenntnisse, Strategien und Arbeitstechniken zur Verfügung, um Texte zu analysieren und Literatur zu verstehen (Kernlehrplan NRW 2007: 11).

Innerhalb der Literaturdidaktik wird ein stärker ganzheitlich orientiertes Konzept literarischen Lernens vertreten, das alle Lernprozesse beinhaltet, die sich speziell auf literarische Texte beziehen. Dieses literarische Lernen umfasst somit nicht nur das Lernen an Literatur, sondern erweitert es um das Lernen von, in und mit Literatur.

> Literarisches Lernen meint schulische Lehr- und Lernprozesse zum Erwerb von Einstellungen, Fähigkeiten, Kenntnissen und Fertigkeiten, die nötig sind, um literarisch-ästhetische Texte in ihren verschiedenen Ausdrucksformen zu erschließen, zu genießen und mit Hilfe eines produktiven und kommunikativen Auseinandersetzungsprozesses zu verstehen (Büker 2006: 121).

Während die Literaturdidaktik einen weiten Ansatz verfolgt, der mit »Einstellungen« auch die Voraussetzungen der Literaturrezeption erfasst, orientieren sich die Verfasser der Kernlehrpläne stärker an messbaren Aspekten der Kompetenzvermittlung.

Eine Verbindung beider Sichtweisen also eine Kombination aus ganzheitlichem und kompetenzorientiertem Ansatz stellte Kaspar H. Spinner mit seinem im Jahre 2006 entwickelten Modell literarischen Lernens vor (Spinner 2006). Er verortet literarisches Lernen im Lernbereich »Lesen – Umgang mit Texten und Medien« der Kernlehrpläne und systematisiert das Feld in elf Aspekten (vgl. Abb. 1).

Elf Aspekte literarischen Lernens

1.Beim Lesen und Hören Vorstellungen entwickeln
2.Subjektive Involviertheit und genaue Wahrnehmung miteinander ins Spiel bringen
3.Sprachliche Gestaltung aufmerksam wahrnehmen
4.Perspektiven literarischer Figuren nachvollziehen
5.Narrative und dramaturgische Handlungslogik verstehen
6.Mit Fiktionalität bewusst umgehen
7.Metaphorische und symbolische Ausdrucksweise verstehen
8.Sich auf die Unabschließbarkeit des Sinnbildungsprozesses einlassen
9.Mit dem literarischen Gespräch vertraut werden
10.Prototypische Vorstellungen von Gattungen und Genres gewinnen
11.Literaturhistorisches Bewusstsein entwickeln

Abb. 1: Aspekte literarischen Lernens nach Spinner

Spinner zeigt, dass Kompetenzen nicht auf einen Gegenstand oder eine Medienform beschränkt erworben werden, sondern dass sie, sobald sie einmal erworben wurden, universell auf verschiedene Gegenstände angewendet werden können. Schülerinnen und Schüler, die die Kompetenz erworben haben, die Perspektiven literarischer Figuren nachzuvollziehen, können diese sowohl in Bezug auf literarische Texte als auch auf andere Medien zum Einsatz bringen. Dies hat eine Auffächerung der Trägermedien literarischen Lernens zur Folge: Literarische Kompetenzen können nicht nur an Printmedien, sondern auch an audio-, visuellen und multimedialen Medien erlernt und gefördert werden. Demzufolge ist es irrelevant, mit welchem Trägermedium Kompetenzen vermittelt werden; sobald Schülerinnen und Schüler eine Kompetenz erworben haben, ist sie universell anwendbar. Es stellt sich somit nicht die Frage, ob literarische Kompetenzen auch durch andere Medien wie narrative Computerspiele vermittelbar sind, sondern inwieweit diese zur Vermittlung nutzbar gemacht werden können.
In der schulischen Vermittlung werden literarische Kompetenzen überwiegend am Beispiel von Printmedien vermittelt und wirken in der Folge auf die Rezeption anderer Medien, wie Filme oder Computerspiele, ein. Betrachtet man die Ergebnisse aktueller Mediennutzungsstudien, muss aber konstatiert werden, dass somit an Medien gearbeitet wird, die viele Schüler, vor allem diejenigen, die nicht der literaturaffinen Gymnasialgruppe angehören, nur widerwillig oder gar nicht rezipieren (vgl. Feierabend 2009;

Baumert 2001). Die Arbeit mit narrativen Computerspielen verkehrt dieses Vorgehen: Schülerinnen und Schüler erwerben an einem Medium, das ihnen vertraut ist, universelle literarische Kompetenzen, die sich auf ihr literarisches Verstehen in anderen Trägermedien auswirken.

Um einen Ansatzpunkt für die Nutzung narrativer Computerspiele im Literaturunterricht zu finden, empfiehlt es sich, den Kompetenzerwerb im Unterricht genauer zu betrachten.

Der Erwerb literarischer Kompetenzen im Deutschunterricht ist an Gegenstände gebunden, an denen zur Vermittlung von Kompetenzen konkreten Operationen, im klassischen Sinne in Form von Arbeitsaufgaben, durchgeführt werden. Diese konkreten Operationen werden mental ausgeführt und greifen auf Kompetenzen zu, die für das erfolgreiche Meistern der Aufgabe benötigt werden. Die Ergebnisse dieses Prozesses und somit die Ausprägung der Kompetenzen werden anschließend in Produkten, wie Texten oder mündlichen Aussagen, dokumentiert. Zusammenfassend kann man sagen, dass die Ausprägung der Kompetenzen an den Produkten, die aus der Aufgabenbewältigung zu einem spezifischen Gegenstand resultieren, bemessen wird. Hier wird deutlich, dass auf die Ausprägung literarischer Kompetenzen nicht direkt zugegriffen werden kann, sondern Rezeptions- und Produktionskompetenzen sich stark auf die Leistungseinschätzung auswirken. Verfügen Schülerinnen und Schüler nicht über die Fähigkeiten, Literatur angemessen zu rezipieren, und nicht über das Problembewusstsein, dies zu ändern, ist diesen Schülern die Verwendung und auch der Erwerb von Kompetenzen in so fern erschwert, als sie durch den fehlenden Zugang zum Gegenstand keinen Anschluss an ihre Kompetenzen realisieren können. Schülerinnen und Schüler, die auf Grund mangelnder Lesefähigkeiten einen Text nicht verstehend rezipieren können, ist es in der Folge nicht möglich, literarische Kompetenzen zu entwickeln, bzw. vorhandene literarische Kompetenzen einzusetzen. Um diesen Mangel zu kompensieren und auch diesen Schülerinnen und Schülern den Erwerb von literarischen Kompetenzen zu ermöglichen, wird hier – wie schon skizziert – als Kompensation der Einsatz von narrativen Computerspielen vorgeschlagen.

Durch dieses Vorgehen wird auch leseschwachen Schülerinnen und Schülern die Möglichkeit geboten, sich »das methodische Instrumentarium, die erforderlichen Kenntnisse, Strategien und Arbeitstechniken [...] um Texte zu analysieren und Literatur zu verstehen« (Kernlehrplan NRW 2007: 11), also Basistechniken der Lese- und der literarischen Kompetenz, anzueignen und anschließend anzuwenden. Diese stehen ihnen dann bei der Rezeption von literarischen Texten zur Verfügung und helfen, den Leseprozess zu unterstützen. Hierbei kann z.B. die explizite Thematisierung und Vermittlung von Elementen der Narration Schülerinnen und Schülern dabei helfen, eine bessere Antizipationsfähigkeit, bezogen auf den Fortgang einer Geschichte, zu entwickeln.

3.1 Computerspielbasiertes literarisches Lernen

Betrachtet man narrative Computerspiele als Medien, die Geschichten erzählen, so zeigt sich, dass sich print- und computerspielbasiertes literarisches Erzählen sich in zahlreichen Punkten entsprechen, wie in der Folge ausgeführt werden wird; gleichzeitig müssen aber auch die narrativen Veränderungen, die sich durch einen Wechsel des Trägermediums ergeben, betrachtet werden, da sich die unterschiedlichen Nutzungsweisen, also das Erspielen einer Geschichte im Computerspiel und das Erlesen einer geschriebenen Geschichte, auf die Art der Erzählung auswirken.

Da der Leser nur Rezipient der im Buch dargebotenen Geschichte ist und der Handlung bewusst folgt, ist es für Autorinnen und Autoren möglich, Handlungsstränge zu konstruieren, die dem Leser über einen längeren Zeitraum wichtige Informationen vorenthalten. Auch wenn die der Handlung zugrunde liegende Logik für den Leser undurchschaubar bleibt, kann er das Werk weiter rezipieren und versuchen, den verlorenen Faden aufzugreifen und sich die Geschichte zu einem späteren Zeitpunkt zu erschließen.
Da der Computerspieler durch sein Handeln die Steuerung einer oder mehrerer Spielfiguren übernimmt, wird er Teil der im Spiel erzählten Geschichte und verfällt der Illusion, den Verlauf der Geschichte verändern zu können. Hierfür ist es aber notwendig, dass der Spieler immer der Logik des Spielverlaufs folgen kann. Dies setzt voraus, dass die Handlungsstränge im Spiel so strukturiert sind, dass der Spieler der Illusion verfällt, selbst den Fortgang der Geschichte zu verursachen. Vielmehr wird der Spieler aber, da die Geschichte des Spiels, wie bereits gezeigt, durch die Programmierung festgelegt ist und vom Spieler nicht verändert werden kann, durch das Spiel geführt.
Auch wenn es dem Spieler nicht bewusst ist, so hat er nur die Wahl, den vorgegebenen Wegen der Programmierung zu folgen oder die Rezeption abzubrechen.[51] Diese vermeintliche Co-Autorenschaft hat zwei positive Effekte: Einerseits werden Schülerinnen und Schüler durch die Verwendung von Spielen aktiviert. Einem narrativen Computerspiel kann der Spieler nicht passiv-konsumierend folgen, da sein Handeln, das sich an den Vorgaben des Spiels orientiert für die Rezeption notwendiger Bestandteil ist. Andererseits erhöht die Arbeit mit als Freizeitmedien bekannten Gegenständen die Rezeptionsmotivation.

[51] Fritz verweist darauf, dass der Spieler sich nur innerhalb der »Strukturvorgaben« des Computerspiels bewegen kann und durch sein Handeln die Geschichte nicht gestaltet, sondern sich lediglich ein Bleiberecht innerhalb des Spiels erkauft. (Fritz 1995, 66)

- Sowohl für die Rezeption von Computerspielgeschichten als auch von erzählender Literatur gilt die gemeinsame Voraussetzung, dass die Spielerin oder der Spieler ebenso wie die Leserin oder der Leser eine emotional-affektive oder kognitive Verbindung mit dem Medium eingehen muss. Hier liegt ein großes Potenzial für den Einsatz von narrativen Computerspielen, da sich Schülerinnen und Schüler wegen des hohen motivationalen Potenzials leichter auf den Rezeptionsprozess einlassen und die Verwendung von Strategien deutlich leichter vollziehen als bei der ihnen wenig vertrauten Literatur.

In Anlehnung an den Begriff des literarischen Lernens wird der Terminus ›computerspielbasiertes literarisches Lernen‹ gewählt, um Lernpotenziale, die sich auf den Umgang mit narrativen Computerspielen beziehen, zu beschreiben. Durch die Ausgestaltung von in narrativen Computerspielen enthaltenen Lernpotenzialen ist es möglich, Transferebenen zu anderen Modellen wie dem Modell literarischen Lernens von Spinner zu eröffnen.

Von der Annahme ausgehend, dass sich computerspielbasiertes literarisches Lernen auf gleichen Ebenen realisiert wie printbasiertes, lassen sich die Aspekte, die nicht an das Trägermedium geknüpft sind, aus dem Modell Spinners übertragen. Darüber hinaus müssen medienspezifische Eigenheiten, die das literarische Lernen mit Computerspielen beeinflussen, Eingang in die Modellierung finden. Die herausgearbeiteten Aspekte lassen sich in fünf Bereiche einordnen, die dem Modell computerspielbasierten literarischen Lernens eine übergeordnete Struktur verleihen. Computerspielbasiertes literarisches Lernen realisiert sich somit in den Bereichen der *Wahrnehmung* (Wahrnehmung trainieren; Inhalte reflektieren; Informationen entnehmen), der *Strukturen* (Perspektiven und Handlungen virtueller Figuren nachvollziehen; mit Fiktionalität bewusst umgehen; narrative und dramaturgische Handlungslogik verstehen), der *Kommunikation* (literarisches Gespräch erproben; sich auf die Unabschließbarkeit des Sinnbildungsprozesses einlassen), im Bereich *Genre und Gattungen* (prototypische Vorstellungen von Genres und Gattungen gewinnen; ästhetisches Urteilsvermögen schulen) sowie der *Strategienutzung* (Anforderungen verstehen; angemessene Problemlösungsstrategie finden; Handlungen erproben).

3.2 Transferebenen print- und computerspielbasierten literarischen Lernens

In der Folge sollen nun Transferebenen zwischen print- und computerspielbasiertem literarischen Lernen erschlossen werden. Hierzu dient die Systematisierung literarischen Lernens von Kaspar H. Spinner als Vergleichskonzept. Die als Diskussionsgrundlage verstandene Auffächerung verschiedener Aspekte literarischen Lernens wird als Bezugspunkt genutzt,

um Strukturähnlichkeiten von printbasiertem literarischen Lernen zu computerspielbasiertem literarischen Lernen zu benennen.
Insgesamt können bei der Arbeit mit Computerspielen zahlreiche Verfahren der literarischen Textanalyse Anwendung finden. Dies wird in den Bereichen *Kommunikation* und *Strukturen*, die als Kernbereiche des Literaturunterrichts gesehen werden können, in besonderem Maße deutlich. Im Bereich der *Kommunikation* kann bspw. das Gespräch über Computerspiele einen wichtigen Beitrag für die Schulung von Anschlusskommunikation leisten und in Form von Argumentationen und Debatten geübt werden. Auch bietet der Austausch über verschiedene Vorgehensweisen innerhalb einer Handlungssequenz des Spielers die Grundlage für eine Reflexion des Inhalts und somit einen Anknüpfpunkt für Medienreflexion. Darüber hinaus bietet das Gespräch über Computerspiele die Möglichkeit, eigene Spiele-Wege zu besprechen, in die Diskussion einzubringen, andere Vorgehensweisen als mögliche Form der Deutung zu akzeptieren oder sie kritisch zu hinterfragen und auf ihre Plausibilität zu prüfen. Hiermit wäre ein erster Schritt in Richtung der Erprobung des literarischen Gesprächs, aber auch für das Probehandeln gelegt.
Auf der Ebene der *Strukturen* können die größten Lernerfolge erzielt werden. Da Form und Struktur konkreter Analyseaufgaben, wie einer ›Inhaltsangabe‹ oder einer ›Personenkonstellation‹, nicht an ein spezifisches Medium gebunden sind, lassen sich hier zahlreiche Techniken der Erzähltextanalyse erproben und somit Wege der Texterschließung beschreiten. Auch kann mit narrativen Computerspielen durch Schreibaufgaben, bspw. im Format ›Erzählung‹ oder ›Instruktion‹', das Verfassen von Sach- und literarischen Texten geübt werden.
Gesondert müssen die Bereiche *Genre und Gattung* sowie *Wahrnehmung* betrachtet werden: Während inhaltliche Aspekte für die Einteilung in literarische Gattungen eine wichtige Rolle einnehmen, bestimmt bei Computerspielen ausschließlich die Art der Spielsteuerung, das sogenannte ›Gameplay‹, über die Genreeinteilung. So werden zum Beispiel alle Spiele dem Genre Adventurespiel zugeordnet, in denen die Spielerin oder der Spieler über die Kombination von Gegenständen und Personen Rätsel lösen muss, unabhängig davon, ob das Spiel in einer Märchenwelt spielt oder in einem Science Fiction-Szenario. Dennoch verweisen zahlreiche Spiele auf literarische Stoffe, sei es in Form von Adaptionen ganzer Werke, z.B. im Ego-Shooter *Stalker*, der als Umsetzung des Romans *Picknick am Wegesrand* (Strugatzki 1981) gesehen werden kann, oder als Übernahme gattungstypischer Elemente, z.B. der Verortung einer Geschichte in einer märchenhaften Welt, wie es im Adventurespiel *Ceville* geschieht.
So findet auch das theoretische Konzept Gattung und Genre beider Medien in verschiedenen Punkten eine Entsprechung (vgl. Zymner 2003). Während bspw. erfahrene Leserinnen und Leser Lyrik bereits an optischen Gesichtspunkten erkennen können und hieran spezifische Erwartungen

knüpfen, erkennen erfahrene Computerspieler ihnen bekannte Genres und die sich hieran anknüpfenden spezifischen Anforderungen ebenfalls an visuellen Gesichtspunkten wie der Perspektive oder den im Bildschirm dargestellten Hilfsmitteln. Hier ist eine Übertragung des Konzepts der Kopplung von Medien-Eigenschaften und Rezeptionserwartungen durchaus möglich.

Ähnliches gilt für den Bereich der *Wahrnehmung*: Die Art des Wahrnehmungstrainings von optischer Gestaltung im Computerspiel unterscheidet sich deutlich von der Art der Wahrnehmungsschulung der sprachlichen Gestaltung eines literarischen Textes, die Ausbildung eines analytischen Habitus kann jedoch mittels beider Medien gleich intensiv geschult werden.

Die *Strategienutzung* in Computerspielen ist, anders als Lesestrategien für das Lesen, für die Nutzung aber nicht für das Verstehen unverzichtbar. Dienen Lesestrategien v.a. der Verstehenssicherung, sind Problemlösungsstrategien im Computerspiel notwendig, um das Spielgeschehen überhaupt vorantreiben zu können.[52] Eine genauere Untersuchung von Strategienutzung in Computerspielen allgemein und deren Potenzialen für die unterrichtliche Praxis sowie die gesteigerten Anforderungen in narrativen Computerspielen kann an dieser Stelle als Desiderat gekennzeichnet werden.

Angewendet auf die Aspekte print- und computerspielbasierten literarischen Lernens ergibt sich folgendes Bild:

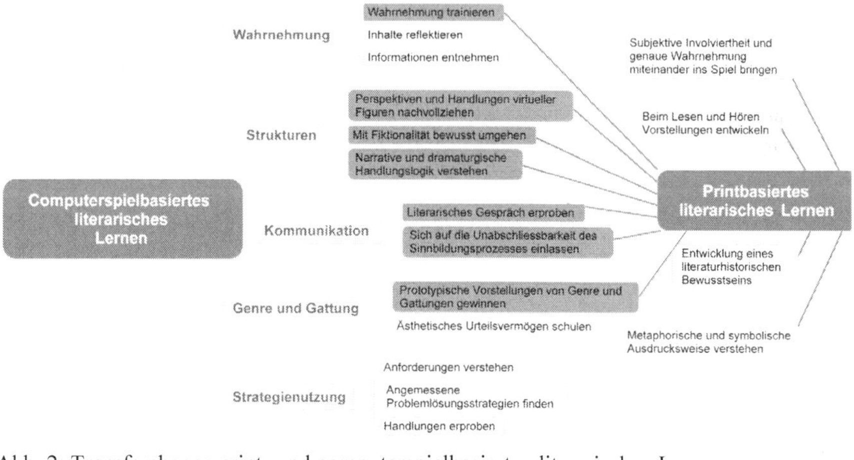

Abb. 2: Transferebenen print- und computerspielbasierten literarischen Lernens

[52] Ohne die Anforderung »Bewege mit den Pfeiltasten ›links‹ und ›rechts‹ dein Raumschiff, betätige die ›Space‹ -Taste, um zu schießen [und hier sind die verschiedenen Prozesse noch sehr stark vereinfacht – man denke an die Definition einer Pixellinie als Geschosse, etc. J. B.] und treffe alle gegnerischen Raumschiffe, bevor sie deine Verteidigung durchdringen und dich berühren«, lässt sich selbst das nur geringst-narrative Spiel *Space Invaders* nicht steuern und somit nicht spielen bzw. nutzen.

- Die hier vorgenommene Gegenüberstellung zeigt zahlreiche Entsprechungen von print- zu computerspielbasiertem literarischem Lernen. Dies bedeutet für die Arbeit im Unterricht, dass in den Bereichen, die in der Grafik dunkel unterlegt sind, das literaturspezifische Analyseinstrumentarium zum Einsatz gebracht werden kann und computerspielbasiertes literarisches Lernen somit eine Brückenfunktion für die Literaturrezeption leistet. Zudem können in diesen Bereichen nicht nur die bereits genannten Basistechniken vermittelt werden, sondern darüber hinaus kann auch ein inhaltlicher, auf das literarische Lernen und die dort realisierten Leseprozesse bezogener Mehrwert erwartet werden. Mittels weiterer noch zu leistender Forschung sollten in der Folge auch in den hell hinterlegten Bereichen Transferebenen zwischen print- und computerspielbasiertem literarischen Lernen erschlossen werden. Die bereits verfügbaren Transferebenen ermöglichen indes heute schon den Computerspieleinsatz in der Schule, was in der Folge expliziert wird.

4. Literarisches Lernen mit dem Adventure-Spiel *The book of unwritten tales*

Das im April 2009 erschienene Spiel *The book of unwritten tales* erzählt die in einer fantastischen Welt handelnde Geschichte dreier Abenteurer, die versuchen, ein geheimes Artefakt zu finden und es vor den Mächten des Bösen zu schützen. Das von einem Archäologen lokalisierte Artefakt, ein Buch, das seinem Besitzer erlaubt, die Geschicke der Welt zu bestimmen, soll den seit Jahrzehnten schwelenden Konflikt zwischen der finsteren Armee und der Allianz beenden. In diesem Kampf von Gut gegen Böse übernimmt der Spieler die Steuerung der drei Helden Wilbur Wetterquarz, einem Gnom, der Elfe Yvo und des Kapitäns Nate sowie seines Begleiters, dem »Vieh«, und versucht, die Geschichte zu einem guten Ausgang zu bringen.

Hierbei wird die Spielhandlung, wie im Adventure-Genre üblich, nicht durch schnelles Reagieren und aktionsgeladenes Handeln, sondern durch das Lösen von versteckten Rätseln vorangetrieben. Hierzu muss der Spieler die Protagonisten mit anderen Spielfiguren sprechen lassen und Gegenstände an sich nehmen, die er in der Folge für die Lösung von Rätseln benutzt. So muss der Spieler beispielsweise dafür sorgen, dass der Gnom Wilbur zum Erzmagier, dem er von dem Fund des Artefakts berichten soll, vorgelassen wird. Dies wird nur ausgebildeten Magiern gestattet, die sich durch ein Magierdiplom ausweisen können. Wilbur beschließt, ein solches Diplom zu erlangen, muss hierfür aber drei Prüfungen ablegen. Eine dieser Prüfungen macht es notwendig, einen Zauber zu wirken. Aus Ermangelung an echten magischen Fähigkeiten entschließt er sich, den bekannten »Das Kaninchen aus dem Hut«-Trick vorzuführen, wofür er allerdings einen Hut und ein Kaninchen benötigt. Der Spieler erhält somit aus dem Spielfluss heraus die Aufgabe, diese Gegenstände zu beschaffen. Während Wilbur den Hut einem Totengräber abschwatzen kann, muss das Kaninchen in freier Wildbahn gefangen werden. Auch hier muss der Spieler nicht auf seine Reflexe vertrauen, sondern kombiniert die vorher gefundenen Gegenstände »kleiner Baum«, »Seil« und »Möhre« zu einer Kaninchenfalle, in der er das benötigte Tier fängt. Hat er beide Elemente beisammen, gibt er sie dem Schausteller Wuppermann, der ihm daraufhin den Trick erklärt. In zahlreichen Rätseln dieser Art gelingt es dem Spieler schließlich, die Zauberprüfung zu bestehen und dem Erzmagier vom Fund des Artefakts zu berichten. In dieser Weise wird die gesamte Geschichte erzählt, in der der Spieler im Laufe des Spiels das Artefakt und die Welt retten kann.

Das mehrfach ausgezeichnete und durch die USK ab 12 Jahren freigegebene Spiel *The book of unwritten tales* eignet sich nicht zuletzt durch seine klar und logisch erzählte Geschichte und das Zusammenspiel der sehr unterschiedlichen Charaktere für einen Einsatz im Unterricht.
Da sich das Erzählen an genrespezifischen Mustern orientiert, ist das Vorgehen in diesem Spiel sehr kleinschrittig: Die Geschichte wird linear gespielt, wobei der Spieler einzelne Narrateme in Form von Rätseln zu einer Geschichte zusammensetzt.[53] Gerade dieses kleinschrittige Vorgehen ist eine Eigenheit des Adventurespiels, die sich für didaktische Zwecke vor allem mit Blick auf das Verständnis der narrativen und dramaturgischen Handlungslogik nutzbar machen lässt. Durch sein Handeln äußert der Spieler Erwartungen und Hypothesen über den Fortgang der Geschichte, die das Spiel anschließend bewertet. Möchte der Spieler beispielsweise das Kaninchen nicht mit einer Falle, sondern mit dem in seinem Inventar vorhandenen Seil direkt fangen (Benutze »Seil« mit »Kaninchen«), kommentiert das Spiel diese falsche, weil nicht in der Programmierung vorgesehene Hypothese mit einer Aussage des Protagonisten: »Keine Chance, so lässt es sich nicht einfangen. Ich muss mir etwas anderes einfallen lassen.« Antizipiert der Spieler die vorgesehene Handlung aber richtig, erfährt er vom Protagonisten, wo er das Fallenstellen gelernt hat, und erhält die Möglichkeit, mit dem gefangenen Kaninchen den für die Prüfung notwendigen Zaubertrick zu lernen. Der Spieler kann die Geschichte also nur vorantreiben, indem er die Handlung korrekt antizipiert.
Damit der Spieler in der Lage ist, die Rätsel zu lösen, werden ihm im Spielverlauf durch den Protagonisten selbst und durch andere Figuren Hinweise auf den richtigen Lösungsweg gegeben. So machen sowohl der

[53] Während bspw. in einem Strategiespiel ganze Handlungen (»Der Prinz befreite die Burg von den Besatzern und vertrieb das feindliche Heer«) ohne enge Vorgaben gespielt werden können und verschiedene Spieler diese Handlungen individuell ausgestalten können, ist dies im Adventurespiel nicht möglich, da hier die Geschichte bis in die Narrateme vorstrukturiert ist.

Schausteller Wuppermann als auch andere Auftragsteller deutlich, was sie von Wilbur erwarten. Für andere Rätsel ist es notwendig aufmerksam auch zwischen den Zeilen der Aufgaben zu lesen, um zu erkennen, dass beispielsweise der geforderte Zauber auch durch einen Trick ersetzt werden kann. An diesen Beispielen zeigt sich, dass – sensu Spinner - die sprachliche Gestaltung aufmerksam wahrgenommen werden muss, damit das Spiel erfolgreich gespielt werden kann. Eine Entsprechung findet diese Teilkompetenz des literarischen Lernens in der aufmerksamen Wahrnehmung der optischen Gestaltung des Spiels. Da die Spieler alle für das Vorankommen notwendigen Elemente in einer aufwendig gestalteten Kulisse finden müssen, ist das konzentrierte Arbeiten am Spiel und seinen Elementen eine Notwendigkeit des erfolgreichen Spielens. Dieser bereits erwähnte analytische Habitus kann im Spiel *The book of unwritten tales* auch dazu genutzt werden, um über die optische Gestaltung zahlreiche intertextuelle Bezüge herauszuarbeiten. Die Computerspielentwickler haben in das Spielgeschehen zahlreiche Verweise auf Elemente der Populärkultur eingeflochten, die es ermöglichen, vertiefende Aussagen über einzelne Charaktere zu treffen. So erinnern zahlreiche Gegenstände, die sich im Besitz des greisen Gremlin-Archäologen MacGuffin befinden an die cineastische Figur Indiana Jones und lassen Schlussfolgerungen auf die Arbeitsweise und die Vitalität MacGuffins zu.

Wie bereits in Abschnitt 3 erwähnt, ist der Erwerb von Kompetenzen im Deutschunterricht an konkrete Operationen gebunden. So können neben der Einbindung von für literarische Texte typischen Lesestrategien in die Spielerezeption auch Schreibaufgaben aus dem Bereich der Literaturanalyse in die Arbeit mit Computerspielen eingebunden werden.
Es ist beispielsweise bereits nach wenigen Spielminuten möglich, eine Figurenexposition der Heldin Yvo anzufertigen, die in der weiteren Rezeption die Wahrnehmung der Schülerinnen und Schüler leitet. In einer Figurenexposition erstellen die Schülerinnen und Schüler anhand der wenigen für sie verfügbaren Informationen eine Charakterisierung des Titelhelden, die v.a. seine Vorgeschichte und seinen Charakter in den Fokus rückt. Die Schülerinnen und Schüler äußern Vermutungen, wie sich der Protagonist zu dem entwickelte, der er heute ist, und suchen in der weiteren Rezeption Hinweise, ob sich ihre Einschätzungen bewahrheiten oder nicht.
Auch weitere Schreibaufgaben, die auf das Verständnis der Handlungslogik abzielen, wie das Erstellen eines alternativen Schlusses oder Aufgaben zum Verständnis der Figuren, wie das Schreiben eines Briefes aus der Sicht des Protagonisten an eine andere Figur oder die Anfertigung eines Tagebucheintrags, z.B. aus Sicht des auch im Spiel Tagebuch führenden Archäologen MacGuffin, können zum Aufbau von Kompetenzen genutzt werden. Auf diese Weise lassen sich bekannte didaktische Konzepte mit dem innovativen Potenzial des Computerspieleinsatzes kombinieren.

5. Fazit

Der Einsatz von narrativen Computerspielen für den Erwerb literarischer Kompetenzen im Deutschunterricht ist in besonderer Weise sinnvoll. Vor allem in den Bereichen der Strukturen wie auch der Kommunikation und Genre und Gattungen lassen sich zahlreiche Anknüpfpunkte zwischen narrativen Computerspielen und dem ‚klassischen' Unterrichtsmedium Literatur herstellen.

Über den Zugriff auf Formen computerspielbasierten literarischen Lernens gelingt es, mit der Vermittlung des »methodischen Instrumentariums, von erforderlichen Kenntnissen, Strategien und Arbeitstechniken um Texte zu analysieren und Literatur zu verstehen« (Kernlehrplan NRW 2007: 11) curriculare Vorgaben zu erfüllen und auch leseschwachen Schülern einen Zugriff auf die literaturwissenschaftliche Basistechniken zu ermöglichen. Zugleich werden Fähigkeiten und Fertigkeiten, die schülernah das Verständnis von Handlungslogik, Figuren und die Fähigkeit zur Anschlusskommunikation schulen, vermittelt und somit Teilkompetenzen des literarischen Lernens gefördert.

Literaturverzeichnis:

Backe, Hans-Joachim (2008): Strukturen und Funktionen des Erzählens im Computerspiel. Eine typologische Einführung. Würzburg

Baumert, Jürgen; Klieme, Eckhard; Neubrand, Michael; Prenzel, Manfred; Schiefele, Ulrich; Schneider, Wolfgang; Stanat, Petra; Tillmann, Klaus-Jürgen; Weiß, Manfred (Hg.) (2001): PISA 2000. Basiskompetenzen von Schülerinnen und Schülern im internationalen Vergleich. Opladen.

Büker, Petra (2006): Literarisches Lernen in der Primar- und Orientierungsstufe. In: Bogdal, Klaus-Michael; Korte, Hermann (Hg.) (2006): Grundzüge der Literaturdidaktik. München, 120–133

Chatman, Seymour (1978): Story and Discourse. Narrative Structure in Fiction and Film. Ithaca

Degler, Frank (2005): Erspielte Geschichten - Labyrinthisches Erzählen im Computerspiel. In: Neitzel, Britta / Nohr, Rolf / Bopp, Matthias (Hg.): 'See? I'm real' Multidisziplinäre Zugänge zum Computerspiel am Beispiel von 'Silent Hill'. Münster. S.58-73

Feierabend, Sabine; Rathgeb, Thomas (2010): JIM 2009. Jugend, Information, (Multi-)Media. Basisstudie zum Medienumgang 12- bis 19-Jähriger in Deutschland. Stuttgart.

Fritz, Jürgen (1993): Methoden des sozialen Lernens. Weinheim

Fritz, Jürgen (2003): Aktion, Kognition, Narration. In: Fritz, Jürgen / Fehr, Wolfgang (Hg.): Handbuch Medien: Computerspiele. Bonn. CD-Rom

Fritz, Jürgen (20105): Computerspiele. In: Hüther, Jürgen / Schorb, Bernd (Hg.): Grundbegriffe Medienpädagogik. München. S. 62-69

Gebel, Christa / Gurt, Michael / Wagner, Ulrike (2005): Kompetenzförderliche Potenziale populärer Computerspiele. In: QUEM-report, Heft 92, S. 241-376

Gerstenberger, Klaus-Peter (2006): Gerade Pisa. In: Dittler, Ullrich / Hoyer, Michael (Hg.): Machen Computer Kinder dumm? Wirkung interaktiver, digitaler Medien auf Kinder und Jugendliche aus medienpsychologischer und mediendidaktischer Sicht. München. S.175-182

Kringiel, Danny (2009): Computerspielanalyse konkret. Methoden und Instrumente - erprobt an Max Payne 2. München

Leubner, Martin & Saupe, Anja (2009): Erzählungen in Literatur und Medien und ihre Didaktik. Baltmannsweiler

Ministerium für Schule und Weiterbildung des Landes NRW (2007): Kernlehrplan für den verkürzten Bildungsgang des Gymnasiums Sek I (G8) in Nordrhein-Westfalen. Deutsch. Frechen

Neitzel, Britta (2000): Gespielte Geschichten. Struktur- und prozessanalytische Untersuchungen der Narrativität von

Videospielen. Weimar

Spinner, Kaspar H. (2006): Literarisches Lernen. In: Praxis Deutsch 34 (2006), H. 200, 6-16

Strugatzki, Arkadi; Strugatzki, Boris (1981): Picknick am Wegesrand. Berlin.

Wolf, Werner (2002): Das Problem der Narrativität in Literatur, bildender Kunst und Musik: Ein Beitrag zu einer intermedialen Erzähltheorie. In: Nünning, Ansgar / Nünning, Vera (Hg.): Erzähltheorie transgenerisch, intermedial, interdisziplinär. Trier. S. 23-87

Zymner, Rüdiger (2003): Gattungstheorie. Probleme und Positionen der Literaturwissenschaft. Paderborn.

BIRGIT MEURER

Der Comic als intermediäres Vehikel im Deutschunterricht

Ein Comic lernt laufen

Ausgangslage und Intention

Medien stehen und standen von jeher als personale, instrumentale, kulturtechnologische und digitale Mittel und Vermittler im Dienste des Menschen und bilden somit entwicklungspsychologisch und entwicklungstechnologisch eine wichtige Grundlage menschlicher Erkenntnis. Mit ihrer Hilfe macht sich der Mensch die Welt im wortwörtlichen als auch im übertragenen Sinne plastisch. Sie öffnen dem Menschen bei adäquatem Gebrauch weitere Fenster zur Welt. Der Erwerb von Medienkompetenz als Möglichkeit der Strukturierung, Kritik und Reflexion von audiovisuellen Lebenswirklichkeiten steht daher zunehmend im Fokus methodisch-didaktischen Handelns. Zu diesem Zweck bildet der interdisziplinäre Umgang in der Auseinandersetzung mit audiovisuellen Medien einen wichtigen Eckpfeiler bei der Ausbildung von Medienkompetenz. Die Kenntnis und vor allem die Anwendung bildnerischer und literarischer Mittel qualifizieren Schüler zu einem einerseits hedonistischen, praxisorientierten, aber auch andererseits kritischen und reflektierten Umgang mit den neuen Medien. Unter dieser Zielsetzung verfassten Schüler im Rahmen eines Unterrichtsprojektes »Miteinander leben« auf der bildnerischen Grundlage eines Comics, als abstrahierte Adaption einer literarischen Vorlage, ein Storyboard und erstellten daraufhin einen Kurzfilm, in dem sie zunächst Bildsequenzen nach ästhetischen Kriterien entwarfen und ausarbeiteten und anschließend in ein audio-visuelles Medium übersetzten. Bei diesem Unterrichtsprojekt, das Gegenstand des Beitrags sein wird, stand der Prozesscharakter – das learning by viewing and doing – im Vordergrund.

Didaktische Verortung medialen Lernens

Fachliches Lernen als Klärung von Gegenständen und Entwicklung von Kompetenzen bildet den thematischen Schwerpunkt des aktuellen didaktischen Diskurses: Wie kann und soll eine kognitiv basierte und kompetenzorientierte Behandlung von Unterrichtsgegenständen im Kontext der diversen medialen Ausdrucksformen aussehen? Um bei dieser Fragestellung dem zunehmenden Primat des Bildes und dessen paradigmatischen Erzählstrukturen in Bilderfolgen gerecht werden zu können, wird in den letzten Jahren zunehmend die Forderung nach einer spezifischen Bildwissenschaft als eigener Disziplin mit entsprechender Terminologie lauter, um in dieser Konzepte für Bildtypologien und Bildfunktionen zu entwickeln, mit deren Hilfe man dem zeitgenössischen Phänomen des »iconic turn« in Unterrichtsprozessen didaktisch-methodisch begegnen kann. Die Vorrangstellung des Bildes und dessen Omnipräsenz in schulischen als auch alltäglichen Lebensbezügen erfordert zur Klärung bildimmanenter Strukturen ein adäquates Begriffsrepertoire für eine mündige Auseinandersetzung mit medialen Unterrichtsinhalten. Die aktuelle Sprachdidaktik postuliert in dem Sinne »eine Perspektivenöffnung hin zu einer Medienreflexion, die Medialitätsreflexion ist, und hin zu einer Sprachkompetenz, die Sprache als Medium im Kontext anderer Medien zu verstehen und zu nutzen in die Lage setzt« (Wichert 2010: 16). In diesem Sinne leistet der Erwerb von fachspezifischen Terminologien primärer, sekundärer und tertiärer Medien einen unverzichtbaren Beitrag zum kritischen und reflektierten Umgang mit der aktuell existierenden Medienvielfalt.

Richtlinienbezug im Kontext der Medienkompetenz

Schaut man sich die aktuellen Kernlehrpläne für das Fach Deutsch einerseits und die Praxis andererseits an, wird man mit Verwunderung die Diskrepanz zwischen der Forderung und der Realisierung eines medienreflektierten Unterrichts feststellen. Der Erwerb von Medienkompetenz als Schlüsselqualifikation ist in den Kernlehrplänen zwar allgemein formuliert, deren systematische Vermittlung und Umsetzung findet jedoch im Deutschunterricht de facto nach wie vor kaum statt. Medienerziehung erfolgt nach wie vor auf dem Hintergrund vorrangig passiver Perzeptionsvorgänge mit dem Ziel, eine kritische distanzierte Haltung Jugendlicher gegenüber den ›medialen Flutwellen‹ zu erzeugen. Der handlungsorientierte und experimentelle Umgang mit unterschiedlichsten, zum einen herkömmlich-traditionellen und zum anderen integrativ-neuen Medien findet dagegen schwer den Zugang in die Unterrichtsräume. Viele Lehrer sehen sich einerseits angesichts der straff gefassten Lehrpläne inhaltlich an die Vermittlung von Basiskompetenzen im Hinblick auf den Schulabschluss gebunden und andererseits aus organisatorischen und fachlichen Gründen außerstande, den Aspekt der Intermedialität und der Medienkonvergenz in den Blickpunkt des Unterrichtes zu rücken.

1. Der Comic im Deutschunterricht

Gerade im Hinblick auf die Entwicklung und Förderung eines differenzierten Medienverständnisses eignet sich das Genre Comic aufgrund seiner komplexen bildnerischen und sprachlich komprimierten strukturellen Beschaffenheit als didaktisch-methodisches Vehikel im Deutschunterricht. In diesem Zusammenhang bietet das Genre viele Ansätze der Integration von Medienperzeption, Mediennutzung und Medienreflexion. Darüberhinaus greift dieses Genre als Lektüre die Rezeptionsgewohnheiten jugendlicher Leser auf, da es in seiner Aspekthaftigkeit die Lebenswirklichkeit der Schüler widerspiegelt. Rezeptionsgeschichtlich betrachtet herrscht, bezogen auf das Genre Comic, bis in die 70er Jahre das Stigma der minderwertigen Literatur vor: Der Comic wird als triviales Medium herabgewürdigt und ihm wird jeder ästhetische Anspruch abgesprochen. So fördern diese Storys laut Meinung der Genrekritiker ein plakatives, klischeebesetztes Weltverständnis. Die Didaktik forderte daraufhin einen ausschließlich medienkritischen Umgang mit der Textsorte, um ein Bewusstsein für die Gewaltmechanismen und die stereotype Darstellung der Protagonisten und der Szenerie des Comics zu schaffen (vgl. Dolle-Weinkauff 1990). Dahrendorf forderte hingegen bereits in 1980er Jahren eine unvoreingenommene Literaturbegegnung, wohingegen er eine bewahrpädagogische Haltung und einen Kulturpessimismus für kontraproduktiv und didaktisch–methodisch ineffizient hält (vgl. Dahrendorf 1971: 19f.). Verschiedene Curricula forderten bereits vor nunmehr 30 Jahren eine Einsicht in die Gestaltungsmöglichkeiten des Comics, seine sprachliche und bildnerische Darstellung. Die Behandlung von Comics im Deutschunterricht erfolgt jedoch nach wie vor eher stiefmütterlich.

2. Phänomenologische Strukturen des Comics

Im Genre Comic lassen sich als Gegenstand des Deutschunterrichtes primär vier Phänomene klassifizieren, die dessen Komplexität in sprachlicher, bildnerischer, akustischer und dramatischer Hinsicht zum Ausdruck bringen. Diese sollen im Folgenden genauer betrachtet werden (vgl. Abb. 1 u. 2).

Abbildung 13 u. 2: Die vier phänomenologischen Aspekte des Comics.

Das Sprachphänomen

Im Comic wird Sprache extrem reduziert und vereinfacht. Epische Elemente werden durch separate Begleittexte am unteren oder oberen Bildrand häufig auf einen Satz beschränkt und Dialoge und Monologe werden mittels Sprechblasen zum Ausdruck gebracht, um den semantischen Kontext der bildhaften Darstellung zu klären. Die Kontur der Sprechblase markiert diese kleinen Sinneinheiten. Die Beschaffenheit der Konturlinie gibt Aufschluss über die Artikulationsform der verbalen oder nonverbalen Spracheinheiten. Handelt es sich um Gespräche, Ausrufe, Gedanken oder Gefühle, werden diese durch differenzierte Formen, wie zum Beispiel zackig, gewellt, rund oder rechteckig ausgedrückt. Diese formalen Codes, die über die Beschaffenheit der Konturlinie, die eingeblendeten Sprachanteile als Erzählung, Dialog, Monolog, Emotion oder Laut ausweisen, finden schon zur Stummfilmzeit Anwendung, um semantische Bezüge für den Rezipienten klar herauszustellen. Die Gegenüberstellung von Bild und Wort und deren komplementäre Sichtung betonen die Gleichrangigkeit der beiden Elemente. In diesem Zusammenhang kann man beim Comic auch vom gelesenen Bild und gesehenen Wort sprechen (vgl. Brunner 2009).

Das bildnerische Phänomen

Arbeitet das sprachliche Phänomen vorwiegend mit der Reduktion epischer Elemente auf kleine konturierte Sinneinheiten, wird im bildnerischen Phänomen das gesamte Flächenspektrum des Bildausschnittes zur gestalterischen Entfaltung genutzt. Von den umfangreichen bildnerischen Ausdrucksmitteln des Genres Comic werden im Folgenden exemplarisch einige aufgezeigt, die den ästhetischen Gehalt des Comics deutlich herausstellen. Als ein Gestaltungselement findet sich die *Pose* im Comic. Sie verwandelt in einem Standbild die epische, lyrische und dramatische Seite einer Story in einen imaginativ und interaktiv wirkenden Bildausschnitt. Der Fokus auf das Fragment verlangsamt und intensiviert den Rezeptionsvorgang und ruft vielseitige Assoziationen auf Seiten des Lesers bzw. Betrachters hervor. Ein weiteres Gestaltungselement bildet die Bewegungslinie, die einer optischen Metapher gleicht und als Linie für ein unsichtbares Phänomen steht (vgl. Brunner 2009). Sie visualisiert Dynamik durch *Speedlines*, gibt Richtungen vor oder lenkt das Auge des Betrachters in eine vorgegebene Bahn. Die Überblendung fasst das zeitliche Phänomen im Comic. Sie verursacht den Eindruck der Geschwindigkeit sowie der Zeitraffung und forciert das simultane Erlebnis innerhalb des Comics. Hier steht der Comic in der kunsthistorischen Tradition des analytischen Kubismus. Marcel Duchamp integriert als ein Vertreter dieser Kunstrichtung das Phänomen der Simultanität in seine hoch abstrahierten figürlichen Darstellungen.

Als weiteres Gestaltungsprinzip des Comics findet sich die flächenhafte Gestaltung der agierenden Protagonisten. Der individuelle Ausdruck einzelner Figuren fällt einer typenhaften Darstellung zum Opfer. Als Identifikationsanker suggeriert die Typendarstellung die unmittelbare Teilhabe des Lesers am Geschehen. Der Einsatz von Unschärfe in Bildteilen versucht, das räumliche Wahrnehmungsvermögen des Betrachters widerzuspiegeln, so dass das Gefühl der unmittelbaren Sicht auf das Geschehen hervorgerufen wird. Der »*SD Style*«, der Super deformed Style mit dem Fokus auf Gesicht, Augen und Mund stilisiert die Gesichtspartie zum Aussageträger. Vor allem die affektive Seite des Betrachters soll angesprochen werden. Hierzu wird auch auf das Kindchen-Schema zurückgegriffen. Die Figuren weisen in ihrer Darstellung bisweilen Merkmale einer Karikatur auf. Doch nicht nur die Figuren erscheinen im Comic von gestalterischen Grundsätzen geprägt, sondern auch die Darstellung des Raumes sowie die Flächengestaltung unterliegen ästhetischen Gestaltungskriterien. Bildnerische Mittel, wie zum Beispiel die Verwendung von Farbkontrasten, von Symbolfarben und von Signalfarben, finden in Anlehnung an ästhetische Vorbilder und Darstellungsmodi der Bildenden Kunst im Comic Anwendung. Als weitere Gestaltungsvorbilder fungieren ästhetische und profane Phänomene aus der Werbung und dem Alltag. Neben der Qualität der Farben tragen auch die quantitativen Ausmaße der Farbflächen zur semantischen und pragmatischen Kontextuierung einzelner Bildpassagen bei. Darüberhinaus erhöht die flächenhafte, oft monochrome Darstellung den für den Comic so charakteristischen plakativen Ausdruck nicht nur auf bildnerischer, sondern auch auf narrativer Ebene.

Das akustische Phänomen

Signalwirkungen in Comicdarstellungen können zum einen durch die Verwendung bildnerischer Gestaltungsmittel entstehen, zum anderen aber durch akustische Wortzeichen, die den sensorischen Reiz bei der Rezeption dieses Genres immens erhöhen. Im Comic finden sich *Soundwords*, die einen onomatopoetischen Eindruck beim Rezipienten evozieren. Eine Analogie dazu findet sich in den lautmalerischen Elementen der konkreten Poesie. Diese Lautmalereien rufen verstärkt synästhetische Eindrücke beim Rezipienten hervor, sie wirken bei der Intonation atmosphärisch und erzeugen Spannungsmomente. Auditive Eindrücke werden durch typographische Wortbilder zum Ausdruck gebracht. Durch perspektivisch gestaltete Schriftbilder simuliert die Comicdarstellung eine Steigerung der Geräuschkulisse. Die Wirkung der Lautstärke und die Signalwirkung der Soundwords hängen von deren Form, deren Größe, Konturform und Reduplikation ab. Durch die Überschreibung der Bildgrenzen rufen die Soundwords eine akustische Dynamik zwischen den Bildern hervor. Die Wortzeichen werden so zu eigenständigen Bildzeichen und sind nicht mehr nur textuelle Symbole. Sie erhalten körperhafte Qualitäten. Damit oszillieren narrative und visuelle Elemente im Comic und treten gleichberechtigt nebeneinander.

Das dramaturgische Phänomen

Die Interdependenz von Wort- und Bildzeichen und deren reziproke Wirkungsweise leiten zu einem weiteren prägnanten Phänomen von Comicdarstellungen über. Mit ihrer spezifischen Zeichensprache aus Textbausteinen und Bildelementen übersetzen Comics einen literarischen Stoff in eine dramatische Szene. Die Darstellungen ähneln einer in Segmente unterteilten Inszenierung. Von daher können die detaillierten Comicdarstellungen mit einem Drehbuch verglichen werden, das als Grundlage für eine dramaturgische Umsetzung auf der Bühne oder für den Film herangezogen werden kann. Rezeptionsgeschichtlich erinnert die Comicdarstellung auch an die Inszenierung des Bänkelliedes aus dem 19. Jahrhundert oder an die Moritatendarstellung, die ebenfalls auf höchst abstrakter Ebene Geschichten auf großen Bildtafeln zur Schau stellt. Diese Mordsgeschichten, die zur Befriedigung naiver Moralvorstellungen dienten, arbeiten wie der Comic mit plakativen Gestaltungsmitteln und laden den Betrachter zu einer hohen affektiven Identifikation mit der Story ein. Diese Bildergeschichten wurden zumeist von der Bevölkerungsschicht konsumiert, die aufgrund ihrer Herkunft von Literalität ausgenommen war. Der Comic greift als Genre auf die Gestaltungsmittel des Dramas zurück, integriert epische, lyrische und dramatische Elemente in die Bilderfolgen und beschreibt in seinem Verlauf eine dramaturgische Spannungskurve.

Vorhandenes Textmaterial wird in Bildsequenzen umgestaltet und sprachliche Äußerungen werden in konkrete gestische und mimische Ausdrücke umgewandelt. Die einzelnen Bilder des Comics besitzen dabei eine inhaltliche und formale Affinität zu den Standbildern der Guckkastenbühne aus dem 19. Jahrhundert. Die Standbilder des Comics werden bewusst so inszeniert und komponiert, dass sie eine kontinuierliche dramatische Szene ergeben.

3. Der Comic als Intermediär

Den Fokus des Unterrichtsprojektes bildete die Verwendung des Genres Comic als intermediäres Vehikel im Rahmen eines medienreflektierten Unterrichtsprozesses. Der Begriff des Intermediär existiert in der Biologie, der Medizin, der Geologie und der Wirtschaft, um nur einige Bezugsfelder zu erwähnen. Im Folgenden soll das Intermediär als Terminus technicus auf vier für das Unterrichtsprojekt relevante Aspekte eingegrenzt werden (vgl. Abb. 3).

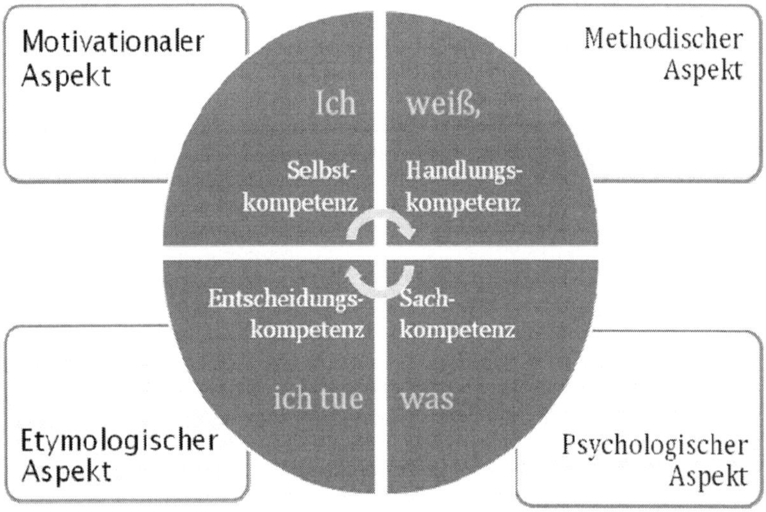

Abbildung 3 :Interdependenz von Kompetenzerwerb und Intermediär

Der etymologische Aspekt

Betrachtet man zunächst einmal den etymologischen Aspekt des Begriffs, klassifiziert dieser das Intermediär als einen Vermittler, als etwas Dazwischenliegendes, das eine Verbindung zwischen zwei Gegenständen objektiver oder subjektiver Natur herstellt. In der Kommunikationstheorie wird mit dem Intermediär ein zwischen den Medien vermittelnder Akteur bezeichnet. Der etymologische Kontext wird uns noch eine Weile begleiten, da er den Übergangsstatus des Intermediärs in kommunikativen Prozessen recht plastisch fasst und somit seine Funktion als verbindendes Glied in einem kognitiven oder affektiven Klärungsprozess ausweist. Dies wird für das folgende Unterrichtsprojekt von nachhaltiger Bedeutung sein.

Der motivationale Aspekt

Das Intermediär stimuliert als Comicvorlage das räumlich-konkrete Vorstellungsvermögen der Schüler und eröffnet ihnen Imaginationsspielräume zur kognitiv-affektiven Inszenierung des im literarischen Stoff episch entfalteten Szenarios. Dabei wirkt die Klarheit, Prägnanz und Plakativität der Comicvorlage als Motivationsschub und Strukturierungshilfe, da die sequentielle Bilderfolge differenzierte Hilfen anbietet, den Gestaltungsauftrag umzusetzen. Die Schüler können, auf dem Hintergrund des Bildmaterials, Leerstellen assoziativ füllen, Ausschnitte der Wirklichkeiten erweitern, diese verändern und neu organisieren. Das Motivationsmodell nach Schuler weist einige Parameter zur Messbarkeit von Motivation aus, die der Comic als Intermediär im hohen Maß erfüllt. Zu den Motivationsparametern zählt Schuler unter anderen die Erfolgsaussicht, die Lernbereitschaft, die Selbstkontrolle, die Transparenz und den Schwierigkeitsgrad (vgl. Schuler/Prochaska 2000). Zunächst einmal wird die Erfolgsaussicht zur Umsetzung der Projektidee und zur Transformation des Gegenstandes in ein audio-visuelles Medium durch das intermediäre Vehikel und dessen inhärente Strukturvorgaben erhöht. Ebenfalls erhöht wird die Lernbereitschaft der Schüler durch die Anschaulichkeit eines verbalen Abstraktums in Form der Comicvorlage. Die Selbstkontrolle der Schüler im laufenden Arbeitsprozess wird durch die segmentierten Bildteile erleichtert. Darüber hinaus ist die Transparenz des Auftrags durch den visualisierten Arbeitsprozess der einzelnen Projektphasen anhand des Dokumentationsmaterials in der Medienwerkstatt sichergestellt und die Kriterien zur Umgestaltung sind für die Schüler einsichtig. Durch die Abstraktion und Reduktion des Textes auf kleine, überschaubare Bildteile wird der Schwierigkeitsgrad des Arbeitsauftrages gering gehalten und Frustration durch Überforderung vermieden. Das Gleiche gilt für die angstfreie Bewältigung der Aufgabe, was Schuler mit dem Begriff der Furchtlosigkeit auf den Punkt bringt (vgl. ebd.). Alle fünf Parameter des Motivationsmodells sind auf den Comic als motivationales Intermediär anwendbar und initiieren Spielräume selbstgesteuerten Lernens.

Der psychologische Aspekt

In der Psychologie stellt das Intermediär ein individuell gewähltes Übergangsobjekt dar, das mit subjektiven Bewusstseinsinhalten gefüllt wird. Es repräsentiert als Dingsymbol einen Gegenstand und die sozialen Erwartungen, die sich auf diesen Gegenstand beziehen. Im Rahmen der psychoanalytischen Objektbeziehungstheorie stellt das intermediäre Objekt nach Winnicott (1997) ein Übergangsobjekt zwischen Mutter und Kind dar. Das Intermediär kann Gegenstand, Wort und Geste sein und wird ab dem sechsten Monat vom Kleinkind verwendet. Je nach Entwicklungsprozess und Entwicklungsstand löst das Spiel als Handlungsalternative das intermediäre Objekt ab. Mit Hilfe innerer Vorstellungen können Ängste, Wünsche, Affekte und Konflikte des Subjekts im intermediären Raum oder an dem intermediärem Objekt ausgelebt, ausgetragen und unter ein individuell stimmiges kognitives Muster subsumiert werden. Die Imagination verarbeitet Erinnerungen des Subjektes, integriert diese in individuelle Lebenswirklichkeiten, entwirft neue Perspektiven und Handlungsalternativen, bereitet einen Nährboden für utopisches Denken und Handeln und dient Selbstfindungsprozessen. Das intermediäre Spiel ist Ausdruck schöpferischen Handelns in der Konfrontation mit einer äußeren Wirklichkeit. Gemeinsame Erfahrungen in intermediären Räumen, wie zum Beispiel in der Kunst, Philosophie und Religion dienen der individuellen Standortbestimmung und können zur Modifizierung des Weltbildes und Selbstbildes beitragen. Das beschriebene Unterrichtsprojekt offerierte den Schülern über das intermediäre Vehikel diese Erfahrungen und intendierte damit Selbstbildungsprozesse der Schüler.

Der methodische Aspekt

Die Comicvorlage als Intermediär, bzw. als intermediäres Vehikel stellt ein verbindendes Glied zwischen literarischem Stoff und audio-visuellem Medium dar. Zugleich verbindet diese bildhafte Darstellung die äußeren und inneren Eindrücke der Schüler in der Literaturrezeption. Eine Verbindung von Comic und Kurzgeschichte besteht jedoch nicht nur aufgrund der Funktion und des Einsatzes des Comics als Vermittler und Übergangsobjekt zwischen zwei Medientypen sondern auch aufgrund gattungsspezifischer Analogien der beiden Textsorten zueinander. Beide Gattungen arbeiten mit der flächenhaften Darstellung des Szenarios und der darin agierenden Protagonisten. Beide weisen zudem einen fragmentarischen, offenen Gestaltungsrahmen auf. Die flächenhafte, plakative Darstellung des intermediären Comics klärt inhaltliche und formale Strukturen der Kurzgeschichte auf vorrangig visueller Ebene und macht den Arbeitsprozess durch die bildnerischen Vorgaben transparent. Das Intermediär ist ein Instrument zur Realisation der medialen Transformation des Gegenstandes.

Ein sprachliches Abstraktum erhält somit optische Prägnanz und wird komplex sinnlich erfahrbar und konkret fassbar. Der Comic eröffnet dem Rezipienten in seiner Funktion als Übergangs-, bzw. Umgestaltungsobjekt affektive Zugänge, Assoziations- und Interpretationsspielräume. Das kann geschehen durch einen initiierten Perspektivwechsel, respektive durch eine Rollenübernahme zur Identifikation mit einem Protagonisten, einer Situation oder der Atmosphäre des jeweiligen Szenarios. So können Bedürfnisse, Erlebnisse, emotionale, kognitive und psychomotorische Komponenten erlebt, erfahren und transferiert werden. Der Unterrichtsprozess ist primär schülerzentriert ausgerichtet und wird vom Lehrer beobachtend begleitet. Dieser achtet auf die Einhaltung der gestalterischen Vorgaben. Durch die Abstraktion, Reduktion und Segmentierung des literarischen Stoffes in überschaubare Bildeinheiten und Bilddetails wird der Blick der Schüler für ästhetische Phänomene und deren strukturelle Beschaffenheit geschärft. Der Lernprozess erfolgt auf diesem Hintergrund bewusst verlangsamt und verzögert und wirkt damit auch der zunehmenden Dynamisierung des Bildes in Wahrnehmungsprozessen entgegen. Damit wird en passant ein entscheidender Beitrag zur ästhetischen Erziehung geleistet. Evoziert wird in diesem Prozess die aktive, sinnstiftende Auseinandersetzung der Schüler mit dem Gegenstand, wobei das äußere, literarische Objekt mit dem imaginativ inneren verbunden werden kann. So kann über das mediale Identifikationsangebot subjektive Sinnbildung und eine nachhaltige, lebendige Literaturaneignung des »bornierten Subjekts« im Sinne Krefts (1977) stattfinden. Darüber hinaus findet unter Einbezug interdisziplinärer Terminologien im Wechsel von Produktion und Reflexion ein handlungsorientierter Umgang mit medialen Formen und Zugriffsweisen im Rahmen eines intermedial ausgerichteten Unterrichts statt.

Vier Aspekte im zirkulären Kontext vierer Kompetenzen

Alle vier skizzierten intermediären Aspekte besitzen eine Relevanz für das nachfolgend dargestellte Unterrichtsprojekt und intendieren dabei die Förderung und Stärkung der Selbstkompetenz, Sachkompetenz, Handlungskompetenz und Entscheidungskompetenz der Schüler.

4. Überlegungen zum Unterrichtsprojekt

Unter der Zielsetzung, einen Comic als intermediäres Vehikel im Unterrichtsprozess zur literarischen Adaption einer Kurzgeschichte methodisch zu funktionalisieren, stand das Genre als Übergangsobjekt zwischen literarischem Stoff als erstem Medium und dessen audio-visueller Transformation in ein zweites Medium. Bei diesem Vorhaben stand die sinnliche und analytische Zugriffsweise der Schüler auf den Gegenstand und dessen experimentelle Erprobung und Erfassung im Vordergrund (vgl. Abb.

4). Über einen intermedial ausgerichteten Unterrichtprozess sollte Schülern die Erfahrung von Mediendifferenz ermöglicht werden, um sie auf diesem Wege zu einer genuin medientheoretischen Lesart der Künste zu befähigen und sie verstehen zu lassen, wie die einzelnen Kunstformen aufgrund ihrer Spezifik ästhetische Wirkung entfalten (vgl. Frederking 2010).

Abbildung 4:Didaktische Struktur des Projektverlaufs

Allgemeine Bedingungen

Die Lerngruppe setzte sich aus Schülern der sechsten, siebten und achten Klasse im Alter zwischen 12 und 14 Jahren zusammen. Die Schülerinnen und Schüler hatten im Vorfeld *keine* Erfahrungen in der analytischen und reflektierten Arbeit mit audio-visuellen Medien sammeln können, so dass die Einführung in die Grundkenntnisse spezifischer Gestaltungsmerkmale der Textsorte Comic und audio–visueller Medien auf stark reduziertem Niveau stattfinden musste. Ihrem Entwicklungsstand und ihren Rezeptionsgewohnheiten entsprachen jedoch die Auswahl der Textsorte und der geplante Medieneinsatz. Der handlungs- und produktionsorientierte Umgang mit der Textsorte Comic und die Transformation der literarischen Vorlage in visuelle und audio-visuelle Medien kam den Vorlieben und der Lebenswirklichkeit der Schüler sehr entgegen. Das Unterrichtsprojekt erstreckte sich über einen Zeitrahmen von drei Tagen, von denen der erste der Begegnung mit dem Themenkomplex Freundschaft und einer Unterrichtseinheit zur Erarbeitung filmischer Gestaltungsmittel in einer partiellen Filmanalyse gewidmet war, der zweite der Literaturbegegnung und der Projektideefindung, deren Planung und Organisation. Der dritte Tag stand dann ausschließlich im Dienste der Dreharbeiten zur Erstellung des

Films, dessen schnitttechnischer Bearbeitung und der Vorbereitung der Präsentation.

Didaktische Reduktion

Angesichts der didaktischen Zielsetzung, den Comic als Intermediär zu nutzen, konnte auf die die Erarbeitung der Rezeptionsgeschichte des Genres Comic verzichtet werden, da diese nicht im Fokus des Unterrichtsprojektes stand. Ebenfalls abgesehen wurde von der umfassenden Vermittlung filmischer Ausdrucksmittel, da auch dies nicht Gegenstand des Vorhabens war und lediglich eine partielle Filmanalyse zur Analyse und Aneignung grundlegender Schnitttechniken, Einstellungsgrößen, Kameraperspektiven und Montageformen erfolgte. Die Erarbeitung des semantischen Kontextes musikalischer Elemente im Film wurde bewusst außen vorgelassen, da die zunehmende filmtechnische Komplexität der Transformation des literarischen Stoffes von den Schüler ein zu hohes Maß an Frustrationstoleranz einfordern und deren Elaborationsfähigkeit gemindert hätte. Wegen der zeitlichen Enge fand die Textbegegnung mit der literarischen Vorlage anhand eines komprimierten Lehrervortrages statt, der gezielt zur ersten medialen Transformation in Form der Comicvorlage überleitete und die Schüler für die vielfältigen medialen Ausdrucksmöglichkeiten von Gegenständen sensibilisierte und sie diese erleben ließ. Da die Schüler keinerlei Erfahrungen mit der Erstellung von Storyboards hatten und ihnen zudem die graphischen und illustratorischen Fähigkeiten und Fertigkeiten zur Anfertigung eines solchen fehlten, konnten sie auf die Comicvorlage als Realisationsmedium zur Anfertigung eines fragmentarischen Storyboards zurückgreifen. Durch dieses Hilfsmittel waren bereits die Entscheidungen über Einstellungsgröße, Schnittvorgaben, Handlungsort und Handlungsperspek- tiven getroffen. Dies erleichterte die Transformation in das audio-visuelle Medium.

5. Durchführung des Unterrichtsprojektes

Das Unterrichtsprojekt gliederte sich in drei große Teilbereiche. Der erste, theoretische Bereich befasste sich mit dem Themenkomplex Freundschaft und ließ die Schüler auf phänomenologischer Basis die vielseitigen filmischen Ausdrucksmittel anhand eines Jugendfilms sehen und erleben. Auf der Grundlage ihrer Erlebnisse lernten die Schüler Bestandteile des terminologischen Begriffsinstrumentariums einer Filmanalyse kennen und erprobten dieses anschließend in kleinen Sequenzen experimentell. Der zweite, reflektiv-praktische Bereich stand im Zeichen der Textbegegnung mit der Kurzgeschichte Ilse Aichingers, die einen ganz speziellen Aspekt des Themas Freundschaft gesellschaftskritisch transportiert. Angeregt durch den literarischen Stoff entwickelte sich die Projektidee der Transformation der

Textsorte Kurzgeschichte über eine Comicvorlage als intermediäres Vehikel in ein audio-visuelles Medium. Der dritte und letzte, vorrangig produktive Bereich widmete sich der Organisation, Strukturierung und Umsetzung der Dreharbeiten zum Film.

Projektphase I – Themenbegegnung und themenzentrierte Filmanalyse

Als Einstieg in das Unterrichtsprojekt diente ein stummer Wortimpuls an der Tafel, der den Begriff »Freundschaft« festschrieb und einen breiten Assoziationsspielraum eröffnete. Die Schüler artikulierten ihre Vorstellungen, Wünsche und Hoffnungen zum Thema Freundschaft und repräsentierten in ihren Aussagen normative Schablonen und klischeebesetzte Erwartungshaltungen zu dem Begriff. Passend zu ihrem Entwicklungsstand spiegelten die Äußerungen der zwölf- bis vierzehnjährigen Schüler geschlechtsstereotype Vorstellungen zu dem vorangestellten Wertebegriff wider.
Die Präsentation des Jugendfilms setzte gerade im Hinblick auf das aktivierte Vorwissen der Schüler innovative Akzente und sorgte sowohl inhaltlich als auch formal für Perturbationen bei den Jugendlichen.[54] Die Konfrontation mit einer weiblichen, jungenhaften Heldin, die sämtliche Geschlechtsstereotypen über Bord wirft, löste allgemeine Verwirrung bei den Schülern aus, rief aber vor allem das Bedürfnis hervor, sich näher mit dem Film und dessen inhaltlichen und formalen Ausdrucksmitteln zu befassen. Die folgende Unterrichtssequenz beschäftigte sich demzufolge mit der partiellen Filmanalyse, die fokussiert den Blick auf ausgewählte filmische Mittel, wie die Einstellungsgröße und deren Ausdrucksmöglichkeiten, und die Kameraperspektive als Mittel zur Charakterisierung der Protagonisten über die Wahl des Blickwinkels richtete. Die Schüler erhielten klare Beobachtungsaufgaben. Sie sollten ihr Augenmerk auf verschiedene Gestaltungsmittel richten, wie z.B. die Figurendarstellung, den Einsatz von Licht und Farbe, die räumliche Inszenierung und die Wirkung von musikalischen und sprachlichen Elementen und anschließend dem Plenum das Ergebnis ihrer

[54] Inhaltsangabe: Joe lebt nach dem Tod der Mutter im Zirkus bei ihrem gewalttätigen Onkel, mit dem sie als Artistin auftritt. Er zwingt sie, sich als Junge auszugeben und verbietet ihr den Kontakt zu sesshaften Menschen. Als der Zirkus in einem kleinen Ort am Meer gastiert, lernt Joe dort Chris, einen altersgleichen Jungen, kennen und freundet sich mit ihm und dessen Familie an. Die innige Beziehung besiegeln die beiden durch ein gemeinsames Symbol, einer Silberkette, die beide fortan als Zeichen ihrer Freundschaft tragen. Als Joes Onkel von der Freundschaft der beiden erfährt, verliert er die Beherrschung, verprügelt Joe mit seiner Gürtelschnalle und fügt ihr dabei schwere Verletzungen zu. Aus Angst flüchtet Joe in ein Geheimversteck am Strand. Dort findet Chris sie nach langer Suche dann. Joe offenbart ihm in ihrer Notlage ihr Geheimnis und gibt sich als Mädchen zu erkennen. Am nächsten Morgen entdeckt Joes Onkel jedoch das Versteck am Strand und holt sie mit Gewalt in den Zirkus zurück. Daraufhin eskaliert die Situation.

Beobachtungen mitteilen. Die fokussierte Betrachtung einzelner Standbilder des Films sublimierte die Beobachtungsgabe der Schülerinnen und Schüler. Die zunächst bestehenden Vorbehalte zu dem Filminhalt, zu den eher langsamen Bildschnitten und zur Konzentration auf einzelne Bilddetails, die als deskriptives Syntagma die emotionale Aufladung der Szenerien evozieren, schwanden zunehmend. Die anfangs zum Ausdruck gebrachte Ablehnung machte über die Kenntnis und die Einsicht filmischer Gestaltungsmittel und Gestaltungskriterien einer zunehmenden Wertschätzung der Schüler für die Machart des Films Platz. Zur Transparenz und nachhaltigen Festigung der erarbeiteten Gestaltungskriterien fertigten die Schüler Plakate zur schriftlichen Fixierung der Gestaltungsmittel des Films an und kolorierten diese anschließend. Der Projektraum nahm mit den gestalteten Plakaten zunehmend die Gestalt einer Medienwerkstatt an (vgl. Abb. 5 und 6).

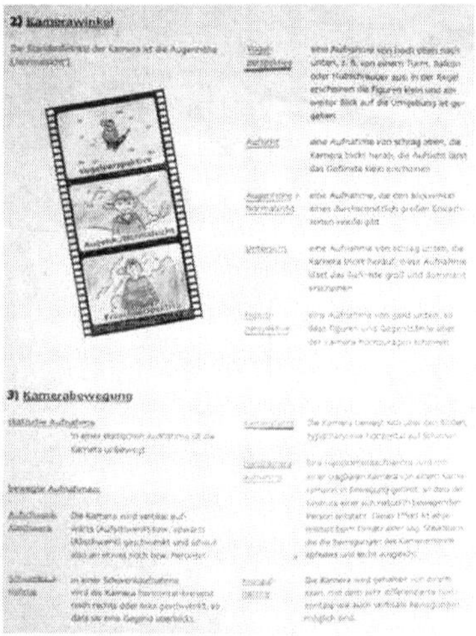

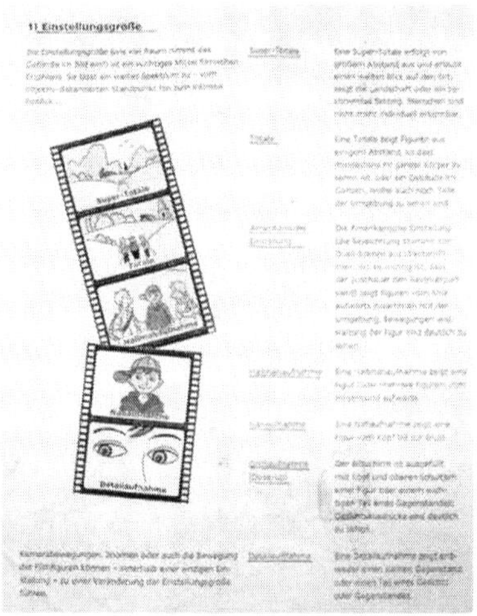

Abbildung 5 und 6: Schülerplakate - Gestaltungsmittel des Films.

Diese erstellten Hilfsmedien gaben zum einen Einsicht in die Gestaltungskriterien der Filmproduktion und stellten zum anderen ein differenziertes Angebot für die Bewältigung des anstehenden Gruppenarbeitsauftrags dar. Mit Playmobilfiguren erprobten die Schüler in kleinen Filmsequenzen die Anwendung und Umsetzung vorher aufgestellter Gestaltungskriterien, wie den Wechsel der Einstellungsgrößen und der Kameraperspektive, und sammelten dabei erste Erfahrungen mit der dramatischen Inszenierung eines fiktiven Stoffes und mit dem Umgang mit technischen Arbeitsmitteln. Der Wechsel zwischen Reflexion und Produktion förderte den Unterrichtsprozess und die Motivation der Schüler ungemein. Die Identifikation mit dem Gegenstand und mit der Gestaltungsaufgabe sowie die Lösung inhaltlicher und technischer Probleme fanden hochkonzentriert und von anhaltender Begeisterung und Freude begleitet statt. Die Vorstellung der kleinen Sequenzen und deren kritisch-reflektierte Betrachtung fanden dann im Sinne einer konstruktiven Wertschätzung und Anerkennung der geleisteten Arbeit statt.

Projektphase II – Literarischer Stoff und Intermediär

Im diesem Schritt ging es darum, den Schülern die Universalität des Begriffs »Medium« transparent zu machen. Jeder objektive als auch subjektive Gegenstand kann zum Medium einer kognitiven und affektiven Auseinandersetzung mit der Lebenswirklichkeit zur Strukturierung derselben erhoben werden. Insoweit bildet der literarische Text der Autorin Ilse Aichinger ein textuelles Medium, das unter der Berücksichtigung sprachlicher und stilistischer Merkmale kommunikativ wirksam werden kann. Nach dem dreigliedrigen Klassifikationsmodell von H. Pross kann bei der literarischen Textvorlage auch von einem sekundären Medium gesprochen werden (vgl. Pross1972, S. 145ff.). Die Aneignung eines literarischen Stoffes impliziert die kognitive und affektive Identifikation mit Inhalt und Form des sprachlichen Mediums. Diese Identifikation kann auf vielfältige, medial differente Weise erfolgen. Unterrichtsgegenstände können auf vorrangig kognitiver, aber auch räumlich- visueller und synästhetischer Ebene rezipiert werden. Ein komplexes mediales Angebot erhöht dabei die Identifikationspräferenz des Rezipienten und eröffnet diesem vielfältige sinnliche Zugänge, die breitgefächerte Assoziationsmuster für ihn bereithalten. Der Gedanke eines sinnlich komplexen Zugangs steuerte auch maßgeblich die Auswahl des vorgeschalteten Bildimpulses zur atmosphärischen Einstimmung auf das literarische Szenario der Kurzgeschichte und das geplante Unterrichtsprojekt. Erst nach der Fixierung der Antizipationen zum atmosphärischen Kontext des literarischen Stoffes folgte die Präsentation der Kurzgeschichte in Form eines akzentuierten Lehrervortrages.[55]

Der Lehrervortrag diente in diesem Zusammenhang der Vermittlung eines epischen Literaturgegenstandes. Zur Sicherung des Textverständnisses entstand im Anschluss an den Unterrichtsprozess ein Strukturdiagramm, das inhaltliche und formale Auffälligkeiten der Kurzgeschichte festhielt (vgl. Abb. 7).

---

2 Inhaltsangabe zu Ilse Aichingers *Fenstertheater*: In der Kurzgeschichte *Fenstertheater* thematisiert die Autorin Ilse Aichinger die Kommunikations- und Beziehungsstörungen in der Gesellschaft. Ein älterer Mann veranstaltet am Fenster ein Schauspiel, auf das eine verbitterte und vereinsamte Nachbarin aufmerksam wird. Sie interpretiert dieses als obszöne Gebärden des Mannes und informiert die Polizei. Zu aller Überraschung stellt sich dann heraus, dass der alte Mann lediglich ein Theaterspiel für einen Jungen am gegenüberliegenden Fenster inszeniert hat.

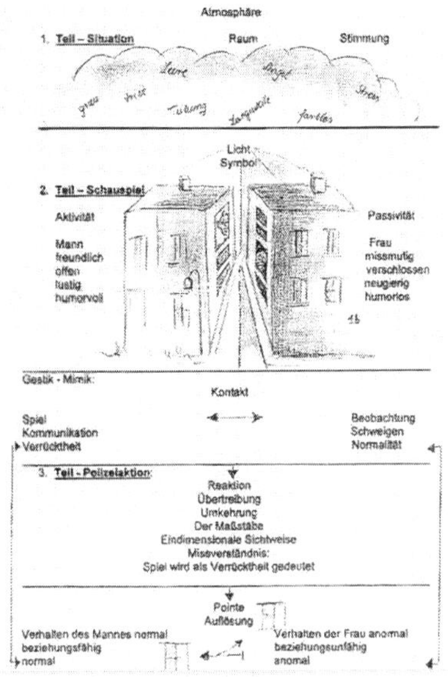

Abbildung 7: Strukturdiagramm zur Inhaltsstruktur der Kurzgeschichte

Nach der Klärung des inhaltlichen und formalen Szenarios der Kurzgeschichte und der Auseinandersetzung mit der geschilderten Beziehungsproblematik wurden die Schüler ohne Kommentierung mit der Comicversion zur literarischen Vorlage konfrontiert. Die Präsentation des Comics sprach das räumlich-visuelle Vorstellungsvermögen der Schüler an und konkretisierte als funktionalisiertes Intermediär die Textvorlage in plakativ-optischer Prägnanz (vgl. Abb. 8 und 9).

Nach einer lebhaften Diskussion über die inhaltliche Kongruenz des textuellen Mediums und des intermediären Vehikels und deren Unterschiede in der Erzähltechnik, der Erzählform und Erzählperspektive zeigten sich die Schüler begeistert, das dargestellte Szenario in eine Filmadaption zu übersetzen. Es entstand die Idee, dem Comic im wortwörtlichen und übertragenden Sinne auf die Beine zu helfen; der Comic sollte laufen lernen. Die Technik des Daumenkinos, die den Aspekt der Dynamik in eine graphische Darstellung integriert, diente als Beispiel zur Veranschaulichung des Transformationsvorhabens. Die Bilderfolge des Comics und deren übersichtlich gestaltete Bildausschnitte überzeugten die Schüler, die Durchführung dieser Aufgabe bewerkstelligen zu können. Die hohe affektive Identifikation mit der visualisierten Story motivierte die Schüler dazu, eine Transformation zu realisieren. Nach den anfänglich unstrukturiert geäußerten Vorschlägen zur Darstellung des räumlichen Szenarios, der Geräuschkulisse und zur Rollenverteilung erfolgte im Anschluss daran eine reflektierte Bestandsaufnahme der Gestaltungsvorschläge mit Hilfe strukturierter Arbeitshilfen, anhand deren die Aussagen in Arbeitsbereiche und Aufgabenfelder untergliedert werden konnten. Zur Strukturierung erhielten die Schüler ein vereinfachtes, aber anschauliches Muster eines Storyboards, das ihnen die Vorgehensweise bei der Erstellung eines Films plastisch machen sollte und zum nachfolgenden Gestaltungsauftrag überleitete, ein Storyboard zur Transformation der Kurzgeschichte des Comics anzufertigen (vgl. Abb. 10 und 11).

Abbildung 8 und 9 : Der Comicstrip als intermediäres Vehikel im Unterrichtsprozess

Bei der Anfertigung des Storyboards kristallisierte sich ein breites assoziatives Vorstellungsspektrum der Schüler zur gestalterischen Umsetzung der Handlung heraus. Der zuvor skizzierte psychologische und motivationale Aspekt des Intermediärs kam in dieser Projektphase zum Tragen. Imaginatives Denken und Fühlen der Schüler zum dargestellten Gegenstand divergierten inhaltlich und formal stark, so dass nur über eine argumentative Auseinandersetzung und eine rege Interaktion der Schüler zu einem Konsens und zu einer Einigung für die dramaturgische Umsetzung gefunden werden konnte. Eine lebendige Literaturaneignung, wie sie in der Planung angestrebt war, konnte in der kontroversen, aber konstruktiven

Auseinandersetzung im Arbeitsprozess der Schüler beobachtet werden. Die Schüler wählten, durch das Intermediär angeregt, einen individuellen Identifikationsaspekt aus der Bilderfolge aus, nahmen entweder einen Perspektivwechsel vor und die Haltung eines ihnen nahestehenden Protagonisten ein, fühlten sich von der räumlichen Atmosphäre oder von den bildnerischen Mitteln inspiriert, erweiterten imaginativ die Bildausschnitte mit eigenen Vorstellungen und überzeichneten anhand deren im wortwörtlichen und metaphorischen Kontext die Handlung, die Charaktere und die Raumsphäre, die nun objektiver Bestandteil des Comics und zugleich subjektiver Bestandteil der Gegenstands- und Bewusstseinsbildung waren. Damit nahmen die Schüler Inhalte der äußeren Wirklichkeit wahr, deuteten diese und nutzten diese zur eigenen Wirklichkeitskonstruktion. Bei der Frage der Sinnkonstituierung des empirischen Subjektes verweist Siegfried J. Schmidt unter anderem darauf, dass jede Wahrnehmung eines sozial agierenden Subjekts zugleich die Interpretation dieser Wahrnehmung intendiert. Wahrnehmung kann demzufolge nicht deutungsfrei erfolgen und impliziert schon in dem gewählten fokussierten Wahrnehmungsausschnitt die fragmentarische Erfassung von Weltbezügen. (vgl. Schmidt 1971). Entscheidend ist deswegen die vielschichtige Erfassung ästhetischer Phänomene, die zu einem möglichst umfassenden und differenzierten Weltverständnis führen. Die phänomenale Betrachtung des Intermediärs erzeugte und vereinte unterschiedliche Wahrnehmungsansätze der Schüler. In der gestalterischen Aufgabe der Transformation fand nun eine Integration divergenter kognitiver und affektiver Strukturen statt. Die Transformation repräsentierte damit einerseits die individuellen Interpretations- und Identifikationsvorstellungen und versuchte diese andererseits in ein stimmiges, konvergentes Handlungsmuster eines audio-visuellen Mediums zu übersetzen. In der geplanten Filmadaption bot sich den Schülern die Gelegenheit, ihr äußeres und inneres Vorstellungsobjekt aufgrund des individuell gewählten point of view zur Entfaltung zu bringen. Aus organisatorischen Gründen verteilten die Schüler abschließend Rollenkarten, auf denen der jeweilige Arbeitsbereich, die zugeteilte Aufgabe und das zu organisierende Gestaltungsmaterial notiert wurden. Die eigenständige Organisation, Selbstkontrolle und Reglementierung des Arbeitsprozesses zeugte von einer hohen Identifikation mit der Aufgabe und dem Bedürfnis, den Anforderungen des Projektauftrages möglichst umfangreich gerecht zu werden.

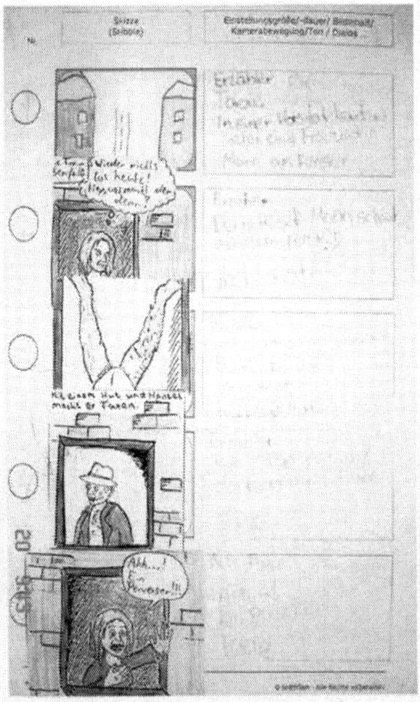

Abbildung 10 und 11: Das intermediäre Vehikel als Collageinstrument

Projektphase III – Filmproduktion und Filmschnitt

Der dritte Tag war vorrangig den Dreharbeiten gewidmet. Zu Beginn schaffte die Präsentation der Transformationsgenese ein Verständnis für die medialen Umgestaltungsprozesse vom Text zum Bild zum intermediären Vehikel bis letztendlich zur geplanten Filmadaption. Die Abfolge führte die zunehmende Komplexität der bildnerischen Ausdrucksmittel und der medienspezifischen Terminologien zur Analyse und Interpretation aus den Bezugsfeldern der Literatur, der Bildenden Kunst und des Films plastisch vor Augen.

In der folgenden Vorbereitungsphase wurden die technischen Hilfsmittel an die Schüler herausgegeben, die Rollenaufgaben noch einmal verlesen, die Projektmappe mit dem Storyboard vorgestellt und eingehend von der Projektgruppe erläutert. In den weiteren Stunden bewegten sich die Schüler frei im Schulgebäude und drehten nach der Vorgabe des Storyboards eine Szene nach der anderen ab. Die Schüler sammelten während der Dreharbeiten auf aktiv handelnder Ebene Erfahrungen mit der medialen Transformation eines Gegenstandes, mit technischen Medien, mit medienreflektiertem Agieren, revidierten Gestaltungsabsichten, modifizierten ihren Arbeitsplan und arbeiteten dabei spontan neue, den Bedingungen angepasste Filmsequenzen aus. In dieser Projektphase lösten sich Kategorien wie Raum und Zeit in Luft auf und die Schüler schienen vom übrigen Schulalltag völlig losgelöst zu sein. Lediglich zum Ende des Schulvormittages stellte sich eine allgemeine Erschöpfung ein, die jedoch aufgrund der erfolgreich abgeschlossenen Arbeitsprozesse gelassen von den Schülern getragen wurde. Die für einen kreativen Lernprozess symptomatischen Parameter der Elaborationsfähigkeit und der Frustrationstoleranz wurden im Arbeitsverhalten der Schüler offenkundig und zeugten von der intensiven Auseinandersetzung mit der Projektaufgabe und deren Realsierung. Darüberhinaus standen die beschriebenen Arbeits- und Lernprozesse der Schüler exemplarisch für einen hedonistischen, utopischen und kritisch reflektierenden Umgang mit ästhetischen und medialen Inhalten zum Erwerb eines differenzierten Medienverständnisses.

Präsentation des Unterrichtsprojektes

Zur Fertigstellung des Filmes musste dieser zuvor im Medienzentrum der Stadt schnitttechnisch bearbeitet werden. Parallel dazu bereitete der Rest der Projektgruppe die räumliche Präsentation des Unterrichtsprojektes in der Schule selbstständig vor. Die Schüler arrangierten die Requisiten der Dreharbeiten im Raum und gestalteten Filmrollen aus Pappe, die sie auf den Tischen verteilten und mit Playmobilfiguren zierten. Die Wände mit den Plakaten gaben reihum Einsicht in die Phasen und den Verlauf des Projektes. Neben dem Videogerät legten sie die Projektmappe zur Dokumentation der drei Projekttage aus. Die Comictransformation, das Intermediär, das ihnen als Hilfsmittel während der verschiedenen Projektphasen zur Verfügung gestanden hatte, präsentierten sie stark vergrößert frontal auf der Tafelaußenseite. An der Tafelinnenseite brachten sie ein mit Kreide gestaltetes Schriftbild mit Thema und Titel des Films an. Im Medienzentrum wurden während dieser Zeit die Bilddaten der Filmkassetten in ein Bildbearbeitungsprogramm eingespeist, mit dessen Hilfe das Material gesichtet wurde, die Montage des Films vorgenommen und anschließend die dramaturgische Wirkung der überarbeiteten Sequenzen überprüft wurde. Die zeitintensive Bearbeitung des Filmmaterials forderte viel Geduld und eine hohe Aufnahmefähigkeit, da die parallele Anordnung von Bild, Ton und Überblendungsspuren Probleme bereitete. Deswegen entschied man sich für eine alternative Montageform, der Kombination von Filmsequenzen und deskriptiven Standbildern, die dann als Ergebnis einen präsentablen Kurzfilm festhielt. Mit diesem Produkt zeigten sich die Schüler dann zufrieden. Am Projektstandort angekommen wurde der fertige Film zunächst nur von den Schülern stolz in Augenschein genommen. Die Premiere fand unter großer Anspannung der Schüler statt. Die Euphorie angesichts der erfolgreichen Transformation und der Stolz bei der Konfrontation mit der Eigenleistung als dramaturgischer oder technischer Akteur, der dazu beigetragen hatte, dass die Umsetzung einer gestalterischen Vorlage geglückt war, kannte keine Grenzen und war in den Gesichtern der Schüler deutlich abzulesen. Auf dem Hintergrund eines intermediären Vehikels hatten die Schüler eine gestalterische Aufgabe sachkompetent umgesetzt, sich gemeinsam für einen Lösungsweg entschieden und diesen experimentell handelnd realisiert. In diesem Arbeitsprozess machten sie sich ein Bild von einem Gegenstand, der Welt und sich selbst. Zum Abschluss der Projekttage konnten die Schüler einem breiten Publikum ihre Projektidee und dessen Realisierung vorstellen. Mit Stolz und Freude führten die Schüler als Experten anschließend die Eltern und Besucher an diesem Nachmittag eigenständig in das Filmprojekt ein, stellten die Arbeitsphasen, den Projektverlauf, ihre erworbenen Erkenntnisse, die Durchführung der Umgestaltungsaufgabe und anschließend den fertigen Film vor. In ihrer Darstellung kommentierten und reflektieren sie den Arbeitsprozess dabei selbstbewusst und kritisch (vgl. Abb. 12 und 13).

Abbildung 12: Kontrastiver Vergleich von Film- und Comic-Adaption

Abbildung 13: Kontrastiver Vergleich von Film- und Comic-Adaption

6. Auswertung

In diesem Abschnitt soll die Funktion und die Nutzung des Comics als Intermediär im Spannungsfeld von Planung und Durchführung des Unterrichtsprojekts untersucht werden.
Der Comic als intermediäres Vehikel bildete in dem Projekt den Mittelpunkt methodischen Handelns. Der Comic hatte als funktionalisiertes Medium die Aufgabe, eine vermittelnde Stellung zwischen einem literarischem Stoff und dessen Transformation in ein audio-visuelles Medium einzunehmen und über die implizit vorhandenen Identifikationsangebote des bildhaften Materials den Projektprozess maßgeblich zu steuern. Das methodische Vehikel erwies sich in dieser Hinsicht als sehr nützliche Plattform, die vielseitige Zugriffsweisen für die Schüler bereithielt und von diesen auch genutzt wurde. Sie erlebten Medien als Transformationsgegenstände, die über ein jeweils spezifisches terminologisches Vokabular verfügen und darüber hinaus zwischen audio- und visuellen Phänomenen konvergierten. Durch diese komplexen Zugriffsweisen in der Auseinandersetzung mit einem literarischen Gegenstand und dessen Betrachtung in unterschiedlichen Kontexten kam es zu einer zunehmenden Verdichtung des Text-, bzw. Medienverständnisses der Schüler. Das Intermediär hatte sich im Arbeitsprozess nicht nur als methodisches Vehikel für die Umsetzung des Gestaltungsauftrags bewährt, sondern auch entscheidend zum Kompetenzerwerb der Schüler und explizit zu deren Selbstkompetenz, Sachkompetenz, Entscheidungskompetenz und Handlungskompetenz beigetragen. Die Relevanz der vier Aspekte des Intermediärs wurde retrospektiv in dem Projektergebnis der Schüler im individuellen Ausdruck der Akteure konkret ansichtig und transparent (vgl. Abb.14).

Abbildung 14: Deskriptive Syntagma einer Filmsequenz aus der audio-visuellen Transformation

Die Schüler hatten gelernt, selbstsicher zu entscheiden, auf welche Art und Weise sie einen Gegenstand der kognitiven und affektiven Auseinandersetzung erfassen, verstehen und mit Hilfe entsprechender medienspezifischer Begriffsterminologie verändern und umgestalten konnten. Die systematische Erarbeitung der einzelnen Transformationsphasen und die Segmentierung des Arbeitsprozesses und der Textvorlage in Form der Bilderfolge trugen zur Bewältigung der Projektaufgabe bei. Das fertige Produkt, ein neu entstandenes audiovisuelles Medium, ein Filmprodukt mit realen Figuren und einer realistischen Handlung stand am Ende einer systematischen Transformationsgenese. In seiner gestalterischen Umsetzung nahm die Transformation Bezug auf die Tradition klassischer Adaptionen von Comicstorys, wie z. B. die Übersetzung der Comicfigur Superman oder Batman in einen realen, menschlichen Helden, der u.a. über sein Outfit die Plakativität seines Vorbildes zur Schau trägt.

Auswertungskriterien

Bei der sich nun anschließenden Evaluation erscheint es sinnvoll zu sein, die verschiedenen Bewertungs- und Beurteilungskriterien des Unterrichtsprojektes zu klären. Als Grundlage wird zum einen die Auswertung einer Schülerbefragung zur Kommentierung des Projektaufbaus und der erworbenen Erkenntnisse herangezogen. Zum anderen werden das Projekt und dessen Verlauf retrospektiv auf Indikatoren zur Bewertung der Unterrichtsqualität und prospektiv auf die Funktion und den Nutzen des Comics als methodisches Intermediär und dessen Transformation überprüft.

Schülerbefragung

Die Auswertung des Unterrichtsprojektes in Form von Unterrichtsgesprächen, Fragebögen und Unterrichtsbeobachtungen stellte eindeutig den Lernzuwachs der Schüler und den Erwerb von Kenntnissen und Kompetenzen im Kontext eines intermedial konzipierten Unterrichtes heraus. Die Schüler wurden zu den Kategorien Literatur-, Film. Und Medienauswahl, Gattungskenntnis, terminologisches Instrumentarium, Bedeutungsaspekt, Methode, Motivation, Sozialform und Zieltransparenz befragt. Ihre Erfahrungen und Erkenntnisse hielten die Schüler abschließend auf einem Evaluationsbogen fest, der in Form eines Rankings den Aufbau, die Struktur und den Verlauf des Projektes im Hinblick auf vorgegebene Kriterien, erworbene Kenntnisse und Kompetenzen kommentierte und dokumentierte. Bezogen auf diese Kriterien hatten 80 % der Schüler den Projektinhalt, Projektprozess und das Projektergebnis auf einer Skala als positiv bis sehr positiv bewertet und eine Wiederholung bzw. Fortsetzung der Projektarbeit gewünscht oder gefordert.

Indikatoren zur Messung von Unterrichtsqualität

Neben den Evaluationsergebnissen der Schülerbefragung war das Unterrichtsprojekt auf die Qualität, Funktionalität und Praktikabilität des didaktisch–methodischen Konzeptes und dessen Zielvorgaben zu untersuchen. Hierzu können als Grundlage explizit zehn Parameter herangezogen werden, wovon hier einige auf das vorliegende Projekt angewendet werden sollen. Der erste Parameter fragt nach der *Strukturiertheit des Lehr- und Lernprozesses*. Der Aufbau und die didaktisch-methodische Inhaltsstruktur des Projektes zeigte sowohl in der Planung als auch in der Durchführung eine klare und transparente Zielvorgabe, die im Wechsel von Rezeption, Produktion und Reflexion zur systematischen Auseinandersetzung mit einem Gegenstand und dessen erfolgreicher Transformation führten. *Die Lernzeit* stand dabei vorrangig im Dienste handlungsorientierter Zugriffsweisen der Schüler, so dass Arrangements für einen kognitiv aktivierenden Unterricht im vollen Umfang genutzt werden konnten. Durch *eine breite Methodenvielfalt* angesprochen, die ihnen imaginierend, experimentierend, reflektierend, produzierend und transferierend Zugänge zum Gegenstand und zu der gestalterischen Aufgabe eröffneten, entwickelten und differenzierten die Schüler ihr Text- und Medienverständnis. Der stete Wechsel von klar strukturierten und sich voneinander abgrenzenden Projekteinheiten mit *klarer Zielvorgabe*, sowie der optischen Konkretion der erworbenen Erkenntnisse auf Schaubildern, Strukturdiagrammen, Tafelbildern, Arbeitshilfen und Dekorationsmaterial erleichterte die Handhabung und Umsetzung des Transformationsvorhabens. Phasen der Rekogniszierung zu Beginn neuer Einheiten machten die Arbeitsprozesse, Fortschritte, Komplikationen und Lösungswege für die Schüler transparent und steuerten den weiteren Prozessverlauf konstruktiv. Die Festigung der erarbeiteten Kenntnisse erfolgte in Form kleiner, *überschaubarer Übungen*, mit deren Hilfe sie das neue, terminologische Instrumentarium aus den verschiedenen Bezugsquellen nicht nur theoretisch erläutern, sondern praktisch erproben und damit nachhaltig sichern konnten. Mit Realisationsmedien, Pappen, Alltagsgegenständen und Spielfiguren machten die Schüler sich Begriffe aus der Filmanalyse, deren Gestaltungsmittel und Wirkungsweisen zu Nutze. Das gleiche galt für den kontrastiven Vergleich der Erzähltechniken in dem literarischen Text und in der Comicbilderfolge. Über die Zuordnung von Bildpuzzleteilen des Comics zu dem literarischen Text konnten die paradigmatischen Strukturen der jeweiligen Gattung herausgearbeitet werden. Einen Übungscharakter besaß auch die Erstellung eines fragmentarischen Storyboards mit den Bildbestandteilen der Comicvorlage Die Realisierung der Projektaufgaben fand *in unterschiedlichen Sozialformen*, wie z.B. im Kreisgespräch, in Einzel-, Partner- und Gruppenarbeit statt, die sowohl die *qualitative als auch soziale Differenzierung* als auch eine entspannte, angenehme

Arbeitsatmosphäre unter den Schülern intendierten. Würdigung, Zuspruch, konstruktive *Rückmeldungen* gaben ihr übriges zur Stärkung der Selbstkompetenz und Erhöhung der Leistungsbereitschaft der Schüler. Während der praktischen Erprobungsphasen konnte mit pädagogischem Takt, individuell auf *die Probleme und Schwierigkeiten* einzelner Schüler eingegangen werden. Die Schüler erhielten als Gruppe ihr *Feedback,* gewannen durch das Gruppenergebnis an Sicherheit und Souveränität und motivierten sich aufgrund ihrer Teilerfolge für die nachfolgenden Projektaufgaben. Die Komplexität und der Schwierigkeitsgrad der Aufgaben nahmen im Verlauf des Projektes zu und die erworbenen Kenntnisse bauten dabei aufeinander auf. *Die sukzessive Steigerung des Anspruchsniveaus* gewährleistete die erfolgreiche Bewältigung des Projektvorhabens. Hierbei erhielten die Schüler Einsicht in die Gemeinsamkeiten und Unterschiede der Medien aus Literatur, Kunst und Film und gelangten so zu einem mediendifferenten Verständnis.

7. Alternative audio-visuelle Transformationen

Die Entscheidung für die Transformationsaufgabe, einen Realfilm herzustellen, basierte jedoch nicht nur auf rezeptionsgeschichtlichen Analogien, sondern auch auf inhaltlichen, methodischen, und technisch-organisatorischen Überlegungen, deren Vorzüge sich deutlich in der Gegenüberstellung mit drei alternativen Transformationsformen herausstellen lassen.
Die Transformation des literarischen Stoffes hätte ebenso über die Herstellung eines Trickfilms mit Playmobilfiguren als Protagonisten erfolgen können. Diese Figuren waren den Schülern schon durch die Übungen vertraut und hätten zur Nachstellung des Szenarios genutzt werden können. Die durch das Intermediär evozierte subjektive Bewusstseinsbildung der Schüler, die sich im Film in deren Gestik und Mimik ausdrucksstark manifestieren, gingen jedoch dabei völlig verloren. Stattdessen wären sie einem schemenhaften Ausdruck stereotyp und steril wirkender Spielfiguren gewichen. Der Zeitaufwand für die Realisierung des Trickfilms hätte jedoch auch den vorgegebenen zeitlichen Rahmen gesprengt. Eine bei weitem komplexere Transformationsform hätte eine computeranimierte Filmversion dargestellt, die stringent die Bilderfolge des Storyboards, das heißt den Comicstrip in laufende Bilder zu übersetzen versucht hätte. Das hätte zwar die Gattungsspezifik des Genres Comic auf audio-visueller Ebene fortgeführt, jedoch die ganze Bandbreite divergenter Vorstellungsinhalte in der animierten Darstellung auf ein äußeres Objekt reduziert, wogegen die handelnden Akteure in ihrer physischen und psychischen Präsenz inneres und äußeres Objekt der Anschauung zugleich ansichtig machten. Eine modifizierte Version dieser Transformationsform hätte die parallele Erarbeitung eines Realfilms und eines Animationsfilms in zwei Arbeitsgruppen zur vergleichsweisen Gegenüberstellung der

Projektergebnisse und der Nutzbarmachung erworbener Erkenntnisse ins Auge fassen können. Dieses Vorhaben schließt sich jedoch aufgrund personeller und organisatorischer Rahmenbedingungen aus. Zudem litte im kontrastiven Vergleich der Arbeitsergebnisse, der gegebenenfalls ein Produkt dem anderen vorzöge, der pädagogische Takt und ließe es demzufolge bei einer der Arbeitsgruppen an Wertschätzung fehlen. Die Erkenntnis über die Effizienz der jeweiligen Methode wäre dann auf dem Rücken der Schüler ausgetragen worden und hätte in Folge nur für die eine Arbeitsgruppe die Stärkung der Selbstkompetenz bewirkt. Neben den methodisch-didaktischen und pädagogischen Aspekten hätte die Animationsaufgabe die Schüler auch aufgrund ihrer fehlenden graphischen Fertigkeiten derart überfordert, dass die Realisierung der Aufgabe schwer vorstellbar und ein Misserfolg vorprogrammiert gewesen wäre. Die Fähigkeiten und Fertigkeiten hätten zuvor kompensatorisch in einem Lehrgang erworben werden müssen, für den aber wegen des zeitlichen Kontingentes der Projektarbeit keine Zeit blieb. Das gleiche trifft für die Handhabung und die Nutzung geeigneter Software zu, mit deren Hilfe die fragmentarische Bilderfolge in ein komplexes, animiertes Storyboard umgesetzt hätte werden müssen. Diese Aufgabe würde die Schüler vor unüberwindbare Hindernisse stellen, die weder in der vorhandenen Zeit, noch aufgrund der technischen Ausstattung und der technischen Kenntnisse zum Erfolg geführt hätten.

8. Ausblicke für die Didaktik

Didaktische Schlussfolgerungen

Rückblickend sollten bei einer erneuten Durchführung des Projektes ggf. folgende technisch-organisatorischen und methodisch-didaktischen Planungsaspekte modifiziert werden.

- Das Zeitkontingent war mit drei Tagen zu knapp bemessen und setzte sowohl die Schüler als auch den Lehrer sehr unter Zeitdruck. Günstiger wäre ein Zeitraum von vier bis fünf Tagen zur Durchführung dieses Projektes.
- Ebenfalls sinnvoller erscheint die Betreuung des Projektes durch zwei oder sogar drei Lehrkräfte, die zum einen in den Gruppen auf die Einhaltung von Sicherheitsstandards bei akrobatischen Vorführungen achten und zum anderen die Dreharbeiten betreuen könnten. Binnendifferenzierungen zur Bildung von Expertengruppen ließen sich dann auch leichter durchführen.
- Technische Probleme, wie z.B. die Verknappung der Filmsequenzen aufgrund zu kurzer Einstellungen, entstünden durch eine intensivere Betreuung dann ebenfalls nicht. Die Überprüfung der

Lichtverhältnisse und der Kameraeinstellung erfolgte dann auch angeleitet durch betreuende Lehrkräfte.

- Die technischen Übungsphasen sollten zudem am originalen Set und mit den dafür eingeplanten Requisiten stattfinden, um eine Vertrautheit mit den originalen Rahmenbedingungen zu schaffen. Damit ließen sich im weiteren Verlauf zu häufige Wiederholungen vermeiden und die Frustrationstoleranz der Schüler würde nicht auf eine so harte Probe gestellt.
- Die Planung und Umsetzung der Transformation sollte mit Kooperationspartnern des Medienzentrums oder in Zusammenarbeit mit Film- und Tonstudios erfolgen, um unnötige Zeitverzögerungen im Projektverlauf durch unsachgemäße Handhabung der Software zur Filmbearbeitung zu vermeiden. Eine Einweisung in die nötigen Kenntnisse und Fertigkeiten im Umgang mit Schnittprogrammen fände dann vor Ort durch die Medienexperten statt.
- In dem Zusammenhang wäre die Aneignung von Medienkenntnissen zum Einsatz von Geräuschen und musikalischen Elementen im Film über die Einsicht geeigneter, altersangemessener Software aus dem Internet vorstellbar.
- Darüberhinaus hätte vor der Umsetzung des Transformationsvorhabens eine Betrachtung anderer Literaturadaptionen erfolgen können, um filmspezifische Gestaltungsmittel und alternative Montagetechniken in den Blickwinkel der Schüler zu rücken. Diese medienkonvergente Betrachtungsweise diente dann als Annäherung von Kommunikations- und Medientechnik der komplementären Sichtung fremder und eigener Transformationsprozesse.
- Ebenso wäre die Auswertung und Evaluation der Filmadaption im konvergenten Bezugssystem denkbar. Durch die Präsentation des Filmproduktes auf der Homepage der Schule oder auf Internetforen könnten Schüler, Eltern, Lehrer und interessierte Medienkonsumenten über Evaluationsbögen die Qualität des hergestellten Produktes beurteilen und bewerten. So würde nicht nur intern, sondern auch extern die Würdigung der Schülerarbeiten erfolgen und weitere authentische Kommunikationsanlässe zum Austausch über und zur Entwicklung der erworbenen Medienkenntnisse geschaffen.
- Aufgrund der immer weiter fortschreitenden Medienkonvergenz wäre sicherlich auch eine gleichzeitige Präsentation nicht nur auf der Homepage der Schule, sondern auf den weltweit frequentierten Video-Plattformen (z.B. Youtube) relativ leicht machbar. Ebenso könnte eine kleine Reporter-Gruppe einen täglichen Fortschrittsbericht über Facebook und/oder Twitter an Parallelklassen verbreiten (evtl. mit kleinen Clips / Fotos aus den

aktuellen Arbeiten) und zum Schluß die fertige Version als iPod-/Handy-Version bereitstellen. Und schließlich könnte man sogar die Mitschüler der Parallelklassen durch kleine, Internet-basierte Umfragen in den ganzen Prozess einbinden.

- Die Begegnung mit der Kurzgeschichte hätte ebenso über Medien-Recherchen zur Autorin und zur Textsorte angebahnt werden können.
- Eine andere Möglichkeit wäre in dieser Hinsicht der Einsatz des reziproken Lesens zur Aneignung des Textinhaltes und zur Klärung des Szenarios gewesen.
- Im Hinblick auf die theatralische Umsetzung des literarischen Stoffes hätte die Beratung der Schauspieler durch Experten aus dem Fachbereich der Theaterpädagogik ggf. intern oder extern in Form von Workshops spielerisch und fachspezifisch erfolgen können, um die Schülern mit theatralischen Inszenierungen vertraut zu machen und sie für sublimierte Formen der gestischen und mimischen Darstellung zu sensibilisieren.

Didaktische Perspektiven

Das Genre Comic stand in diesem Unterrichtsprojekt voll und ganz im Dienste der Unterrichtsmethodik. Eine weitere reizvolle Herausforderung wäre nun, die systematische Behandlung des Genres als Unterrichtsgegenstand sowie die Auseinandersetzung mit Comic-Klassikern, die ggf. zeichnerisch und sprachlich durch weitere Panels erweitert werden könnten. Hierbei könnten die Schüler in einem überschaubaren und leistbaren Rahmen die Gestaltungskriterien der vier spezifischen Phänomene erleben und erproben und ihre verbalen und non-verbalen Ausdrucksmöglichkeiten modifizieren. Bei diesem Ansatz stünde das Genre als Gegenstand und nicht als Methode im Unterrichtsmittelpunkt. Die dem Gegenstand schon inhärente Gattungsvernetzung könnte durch interdisziplinäre Zugänge zum Gegenstand in Kooperation mit den Fächern Informatik, Kunst, Musik und der Theater-AG transparent und in der terminologischen Spezifik herausgearbeitet werden. Die Schüler erhielten Einblicke in akustische, bildnerische und digitale Gestaltungskriterien und bildeten sich auf diesem Wege als Experten für den jeweiligen Arbeitsbereich aus. Ebenso gut vorstellbar wäre die Transformation eines Literaturgegenstandes in ein auditives Medium gewesen. So hätten die Schüler eine Hörspielversion der Literaturgeschichte planen und umsetzen können, um dabei vor allem die Möglichkeiten und die Grenzen der Akustik als Darstellungsmittel der Kurzgeschichte auszutesten und auszureizen. Als dritte Transformationsform käme auch eine dramatische Umsetzung des literarischen Stoffes in Frage, die für die Schüler die Inszenierung des Szenarios auf der Bühne, sowie ihrer eigenen Person und ihrer affektiven

Betroffenheit bereithielte. Als weiterer Ausblick wäre im Anschluss an das Unterrichtsprojekt die konsequente Weiterführung des intermediären Ansatzes, bzw. die Fortsetzung der Transformationsgenese denkbar. Gemäß dem Kenntnisstand und dem Lernzuwachs der Schüler machte nun die Verwendung des Realfilms als zweites intermediäres Vehikel insoweit Sinn, da die Schüler den neu entstandenen Film als Übergangsobjekt, bzw. Grundlage zur systematischen Erarbeitung einer computeranimierten Adaption des Realfilms verwenden könnten. In diesem Zusammenhang böten sich die digitalisierten Standbilder als Vorlagen zur plakativen, graphischen Darstellung des Handlungsszenarios in kleinste bildhafte Sinneinheiten an. Kompositorische Elemente, Flächenaufteilung, Räumlichkeit und Perspektive könnten von den einzelnen Einstellungen übernommen und in die graphische Adaption übersetzt werden. Unter Einbeziehung externer Medienexperten und Kooperationspartner aus der Wirtschaft oder allgemeinen Hochschulen ließe sich in langfristigen Unterrichtseinheiten sachkompetent eine animierte Form des Kurzfilms unter Verwendung ästhetischer Gestaltungskriterien erstellen. Hier machte auch abschließend die Verwendung innovativer, vernetzter Distributionsformen zur Präsentation des hergestellten Produktes Sinn. Im Medienverbund ließe sich über das Ziel-Medium ein reger kommunikativer Austausch in Gang setzen, der eine Brücke zwischen interner und externer Schularbeit bzw. zwischen Schule und Medienbranche schlagen würde. So könnte man z.B. Autoren und Literaturdidaktiker zu solch einem Projekt einladen, die die Ergebnisse der Schüler auf inhaltliche und formale Kohärenz zum ursprünglichen Medium überprüfen. Im Zuge dieses angestrebten Kooperationsprojektes käme es zu einer erneuten Differenzierung des medialen Verständnisses im Kontext intermedialen und symmedialen Lernens. Die Fortsetzung der Transformationsgenese stünde dann im Dienste eines spiralförmig wirkenden Lernmodells, das sukzessive unter Berücksichtigung der Lernzieltaxonomie Kompetenzen vermittelt, erweitert und sukzessive vervollständigt. Hier schließt sich der Kreislauf didaktisch-methodischen Handelns und führt zu der Zielvorgabe fachlichen Lernens, das sowohl die Klärung von Gegenständen als auch die Entwicklung von Kompetenzen impliziert.

Didaktische Forschungsansätze

Neben den aufgezeigten didaktischen Perspektiven stellt sich aus dem hier vorgestellten Projekt aber auch unmittelbar die Frage nach der systematischen Analyse der Funktion und des Einsatzes von Intermediären im Unterricht. In wieweit unterscheidet sich ein Unterrichtsmedium von einem Unterrichtsmediär. Was macht ein Medium letztendlich zu einem Intermediär? Wie verändert sich dessen Einsatz, Gebrauch und sein Nutzen im Dienst der Didaktik? Wie sieht das Verhältnis von Mittel und Vermittler, bzw. Übergangsobjekt im Kontext didaktisch-methodischen Handelns aus. Welche Parameter müssen zur Diskriminierung und Klassifizierung eines Gegenstandes als intermediäres Objekt zu Grunde gelegt werden? Welchen Beitrag leistet das Intermediär in der hermeneutischen Auseinandersetzung mit Literaturgegenständen? Dies sind sicherlich einige interessante Fragestellungen, die zur Etablierung des Intermediärs im aktuellen medientheoretischen Diskurs und zur praktischen Umsetzung der Zielvorgabe des fachlichen Lernens beitragen können.

Literaturverzeichnis:

Abraham, Ulf (2009): Filme im Deutschunterricht. Seelze-Velber

Brunner, Miriam.(2009): Manga. Die Faszination der Bilder. München

Dahrendorf, Malte (1971): Comics – immer noch ein Streitobjekt? In: JSW 1971/5, S. 19-20

Dolle-Weinkauff, Bernd (1990): Comics. Geschichte einer populären Literaturform in Deutschland. Weinheim

Frederking, Volker: Symmedialer Literaturunterricht. In: Frederking, Volker / Krommer, Axel / Meier, Christel (Hgg.): Taschenbuch des Deutschunterrichts. Band 2: Literatur- und Mediendidaktik. Baltmannsweiler, S. 515-545

Kreft, Jürgen (1977): Grundprobleme der Literaturdidaktik. Heidelberg

Pross, Harry (1972): Medienforschung. Film, Funk, Presse, Fernsehen. Darmstadt.

Schmidt, Siegfried J. (1971): Kommunikative Prozesse. München

Schuler, Heinz / Prochaska Michael (2000): Entwicklung und Konstruktvalidierung eines berufsbezogenen Leistungsmotivationstests. In: Diagnostica, 46/2, S. 61-72.

Wichert, Adalbert (2010): Sprache und Medialität. In: Huneke, Hans-Werner (Hg.): Taschenbuch des Deutschunterrichts. Band 1: Sprach- und Mediendidaktik. Baltmannsweiler, S. 3-18

Winnicott, Donald (1997): Vom Spiel zur Kreativität. Stuttgart

STEPHAN BRUELHART

Können Computerspiele einen Beitrag zu Leseförderung bieten?

Game Based Learning am Beispiel *Der Fall Fox*

1. Intro

Computerspielgeschichten regen, neben dem eigentlichen Zweck der Unterhaltung, auch zu Lernprozessen an. Für schulische Kontexte von besonderer Bedeutung sind dabei die Potenziale solcher Spiele für eine Sprachförderung in Unterrichtsarrangements. Der folgende Beitrag gibt am Beispiel der Computerspielgeschichte der *Der Fall Fox* einen Überblick über Konzepte und Ansätze für die schulische Praxis im Bereich der Deutschdidaktik.

Obschon die Geschichte der Computerspiele erst wenige Jahrzehnte alt ist, lohnt sich ein Blick zurück. Einleitend soll dies mit den Erfahrungen des Autors illustriert werden, der nach Prensky (2001) klar ein »Immigrant« ist, wenn es ums Digitale geht. Dieser persönliche Rückblick zeigt nicht nur den Weg vom Kinder- und Jugendbuchautor zum Computerspielautor und die damit verbundenen Lernprozessen auf, sondern auch die Lernprozesse der Verlage, Bibliothekare und Lehrmittelhersteller. Im Falle des Autors dieses Artikels stand am Beginn des Lernprozesses das eigene Scheitern:

Als Idee für einen neuen Buchtitel sollte der Konflikt zwischen der Spielwelt eines Kindes und der realen Welt mit den Ansprüchen der Erwachsenen thematisiert werden. Der Spielflow ist dabei nicht zwingend an ein elektronisches Spiel gebunden - ähnliche Erlebnisse wie beim Computerspielen haben Generationen von Heranwachsenden schließlich u.a. mit Spielzeug-Eisenbahnen gemacht. Denn für ein Kind ist es natürlich wichtig, noch vor dem Abendessen zum Beispiel Passagiere aussteigen zu lassen oder den Postzugraub in England zu Ende zu spielen. Regelmäßig führt dies zu Konflikten mit den Eltern und oft wird das in die Aktion vertiefte Kind im spannendsten Moment aus dem Spiel gerissen. Niemand wäre vor dem digitalen Zeitalter auf die Idee gekommen deswegen von Spielsucht zu sprechen. Der geplante Bilderbuchtitel *Ein blaues Wunder* sollte dieses Dilemma und die damit verbundenen Emotionen sichtbar machen und die Fetzen - d.h. in diesem Fall die Spielsachen - buchstäblich fliegen lassen. Um das Kippen einer Spielsituation in eine Konfliktsituation zu illustrieren, experimentierte der Autor mit aufgebauten Spiellandschaften auf einer schiefen Ebene. Die Situation des Kippens und die damit verbundene Zerstörung (heute action), dokumentierte der Autor mit einer Hasselblad Kamera (analog). Die Vorgehensweise war sehr aufwändig und hat nicht wirklich überzeugt. Dies fand etwa zeitgleich mit dem Einzug der ersten Apple Computer 1985 in die Grafikateliers, statt.

Die Lösung des Problems realisierte der Autor mit einer Bildbearbeitungssoftware und dem ersten Zeichentablett (vgl. Abb. 1).

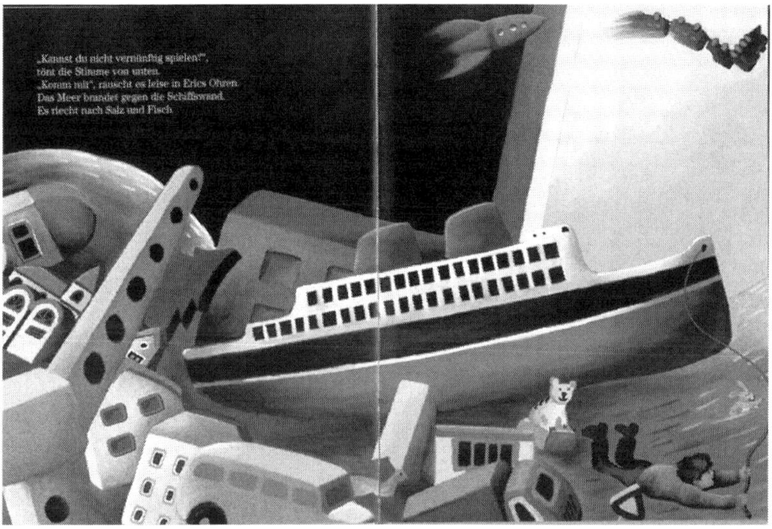

Abb. 1

Das Buch wurde gedruckt, trotz Misstrauens des Verlegers: »Wo bleiben die Originale?« Anlässlich der Biennale der Illustrationen Bratislava (BIB) wurde *Der Fall Fox* mit einem Preis für die Illustration geehrt. Ein Rezensent schrieb damals: »Die Bilder wurden in altmeisterlicher Manier in Öl gemalt«. Bratislava bat um Originale für eine Ausstellung, die der Autor noch immer nicht liefern konnte – das Bildmaterial gab es nur auf dem Apple Classic. Auf diesem Weg fand der Autor zur digitalen Bildproduktion. Digitale Bilder zu animieren, interaktiv zu machen und mit Audio zu verbinden, führte dann zu einem erweiterten Textbegriff und zum multimedialen Denken. Wenig später entstanden die ersten »Living Books« und der *Der Fall Fox* klar für den Buchmarkt und nicht für den pädagogischen Einsatz in Schule und Unterricht gedacht.

2. Computerspielgeschichten

In wissenschaftlichen Abhandlungen wird zwischen Actionspielen, Abenteuerspielen (Adventure Games), Rollenspielen, Strategiespielen, Simulationen und Lern- und Kreativspielen unterschieden. Uneinheitliche Kriterien sind unausweichlich. Gleiche Titel bedienen die unterschiedlichsten Plattformen: PC, Konsolen, Handys oder Tablet-PCs wie das iPad. Computerspielgeschichten sind keine Lernspiele, sondern klar unterhaltungsorientierte Spiele. Es geht dabei um Abenteuer (storytelling), die es dem Spieler erlauben durch interaktive Angebote zum Teil einer Geschichte zu werden. In sogenannten Lernspielen (edutainment) wird das ungeliebte Gemüse (Schulstoff) leider allzu oft und offensichtlich mit Schokolade überzogen (Computerspiel), um das Lernen zu versüßen, in der Hoffnung die Spieler würden es nicht merken. Gute Computerspielgeschichten sind Abenteuer, in denen die Autoren keine versteckten pädagogischen Absichten verfolgen. Computerspielgeschichten orientieren sich dabei in ihrer Aufmachung an der Tradition des europäischen Bilderbuches. Verglichen mit den üblichen »Games« sind Rhythmus und Grafik weniger temporeich und die Illustration ist oft analog in Aquarell hergestellt und gescannt. Der Spieler kann interaktiv in den Verlauf der Geschichte eingreifen, Orte explorieren und Figuren auf dem Bildschirm bewegen. Erfolg und Spaß am Spiel hat aber nur, wer genau zuhört, Bilder lesen kann und probiert.

Die Spiele in Computerspielgeschichten können auf unterschiedlichen Wegen gewonnen werden und beginnen meist durch problemlösendes Handeln.

Abb. 2

In einer Szene im *Fall Fox* steht der Spieler vor einer verschlossenen Tür, die er öffnen muss, um im Spiel weiterzukommen (Abbildung 2). Diese Situation erzeugt beim Spieler den Aufbau einer positiven Spannung mit der Bereitschaft, das Problem zu lösen. Beim genannten Beispiel muss im zum Spiel gehörenden Buch ein Code nachgelesen werden (Abbildung 3). Nun eröffnen sich neue Handlungsmöglichkeiten. Der Spieler muss sich entscheiden, in welchem Raum er weiter spielen will. In jedem Raum erzählt ein Protagonist eine andere Geschichte. Diese muss angehört werden und führt zu einem Prozess der Reflexion, gefolgt von einem Handlungsplan des Spielers. Die Spielprogrammierung reagiert darauf mit immer neuen Spielsituationen und eröffnet damit neue Handlungsschleifen. Diese Prozesse werden ständig begleitet durch den Abruf von Wissensbeständen, die entweder erspielt oder im Buch recherchiert werden müssen. So wird insbesondere durch das Storytelling die Lernmotivation angeregt. Theoretische Ansätze zum Thema Computerspiele und Motivation findet man bei James Paul Gee (2003) oder bei Fritz (1995).

Abb. 3

Computerspielgeschichten bieten viel Platz für Aufgaben und Rätsel, die geschickt in den Handlungsstrang eingebaut werden. Auch räumliches und logisches Denken führen zu Erfolgserlebnissen.
In Buchhandlungen und Bibliotheken stehen Computerspielgeschichten oft in der Softwareabteilung. Es handelt sich bei dieser Art von Computerspielen aber durchaus um literarische Medien, die einiges mehr anbieten als rein motorische Geschicklichkeitsspiele in einer 3D-Umgebung. Computerspielgeschichten sind oft Crossover-Produkte, d.h. Buch und CD-ROM und werden entsprechend sorgfältig und aufwändig lektoriert. So zeichnen sich Produkte, etwa vom Berliner Tivola Verlag oder die Serie von Petterson und Findus durch nicht computergenerierte Illustrationen aus. Im *Fall Fox* sollen die medienspezifischen Eigenschaften von Computerspielgeschichten und das digitale Erzählen als Option für die Leseförderung aufgezeigt werden. Auf den Spielbegriff soll hier nur am Rande eingegangen werden. Zur Charakterisierung von digitalen Spielen wird im Folgenden eine offene Spieldefinition favorisiert, die sich an Wittgensteins These orientiert, dass das Wort „Spiel" nicht essentialistisch definiert, sondern nur durch die Angabe eines Netzwerkes aus Familienähnlichkeiten bestimmt werden kann (vgl. Wittgenstein 1990: §§65 ff.).. Im Gegensatz zum deutschen kann im englischen Sprachgebrauch zwischen »game« und »play« unterschieden werden. Die Dimension der Zeit und das-sich-im-Spiel-vergessen, mit dem daraus resultierenden Flow Effekt, ist aber eine der grossen Fragestellungen in der Diskussion, wenn es um das Lernen geht. In den Publikationen scheinen die Fronten zum Thema Spielen und Lernen immer noch festgefahren. Die Fragestellung, wie lässt sich die Aufmerksamkeit im Spielflow auch in eine Verankerung von Stoff

retten und wie müsste eine entsprechendes Rezeptionsmodell aussehen, scheint noch wenig geklärt.

3. Spielprinzip am Beispiel *Der Fall Fox*

Beim *Fall Fox* handelt es sich um ein 2001 im Schweizer Bajazzo Verlag erschienenes Crossover Produkt. Es besteht aus einem Textbuch mit rund 50 Seiten, einem Forscherbuch mit leeren, unbedruckten Seiten und einer CD-ROM. Im Sinne des erweiterten Textbegriffs wird das klassische Leitmedium Buch mit der interaktiven Erzähl- und Spielform des Computerspiels vereint. Das Computerspiel liest und spielt sich wie eine Fortsetzung des Buches mit dem Unterschied, dass hier der Leser selbst zum Protagonisten werden kann und somit zu einem Bestandteil und Helden der Geschichte. Vor diesem Hintergrund ist es dem Leser/Spieler überlassen, mit welchem Medium er einsteigen will. Ganz ohne Lektüre des Buches allerdings lässt sich die Spielgeschichte auf der CD-ROM nicht lösen. Das Buch muss für gewisse Aufgaben konsultiert werden. Neben der Abenteuergeschichte *Der Fall Fox* enthält die CD-ROM eine reine »Spielumgebung« mit sieben Spielen, die thematisch losgelöst von der Geschichte gespielt werden können. Damit wird das Genre der Simulations-, Geschicklichkeits- und Kreativspiele bedient. Dieses Angebot verfolgt den Anspruch auf Spiele, die in kürzester Zeit erfolgreich abgeschlossen werden können und trotzdem für diese kurze Zeitspanne einen »Spielflow« ermöglichen.

Das Buch leistet, was Computerspiele oft nicht optimal anbieten können. Es führt die beiden Hauptfiguren ein, den genialen Erfinder Fox und seinen besten Freund, den von ihm erfundenen, phlegmatischen Roboterhund Robydog. Zusammen mit den beiden Putzrobotern Blitz und Blank leben sie in einer SF-artigen Umgebung, genannt Foxtown. Blitz und Blank finden beim Reinemachen eine alte Postkarte von Großvater Fox, einem berühmten Entdecker. Die Postkarte erzählt von der Suche nach dem Geheimnis des „Bergs des Lichts", dem größten Diamanten der Welt. Fox und sein Freund Robydog bedienen sich der Neuen Medien, recherchieren im Internet die Geschichte des »Bergs des Lichts« und stossen dabei unverhofft auf den fiesen Schurken und Internetpiraten Katz, der dem Geheimnis ebenfalls auf der Spur ist.

Das Abenteuer im Buch führt die beiden Helden und ihr Flugmobil nach Ägypten zur Sphinx, die den Diamanten angeblich versteckt hält. Dank einer geheimen Nachricht kennen Fox und Robydog das Versteck des »Bergs des Lichts«. Die Geschichte im Buch endet im Labyrinth der Gräber der Pharaonen, vor der Tür zur Schatzkammer. Acht Symbole müssen die beiden Helden finden und diese in der richtigen Reihenfolge ins Tor der Schatzkammer einsetzen, um Zugang zu bekommen. Probleme bei der Suche verursacht Katz, dem alle Mittel recht sind und der vor keinem noch so hinterhältigen Trick zurückschreckt, um seine Konkurrenz loszuwerden. Fox und Robydog sitzen also mächtig in der Tinte. Ohne die Hilfe eines »Superhirns» mit Computerkenntnissen« (Textbuch), droht das Abenteuer zu scheitern. Das Buch endet explizit mit einem Hilferuf der beiden Helden an die Leserinnen und Leser.

Buch und CD-ROM sind dabei so vernetzt, dass die Spieler in beiden Medien nach Informationen suchen müssen, um das Spiel erfolgreich zu beenden (vgl. Abb. 4)

Abb. 4

Der Spieler tippt im Cockpit des Flugmobils seinen Namen ein und der digitale Teil des Abenteuers kann losgehen. Mit dem Steuerknüppel lassen sich die jeweiligen Destinationen sowie auch Foxtown anfliegen. Die Landschaft der Spielumgebung orientiert sich an Mitteleuropa. Mit dem Foxmobil können die Alpen überflogen werden und der Spieler kann zum Beispiel der Küste des Stiefels von Italien folgen. Bekommt der Spieler eine der detailliert gezeichneten Orte, wie zum Beispiel Paris oder London, in den Blick, erscheint auf dem Display der Ortsname, in Verbindung mit der Option zu landen. Insgesamt acht Orte müssen besucht werden, um alle geheimnisvollen Symbole aufzuspüren. Jeder Ort hat seine eigene Geschichte und seine eigenen Protagonisten. Trifft der Spieler in einer Stadt auf den Internetpiraten Katz, so fliegt der Spieler aus dem Spiel. Eine Geheimkarte zeigt dem Spieler auf Wunsch den aktuellen Aufenthaltsort des Bösewichts, doch im Eifer der Suche nach den geheimnisvollen Zeichen ist schnell vergessen, nach ihm Ausschau zu halten. Neben der Steuerung des Foxmobiles und der permanenten Gefahr von Katz erwischt zu werden, gilt es auch die Energievorräte im Auge zu behalten: Nach jedem Tankvorgang sollte möglichst schnell zur Suche zurückgekehrt werden, um den Überblick über das Spiel nicht zu verlieren. Die Schwierigkeit im Spiel ist es, sich in der Landschaft (vgl. Abb. 5) schnell zu orientieren und zu entscheiden, welche Destination mit der vorhandenen Energie noch erreicht werden kann. Sind alle Symbole gefunden, geht die Reise zurück nach Ägypten, um dort die Symbole, richtig kombiniert, in das Tor der Schatzkammer einzusetzen. Hinweise dazu erhält der Spieler wiederum aus dem Buch. Als Belohnung erscheint der erfolgreiche Spieler mit seinem Namen auf der Titelseite der »Mondopost«, die über den sensationellen Fund berichtet. Die Titelseite der »Mondopost« kann auch ausgedruckt werden.

Abb. 5

4. Computerspielgeschichten und Sprachförderung

Erfolgreiche Kinder- und Jugendbücher werden heute, im Sinne der Medienkonvergenz, multimedial vermarktet. Bekanntestes Beispiel dürfte hier »Harry Potter« sein. Durch Hörbücher, Literaturverfilmungen und Computerspiele können Kinder und Jugendliche so einen Zugang zur Literatur finden. Filme und speziell Computerspiele haben unter Pädagogen und Bibliothekaren immer noch einen schlechten Ruf, dabei gibt es eine Reihe guter Argumente dafür, die Lernangebote dieser neuen Medien auch im schulischen Kontext zu nutzen (vgl. http://www.ict-kompass.ch):

Lebenswelt-Argument/Mediale Umwelt: Spieler begegnen Figuren, Schauplätzen und Handlungen, die sie aus ihrer medialen Umwelt bereits kennen. Dadurch kann es gelingen, dass sich die Spieler mit der Geschichte in einem anderen Medium ähnlich motiviert und vertieft beschäftigen (vgl. Bertschi-Kaufmann 2000). Vorwissen, das mit einem Film, Audiobuch oder einer Computerspielgeschichte aufgebaut wurde, kann den Einstieg in eine Lektüre erleichtern und zum Lesen motivieren.

Lernargument: Spieler lieben es, Probleme zu lösen, und tun dies auch gerne zu zweit und vor dem Computer. Beim gemeinsamen Spielen und Lösen von Aufgaben, wie zum Beispiel einen Text zu lesen und zu verstehen oder Bilder zu erkunden, kommen die Spieler ins Gespräch über Lösungsstrategien und diskutieren Spielanleitungen. Der Spieler muss Bilder auf die gleiche Weise lesen können wie einen Schrifttext (Visual Literacy).

Nur, wenn er sich intensiv genug auf die Geheimnisse der Bilderwelt einlässt, hat er Erfolg im Spiel.

Zukunftsargument: Im Sinne von New Literacy und den in diesem Zusammenhang geforderten Kompetenzen ermöglichen Szenarien - unter Einsatz von Computerspielgeschichten - den Umgang mit einem erweiterten Textbegriff, in dem es gleichermaßen um Audio-, Bild-, und Sprechtexte geht.

Effizienzargument: Fachdidaktisch bieten sich Szenarien mit Computerspielgeschichten für eine effiziente Form der Individualisierung an. Es darf schon interessieren, warum Schüler, die im Unterricht wenig Interesse zeigen, bei Computerspielen ein großes Beharrungsvermögen zeigen (vgl. Gee 2004).

5. Wortschatz erweitern und spielen am Computer – ein Widerspruch?

Der Autor dieses Artikels wird oft für Lesungen an Schulen angefragt. Für *Der Fall Fox* als multimediales Projekt musste eine neue Form von »Lesung« gefunden werden. Das Konzept der Lesung und des gemeinsamen Spielens mit den Schülern über Notebook und Beamer führt zu einer kollaborativen Form. In einer Art Inszenierung übernehmen die Zuhörer eine aktive Rolle im Kampf gegen den Bösewicht Katz. Die Schüler dürfen so eine aktive, mitbestimmende Rolle einnehmen, die Lesungen bekommen einen völlig neuen Charakter und weisen Züge des Theater- bzw. Rollenspiels auf. Aus passiven Zuhörern werden aktive Mitspieler. Jede Lesung verläuft in ihrer eigenen Dramaturgie. Die Mitspieler finden individuelle Lösungsweg und hinterlassen entsprechende Produkte in Form von mündlichen Beiträgen, Notizen und Skizzen.
Beim Wortschatzaufbau ist zu beobachten, dass Schüler beim wiederholten Spielen derselben Geschichte bestimmten Wörtern und Wendungen immer wieder begegnen. Sie verbinden diese Begriffe mit der Bildwelt im Spiel und können so konkrete Zusammenhänge zwischen Bildinformation und Hör- oder Lesetext herstellen. Im *Fall Fox* kann gezeigt werden, dass Lokaladverbien wie »unten«", »oben«, »rechts«, und »links« im gemeinsamen Spiel der Navigation häufig mündlich wiederholt werden. Ortsangaben, Ortsbeschreibungen oder Anleitungen wie: »suche das Haus mit dem runden Dach« (vgl. Abb. 6) werden von Schülern als Satzmuster übernommen und mehrmals wiederholt.

Abb. 6

Gute Computerspielgeschichten bieten vielfältige Möglichkeiten, die Teilkompetenzen Sprechen, Hören, Lesen, und Schreiben zu fördern, und sie tun dies nicht in der mehr oder weniger versteckt-pädagogisierenden Art gut gemeinter, aber schlecht gemachter Lernsoftware. Auch im Schulkontext sollen Schüler Computerspielgeschichten auf eigenen Wegen spielend erarbeiten. In Verbindung mit Fragestellungen, die sich aus dem Spielinhalt ergeben, ist es für die Spieler sinnvoll, sich Notizen zu machen. Im *Der Fall Fox* steht dafür eigens das Forscherbuch zur Verfügung, in dem individuell motivierte Zusammenfassungen, Berichte oder Zeichnungen festgehalten werden. Die Angebote zu einer Auseinandersetzung mit verschiedenen Textsorten im Buch und auf CD-ROM sind im *Fall Fox* vielfältig:

- Die Spieler schlüpfen in Rollen, hören Begrüßungen oder werden als Spielfiguren auf eine Aktivität angesprochen.
- Die Spieler werden unmittelbar mit Problemen und Entscheidungen konfrontiert, d.h. sie lesen oder hören Aufträge und befolgen Anleitungen.
- Beim gemeinsamen Spielen wird der Spielverlauf durch die Spieler mündlich kommentiert, Strategien werden diskutiert und umgesetzt.
- Durch Anklicken von Spielfiguren beeinflussen die Spieler deren Verhalten.
- Textteile werden aus dem Buch vorgelesen und bilden die Hintergrundinformationen zur Geschichte
- Belohnungssysteme motivieren zur Wiederholung von Aufgaben

Die Spieler trainieren dadurch verschiedene Hör- oder Lesestile. Informationen müssen aus dem Buch oder der Computerspielumgebung herausgelesen und im Forscherbuch dokumentiert werden. Die einzelnen Handlungen im Spiel müssen immer wieder im Gesamtkontext der Geschichte verstanden werden bzw. immer wieder muss der rote Faden der Handlung gefunden werden. Beobachtungen zeigen, dass vor allem die spielerfahrenen Jungen die Lösungen mittels der Trial-and-Error-Methode anstreben, was beim *Fall Fox* aber meist bei einer Fragestellung endet, die nur über das Buch gelöst werden kann und damit zu einem Leseanlass führt. Spielfiguren geben Tipps oder Informationen, die wichtig sind für ein erfolgreiches Weiterkommen im Spiel. Auch wenn die Spieler ein Problem nicht lösen können, kann durch hoch motiviertes Zuhören die Lösung ein Stück näher rücken. Zum Beispiel: »Suche den Matrosen im Segelboot«. Dieser Matrose im Segelboot taucht erst nach einem gelösten Spiel auf und gibt er nur Auskunft beim Anklicken. Erst dann findet eine direkte Ansprache des Spielers statt und es folgt der Hinweis: »Ah, du bist es, suche auf dem Schrottplatz.«

Wenn Spieler als Partner in der Computerspielgeschichte agieren, ergeben sich Sprechanlässe, die sich mit dem Inhalt der Geschichte befassen. Spielgewohnte Kinder geben Tipps und unterstützen andere Spieler mit Expertenwissen. Bei Lesungen oder in der Workshoparbeit mit dem *Fall Fox* zeigte sich gerade hier ein sprachförderndes Potenzial. Spieler geben Anweisungen wie: «Mit der Maus lenke ich die Figur» oder «Mit der Pfeiltaste lenke ich das Flugmobil». Im *Fall Fox* werden die Spieler zum Schreiben und Zeichnen animiert. So entstehen im Forscherbuch neue Erfindungen mit entsprechenden Legenden, die den Helden helfen sollen, zukünftige Aufgaben besser zu bewältigen.

Im Sinne der Lebenswelt der Schüler sind auch Gespräche über Erfahrungen mit Computerspielen interessant. Lehrpersonen können viel über das mediale Umfeld ihrer Schüler erfahren und können dies unter medienpädagogischen Aspekten thematisieren. Oft gibt es in diesem Bereich auch Fragestellungen von Eltern, zum Beispiel über Kriterien in der Bewertung von geeigneten Computerspielen für ihre Kinder. Interessant für den Einsatz im schulischen Kontext sind auch weiterführende Ideen zur Didaktisierung des Materials, das auf den CD-ROMs zur Verfügung steht. Vom umfassenden Bildmaterial können Screenshots erstellt werden. Die Bildausschnitte bzw. Bildfolgen können im Unterricht verschieden eingesetzt werden:

- im Zusammenhang mit Wortschatzarbeit;
- als Anstoss zum Schreiben über literarische Figuren und Schauplätze;
- als roter Faden zum Scheiben einer Geschichte;
- als Grundlage für die Präsentation einer Spielgeschichte;
- als Anstoss zur Recherche im Netz, z.B. die Arbeit mit Weltkarten, etc.

Einsatz von Computerspielgeschichten in Bibliotheken

Da Computerspielgeschichten relativ teuer sind, lohnt es sich, sie von der Schul- oder Gemeindebibliothek zu beziehen. Durch eine große Auswahl

qualitativ hochstehender Spiele erhalten Eltern und Lehrpersonen im Idealfall Anregungen und Tipps. Folgende Beobachtungen hat der Autor am Beispiel 'Der Fall Fox' gemacht: Ideal ist es, wenn:
- sich die Gemeindebibliothek im Schulhaus befindet;
- die Bibliothek die Computerspielgeschichte während der Dauer der Klassenlektüre bereit hält;
- Schüler der Klasse in die Bibliothek kommen, um mit dem Spiel zu spielen oder Arbeitsaufträge auszuführen;
- die Spieler im Forschungsbuch Kommentare und Tipps für die nachfolgenden Spieler hinterlassen;
- ein Logbuch mit Texten und Zeichnungen über das Abenteuer und die Wege zur Lösung entsteht;
- die Schüler so mit eigenen Texten und Bildern in der Bibliothek vertreten sind;
- sich diese Aktivität noch mit einer Lesung verbinden lässt.

Beispiel: Medienkiste »FoxBox«.
Studierende einer Pädagogischen Hochschule stellen in Zusammenarbeit mit einer Fachstelle oder den Dozierenden eine Medienkiste mit entsprechenden Begleitmaterialien zusammen. Die Medienkiste enthält mehrere Lizenzen von Computerspielgeschichten und den dazu gehörigen Büchern. So enthält die Medienkiste »FoxBox« (vgl. Abb. 7)Auftragskarten für Schüler, didaktisches Begleitmaterial und eine Webseite mit Informationen für Lehrpersonen. Eine multimediale Lernwerkstatt herzustellen ist mit einem hohen Aufwand verbunden (vgl. Steinhoff-Lassen 2003). Die am Projekt Medienkiste beteiligten Lehrpersonen können den Unterricht zeitsparend gemeinsam vorbereiten und entsprechend auch Erfahrungen austauschen.

Unterrichtsziele der »FoxBox« sind:
- Multimedial lesen und spielend den Umgang mit dem Computer lernen;
- Recherchieren: Sich selbständig Informationen beschaffen;
- Erzählen und Informieren: Texte verstehen und bearbeiten;
- Bilder lesen und Auditexte hören und verstehen können;
- Die Geschichte erweitern, Pläne zeichnen, etc.

Abb. 7

Damit die Potenziale des Lernens mit Computerspielgeschichten auch in Schulen vermehrt zum Thema werden, braucht es engagierte Lehrpersonen und überzeugende didaktische Konzepte. Wie sich im Rahmen einer multimedialen Lernwerkstatt *Der Fall Fox* sinnvoll einsetzen lässt, hat Gondel Steinhoff-Lassen (2003) in einem ausführlichen pädagogischen Szenario für eine dritte Klasse dargestellt.

6. Was können wir für die Lehrmittelproduktion von Games lernen

Im Jahr 2004 publizierte der amerikanische Linguist James Paul Gee sein Buch »What Video Games Have To Teach Us About Learning And Literacy«. Nach langer vornehmer Zurückhaltung scheinen nun auch in den Lehrmittelverlagen zunehmend Projekte in Richtung »Serious Games« zu gehen oder zumindest diskutiert zu werden. Die Fronten zum Themenkreis Computerlernspiele scheinen aber immer noch klar abgesteckt. Den digitalen Medien zugeneigte Autoren sehen in Computerlernspielen nahezu idealtypisch eine Form des aktiven, selbstgesteuerten, konstruktiven, motivierten, situierten und sozialen Lernens (vgl. Aldrich 2004; Gee 2003; Prensky, 2001). Den analogen Medien zugeneigte Autoren bedeuten Computerspiele dagegen vor allem Zeitverschwendung, Vereinsamung, Bewegungsarmut, Gewaltverherrlichung, Computerspielsucht oder geistige Verarmung (vgl. z. B. Spitzer 2005). Bildungspolitiker und Lehrpersonen sind gegenwärtig eher in der zweiten Gruppierung anzutreffen. Darum entsteht für die zum großen Teil noch printorientierten Lehrmittelverlage auch wenig Druck, Produkte in diese Richtung zu planen. Neben diesen eher medienbewahrpädagogischen Argumenten gibt es natürlich auch das Argument der Entwicklungskosten sowie die grossen Herausforderungen für ein Lektorat, das sich in der Produktion u.a. aufgrund einer multiplen Autorenschaft mit völlig neuen Abläufen auseinandersetzen muss.
Mittlerweile gibt es aber doch Veränderungen zu beobachten - zumindest in der Schweiz: Kleine Kantonale Lehrmittelverlage fusionieren und in den Herstellungsabteilungen halten Webdesigner Einzug. Plattformen mit interaktiven Optionen für Ergänzungen bestehender Lehrmittel werden eröffnet. Neue Lehrmittel werden als Crossover Produkte geplant und entwickelt. Es gibt vermehrt Tagungen zum Thema »Serious Games« und Forschungsprojekte zu iPhones im Unterricht (vgl. z.B. http://www.projektschule-goldau.ch/das-iphone-projekt). Zunehmend schreiben Pädagogikstudierende aus der »Nativgeneration« (sensu Prensky 2001) Masterarbeiten zum Thema »Computerspiel und Unterricht». Bei Nachfrage hört man von den jungen Autoren oft die Aussage, dass sie viel aus diversen Spielen gelernt hätten und diese Erfahrung gerne in ihrem Unterricht nutzbar machen wollen. Überzeugte Vertreter dieser Haltung befinden sich in einer schwierigen Bringschuld. Sie müssen aufzeigen, dass computergestützte Lehrmittel und insbesondere Lehrmittel mit einem Serious Game im Ansatz nicht nur theoretisch ein Potenzial besitzen,

sondern im Unterricht mit vertretbarem Aufwand und nachweisbaren Mehrwerten, einsetzbar sind. Die Gretchenfrage bleibt: Wie verankert sich im Spielflow erworbenes Wissen so, dass ein Transfer zum Schulstoff stattfinden kann? Was können wir von Computerspielen für die Entwicklung von modernen Lehrmitteln lernen?

7. Fazit

Computerspiele ersetzen nicht den Lehrer oder die Lehrerin. SchülerInnen können die im Spiel erworbenen Kompetenzen nur dann verinnerlichen und anwenden, wenn LehrerInnen die Inhalte von Computerspielen durch spezielle Aufgaben auf die Realität beziehen. Das erfordert einerseits viel Vorbereitung sowie eine intensive und individuelle Betreuung der SchülerInnen und andererseits eine entsprechende Weiterbildung für die Lehrpersonen. Werden Lehrmittel mit Serious-Games-Charakter nicht optimal eingeführt und die Lehrpersonen entsprechend weitergebildet, gibt es oft keine Veränderung in den Lernsituationen und selbstgesteuertes Lernen funktioniert in der Regel im Klassenzimmer nicht. Wer mit Computerspielgeschichten unterrichtet, muss kein Gamer sein. Ein erfolgreicher Einsatz von Computerspielgeschichten und Serious Games erfordert aber von Lehrpersonen eine hohe, methodisch-didaktische Medienkompetenz.

Literaturverzeichnis:

Aldrich, Clark (2004): Simulations and the future of learning. An innovative (and perhaps revolutionary) approach to e-learning. San Francisco: Pfeiffer.

Ammann, Daniel; Hermann, Thomas (2004): Klicken, lesen und spielend lernen. Interaktive Spielgeschichten für Kinder. Zürich: Verlag Pestalozzianum.

Bertschi-Kaufmann, Andrea (2000): Lesen und Schreiben in einer Medienumgebung. Die literalen Aktivitäten von Primarschulkindern. Frankfurt a.M., Aarau: Sauerländer.

Fritz, Jürgen (1985): Im Sog der Videospiele. Was Eltern wissen sollten. München: Kösel-Verlag.

Gee, James Paul (2004): What video games have to teach us about learning and literacy. New York, NY: Palgrave Macmillan.

Kerres, Michael (2000): Mediendidaktische Analyse digitaler Medien im Unterricht. Computer und Unterricht, 10(1), 26–28.

Kocher, Mela (2007): Folge dem Pixelkaninchen! Ästhetik und Narrativität digitaler Spiele. Zürich: Chronos Verlag.

Prensky, Marc (2001): Digital game-based learning. St. Paul, MN: Paragon House.

Spitzer, Manfred (2005): Vorsicht Bildschirm! Elektronische Medien, Gehirnentwicklung, Gesundheit und Gesellschaft. Stuttgart: Klett.

Steinhoff-Lassen, Gondel (2003): Eine multimediale Lesewerkstatt in einem dritten Schuljahr mit der CD-ROM "Der Fall Fox". In: Beiträge Jugendliteratur und Medien 55, S. 105-108.

Suter, Beat (1999): Hyperfiction und interaktive Narrationen im frühen Entwicklungsstadium zu einem Genre. Zürich: update verlag.

Tulodziecki, Gerhard; Herzig, Bardo; Blömeke, Sigrid (2004): Gestaltung von Unterricht. Eine Einführung in die Didaktik. Bad Heilbrunn: Klinkhardt.

Wittgenstein, Ludwig (1990[7]): Philosophische Untersuchungen. In: Ders.: Werkausgabe Band I. Frankfurt am Main: Suhrkamp. S. 225-618.

Bildnachweise:

Abb.1: Bruelhart, Stephan(1997) Ein blaues Wunder. München: Parabe Verlag

Abb.2: Screenshot aus der Fall Fox

Abb.3: Screenshot aus der Fall Fox

Abb.4: Screenshot aus der Fall Fox

Abb.5: Screenshot aus der Fall Fox

Abb.6: Screenshot aus der Fall Fox

Abb.7: Screenshot aus der Fall Fox

Verzeichnis der Autorinnen und Autoren

Boelmann, Jan, M.Ed., Wissenschaftlicher Mitarbeiter am Lehrstuhl für Literaturwissenschaften (Didaktik der Germanistik) an der Ruhr-Universität Bochum; Arbeitsschwerpunkte: Literatur- und Mediendidaktik, Literarisches Lernen / Literarische Kompetenz, Literatur des 20. und 21. Jahrhunderts und ihre Medien.
jan.boelmann@rub.de

Bruelhart, Stephan, Professor für Medienbildung an der Pädagogischen Hochschule Nordwestschweiz. Tätigkeit in allen Leistungsbereichen Aus- und Weiterbildung, Forschung und Entwicklung sowie Dienstleistungen.
stephan.bruelhart@fhnw.ch

Damman-Thedens, Katrin, Lehrerin und Wissenschaftliche Mitarbeiterin im Bereich Literaturwissenschaft und -didaktik an der Leuphana Universität Lüneburg. Arbeitsschwerpunkte: Leseforschung und -förderung, Theorie und Rezeption visueller Narrationen.
dammann-thedens@uni.leuphana.de

Dolle-Weinkauff, Bernd, Dr. phil., Akad. Oberrat, Kustos des Instituts für Jugendbuchforschung an der Goethe-Universität Frankfurt am Main. Arbeits- und Forschungsfelder: Geschichte und Theorie der Kinder- und Jugendliteratur und ihrer Medien, Historisches Kinder- und Jugendbuch, Märchen, Bildgeschichte und Comic, Neue Medien in der Kinder- und Jugendliteratur.
dolle-weinkauff@rz.uni-frankfurt.de

Giesa, Felix, Wissenschaftlicher Mitarbeiter der Arbeitstelle für Leseforschung und Kinder- und Jugendmedien (ALEKI) der Universität zu Köln; derzeit Promotion zur Adoleszenzdarstellung im deutschen Autorencomic; Arbeitsschwerpunkte: Theorie des Comics, Erzählen in Bildern, Narratologie, Kinder- und Jugendliteratur/-kritik.
fgiesa@uni-koeln.de

Meinrenken, Jens, Studium der Kunstgeschichte, Philosophie und Germanistik in Bamberg und Berlin. Arbeitsschwerpunkte: Methoden der Kunstgeschichte, Bildphilosophie und -Wissenschaft populärer Medien (Film, Animation, Comic und Computerspiel).
meinrenken_jens@gmx.de

Meurer, Birgit, Lehrerin für Deutsch und Kunst an der Röddenberg Realschule in Osterode am Harz, Fachleiterin für Kunst, Arbeitsschwerpunkte: Experimentelle Lyrik im Deutschunterricht, Kreative

Lern- und Schreibprozesse, Moderne Kurzprosa, Museumsdidaktik, Mediendidaktik.
meurer-b@t-online.de

Michalak, Magdalena, Dr. phil., Juniorprofessorin am Institut für Deutsche Sprache und Literatur II an der Universität zu Köln. Arbeitsschwerpunkte: Zweitsprachenerwerb und Zweitsprachendidaktik, Sprachförderung von Kindern und Erwachsenen mit Migrationshintergrund, Lernen in der Zweitsprache, Didaktik und Methodik des Deutschen als Fremdsprache.
m.michalak@uni-koeln.de

Mooren, Piet, Dr., Literaturwissenschaft. Wissenschaftlicher Mitarbeiter für Gender und Diversität an der Universität Maastricht. Arbeitsschwerpunkte: Empirische Erforschung zur Jugendliteratur, Ethnologie und Jugendliteratur, Holocaustedukation.
P.E.J.M.Mooren@uvt.nl

Seidler, Andreas, Dr. phil., Lecturer für Literaturwissenschaft und -didaktik an der Universität zu Köln. Arbeitsschwerpunkte: Literatur- und Mediendidaktik.
andreas.seidler@uni-koeln.de